WESTEND

Zum Buch
Ob Riesling aus Rheinhessen, Spätburgunder aus der Pfalz oder Grauburgunder vom Kaiserstuhl – deutsche Weine gehören zur Weltspitze und erfreuen sich auch im Ausland großer Beliebtheit. Wolfgang Staudt zeigt in seinem neuen Buch das hohe Qualitätsniveau und die ungeheure stilistische Vielfalt der deutschen Weinszene und portraitiert die fünfzig Top-Weine und ihre Macher. Wie duften, wie schmecken diese Weine? Woher kommen sie, was sind das für Menschen, die sie herstellen? Zu welchen Speisen schmecken sie besonders gut? Wer deutschen Wein genießen will, kommt am neuen Staudt nicht vorbei. Mit vielen Restaurant- und Übernachtungstipps.

Wolfgang Staudt ist Weinprofi und Dozent mit dem weltweit angesehenen *Diploma in Wine and Spirits*. Seit 1995 ist er selbstständiger Veranstalter von Seminaren, Schulungen und Weinevents (www.staudt-weinseminare.de). Er schreibt für verschiedene Magazine und Tageszeitungen. Im Westend Verlag ist unter anderem bereits »50 einfache Dinge, die Sie über Wein wissen sollten« (2009) erschienen.

Wolfgang Staudt

50 *deutsche Weine, die Sie kennen sollten*

WESTEND

Mehr über unsere Autoren und Bücher:
www.westendverlag.de

Die Deutsche Nationalbibliothek verzeichnet diese Publikation in der Deutschen Nationalbibliografie; detaillierte bibliografische Daten sind im Internet über http://dnb.d-nb.de abrufbar.

Das Werk einschließlich aller seiner Teile ist urheberrechtlich geschützt. Jede Verwertung ist ohne Zustimmung des Verlags unzulässig. Das gilt insbesondere für Vervielfältigungen, Übersetzungen, Mikroverfilmungen und die Einspeicherung und Verarbeitung in elektronischen Systemen.

ISBN 978-3-938060-42-1
© Westend Verlag Frankfurt/Main
in der Piper Verlag GmbH, München 2010
Umschlaggestaltung: Bauer+Möhring, Berlin
Umschlagabbildung: plainpicture
Typografie: Stefanie Silber Gestalten, www.silbergestalten.de
Satz: Fotosatz Amann, Aichstetten
Druck und Bindung: CPI – Clausen & Bosse, Leck
Printed in Germany

Inhalt

Deutsche Weine sind wieder Weltklasse 11

Riesling – Der »König der deutschen Weine«
1 Bopparder Hamm Ohlenberg Riesling Spätlese trocken
   Weingut Florian Weingart, Mittelrhein   36
2 Zeltinger Sonnenuhr Riesling Spätlese trocken
   Weingut Selbach-Oster, Mosel   41
3 Königsbacher Idig Riesling »Großes Gewächs«
   Weingut Christmann, Pfalz   45
4 Birkweiler Kastanienbusch Riesling
   »Großes Gewächs«
   Weingut Ökonomierat Rebholz, Pfalz   48
5 Kallstadter Saumagen Riesling Auslese trocken »R«
   Weingut Koehler-Ruprecht, Pfalz   53
6 Westhofener Morstein Riesling
   »Großes Gewächs«
   Weingut Wittmann, Rheinhessen   57
7 Siefersheimer Riesling vom Porphyr trocken
   Weingut Wagner-Stempel, Siefersheim   61
8 Rüdesheimer Berg Schlossberg Riesling trocken
   Weingut Breuer, Rheingau   65
9 Erbacher Marcobrunn Riesling »Erstes Gewächs«
   Schloss Schönborn, Rheingau   69

10 Dorsheim Burgberg Riesling »Großes Gewächs«
Weingut Diel, Nahe   73
11 Winninger Uhlen »Roth Lay« Riesling »Erstes Gewächs«
Weingut Heymann-Löwenstein, Mosel   77
12 Graacher Domprobst Riesling Kabinett
Weingut Willi Schaefer, Mosel   81
13 Oberemmeler Hütte Riesling Kabinett
Weingut von Hövel, Saar   84
14 Schloss Johannisberger Riesling Spätlese »Grünlack«
Domäne Schloss Johannisberg, Rheingau   89
15 Niederhäuser Hermannshöhle Riesling Spätlese
Weingut Hermann Dönnhoff, Nahe   93
16 Trarbacher Hühnerberg Riesling Spätlese
Weingut Martin Müllen, Mosel   97
17 Kiedrich Gräfenberg Riesling Auslese
Weingut Robert Weil, Rheingau   101
18 Westhofener Kirchspiel Riesling Auslese Goldkapsel
Weingut Groebe, Rheinhessen   105
19 Piesporter Goldtröpfchen Riesling Auslese
Weingut Reinhold Haart, Mosel   109

Silvaner – Wie Phönix aus der Asche

20 Escherndorfer Lump Silvaner Spätlese trocken »L«
Weingut Rainer Sauer, Franken   113
21 Schlossberg Silvaner »Großes Gewächs«
Fürstlich Castell'sches Domänenamt, Franken   117
22 Escherndorfer Lump Silvaner Trockenbeerenauslese
Weingut Horst Sauer, Franken   121

Die weißen Burgunder – Weißburgunder, Grauburgunder und Chardonnay

23 Sulzfelder Cyriakusberg Weißburgunder Spätlese trocken ***
Weingut Zehnthof, Franken   *126*

24 Birkweiler Mandelberg Weißer Burgunder »Großes Gewächs«
Weingut Dr. Wehrheim, Pfalz   *131*

25 Schlatter Maltesergarten Weißburgunder »SW« trocken
Weingut Martin Waßmer, Baden   *136*

26 Ortenauer Grauburgunder QbA trocken
Weingut Von der Mark Walter, Baden   *140*

27 Ruländer Auslese trocken *** »R«
Weingut Reinhold und Cornelia Schneider, Baden   *144*

28 Chardonnay Sur Lie trocken
Weingut Siegrist, Pfalz   *149*

29 Chardonnay A trocken
Weingut Franz Keller Schwarzer Adler, Baden   *153*

Kurioses in Weiß

30 Sauvignon blanc Auslese trocken
Weingut Heid, Württemberg   *158*

31 Gewürztraminer Edition Rosenduft
Weingut Minges, Pfalz   *162*

32 Schloss Proschwitz Scheurebe Kabinett trocken
Schloss Proschwitz, Sachsen   *166*

33 Monsheimer Silberberg Rieslaner Beerenauslese
Weingut Keller, Rheinhessen   *170*

Spätburgunder – Samt und Seide für den Gaumen

34 Spätburgunder No. 1 trocken
   Weingut J. J. Adeneuer, Ahr   *175*
35 Spätburgunder trocken XXL
   Weingut Fritz Waßmer, Baden   *179*
36 Spätburgunder Rhini trocken
   Weingut Ziereisen, Baden   *183*
37 Laumersheimer Steinbuckel Spätburgunder
   »Großes Gewächs«
   Weingut Philipp Kuhn, Pfalz   *188*
38 Schweigener Sonnenberg »Sankt Paul« Spätburgunder
   »Großes Gewächs«
   Weingut Friedrich Becker, Pfalz   *192*
39 Westhofener Morstein Spätburgunder
   »Großes Gewächs«
   Weingut Gutzler, Rheinhessen   *197*
40 Hecklinger Schlossberg Spätburgunder »Großes Gewächs«
   Weingut Huber, Baden   *201*
41 Bürgstädter Centgrafenberg Spätburgunder R
   »Großes Gewächs«
   Weingut Rudolph Fürst, Franken   *206*
42 Fellbacher Lämmler Spätburgunder
   »Großes Gewächs« – Simonroth R
   Weingut Schnaitmann, Württemberg   *210*

Kurioses in Rot

- 43 Frühburgunder Alpha & Omega trocken
  Weingut Deutzerhof, Ahr   *215*
- 44 Einzelstück trocken
  Weingut Markus Schneider, Pfalz   *219*
- 45 Dornfelder *** trocken
  Weingut Knipser, Pfalz   *224*
- 46 Schwarzriesling Auslese »S« trocken
  Weingut Buscher, Rheinhessen   *228*
- 47 Zweigelt Rebe trocken »HADES«
  Weingut Jürgen Ellwanger, Württemberg   *232*
- 48 St. Laurent trocken Barrique
  Weingut Meßmer, Pfalz   *236*
- 49 Fellbacher Lämmler Lemberger »Großes Gewächs«
  Weingut Aldinger, Württemberg   *240*

Sekt – mehr als glamouröse Winzerkunst

- 50 Cuvée Elena Brut
  Sektkellerei Andres & Mugler, Pfalz   *245*

Danksagung   *250*

Glossar   *251*

Deutsche Weine sind wieder Weltklasse

Die besten deutschen Weine sind wieder Weltklasse, auch wenn sich das im Inland noch nicht überall herumgesprochen hat. Man braucht nur die internationale Fachpresse zu lesen um festzustellen, dass die deutschen Weißweine von Fachleuten im In- und Ausland zur absoluten Spitze gerechnet werden. Den besten Ruf genießen die edelsüßen Gewächse, die weltweit nur wenig Konkurrenz zu fürchten haben. Ohne jede Konkurrenz beherrschen die deutschen Rieslinge im Segment der leichten, fruchtsüßen Kabinette und Spätlesen die Szenerie. In der Kategorie »trockene Weißweine« spielen die besten deutschen Rieslinge, aber auch einige Weißburgunder und Silvaner mittlerweile in der Champions League. Und selbst auf dem Feld der Rotweine ist das Durchschnittsniveau in den vergangenen Jahren enorm gewachsen, und in der Spitze werden bereits Weine von Weltgeltung produziert.

Wein in Deutschland – ein Blick zurück
Um die ganze Tragweite dieses einzigartigen Aufschwungs zu verstehen, ist es notwendig, auf eine Entwicklung zurückzublicken, die den historischen Hintergrund zum heutigen Geschehen bildet. Schon die Römer brachten den Weinstock nach Deutschland, und im vierten Jahrhundert waren die Hänge von Rhein und Mosel, die Hügel der Pfalz, der Bergstraße, sogar Frankens und Württembergs mit Reben bedeckt.

Nach der Jahrtausendwende übernahmen die Klöster die Vorreiterrolle im Weinbau. Die Zisterzienser gründeten im 12. Jahrhundert Kloster Eberbach im Rheingau, das bald zu Europas größtem und bekanntestem Weinbaubetrieb aufstieg. Wein wurde immer mehr zu einem Volksgetränk und erreichte einen Pro-Kopf-Verbrauch von 120 Litern im Jahr, also etwa das Fünffache der heutigen Menge. Bis ins 16. Jahrhundert stieg die Rebfläche auf 300 000 Hektar und umfasste Weinberge von Bayern bis an die Ostsee. Die Kriege des 17. Jahrhunderts und die zunehmende Konkurrenz durch andere Getränke (Bier, Spirituosen, Kaffee) führten dann jedoch zu einem allmählichen Bedeutungsverlust, der erst zu Beginn des 18. Jahrhunderts zum Stillstand kam.

Die Methoden der Weinbereitung erfuhren nun einen deutlichen Professionalisierungsschub, und die besten Weine erzielten bereits in der Mitte des Jahrhunderts Preise, von denen Deutschlands Winzer heute nur träumen können. In der Spitze übertrafen sie den Preis der teuersten Rotweine der berühmten Châteaux aus Bordeaux um das Dreifache.

Den kriegsbedingten Rückschlägen folgte die Euphorie des Wirtschaftswunders und hauchte auch dem Weinbau mit allerlei technischen und chemischen Verlockungen neues Leben ein. Eine beispiellose Rationalisierungswelle setzte ein und verdrängte binnen weniger Jahre die bewährten handwerklichen Methoden der Weinbereitung. Da gleichzeitig die Nachfrage nach preiswertem Wein enorm anstieg, zielten die Anstrengungen der Winzer vor allem auf Mengenwachstum. Mittels Traktoren, Kunstdünger und neuer ertragreicher Rebsorten wurde der deutsche Weinbau gründlich umgekrempelt. Die Anbaufläche wurde verdoppelt, die Erträge vervierfacht.

Neue kellertechnische Methoden und Verfahren erlaubten

den Winzern, den Gärprozess zu kontrollieren und Weinstile fast nach Belieben zu kreieren. Galten früher Süßweine immer als großes und seltenes Geschenk der Natur, so war es nun erstmals in der langen Weinbaugeschichte möglich, massenhaft Süßweine der allereinfachsten Güte zu erzeugen. Davon machten die Produzenten so ausgiebig Gebrauch, dass billige Süßweine fortan als typisch deutsch galten und zum Sinnbild für deutschen Wein schlechthin wurden.

Zugespitzter Ausdruck dieses gewandelten Selbstverständnisses nach dem Motto »Masse statt Klasse« war das deutsche Weingesetz des Jahres 1971. Durch den Verzicht auf eine Lagenklassifizierung und die gesetzliche Gleichstellung kleiner Spitzenlagen mit Großlagen ohne Qualitätspotenzial verwehrte es dem Konsumenten, innerhalb des riesigen Angebots unterscheiden zu können.

Um »Qualität« erkennen zu können, setzte das Weingesetz nicht auf Herkunft, sondern im Kern auf die quantitative Zuckerreife: Je mehr, desto besser. Es etablierte eine Hierarchie der Prädikate, deren jeweilige Schwellen durch Öchslegrade, also durch die Höhe des Zuckergehaltes der Beeren zum Lesezeitpunkt, definiert wurden. Weil dieses System dem Konsumenten suggerierte, dass Spätlesen besser seien als Kabinettweine, Auslesen besser als Spätlesen, strebten die Winzer nun noch mehr als früher nach einem möglichst hohen Zuckergehalt der Trauben. In der Folge kam es zu einem regelrechten Pflanzungsboom von Rebsorten, die gleichzeitig hohe Zuckergradationen und hohe Erträge versprachen.

Die Renaissance des deutschen Weins
Während diese technokratischen Vorstellungen der Weinerzeugung ihren Höhepunkt in den 1980er Jahren hatten, kristalli-

sierten sich bereits gegen Ende der 1980er und verstärkt dann in den 1990er Jahren »Zellen des Widerstandes« heraus. Dort besann man sich wieder auf jene Qualitätsfaktoren, die in den Glanzzeiten des deutschen Weinbaus als entscheidend angesehen wurden: Nicht Öchslegrade, sondern der Charakter von Weinberg und Rebsorte, das Alter der Rebstöcke, die Pflanzdichte, die Erntemenge und die physiologische Reife der Beeren gelten als unhintergehbare Qualitätsparameter. Aus diesen vereinzelten Zellen ist eine bis heute viele Landesgrenzen überschreitende Bewegung geworden.

Sie hat vor allem Winzer in den traditionsreichen und kostenintensiven Gebieten an Rhein, Main und Mosel erfasst, für die es heute mehr noch als früher darauf ankommt, auf der Grundlage modernster weinbaulicher Erkenntnisse und höchster Qualitätsansprüche Weine zu erzeugen, denen man mit allen Sinnen anmerkt, dass es Produkte ganz bestimmter Regionen sind, die eine Geschichte haben und in einem soziokulturellen Kontext wurzeln. Erst dann haben Weine eine Identität, erst dann sind sie einmalig und unverwechselbar. Bei aller Bedeutung von Qualitätsunterschieden: Stilunterschiede sind die eigentliche Würze.

In einer globalisierten, scheinbar grenzenlos gewordenen Welt wird das Originelle, Authentische, Unverwechselbare und Typische auf besondere Art und Weise wertvoll. Gleichzeitig unterliegt es immer wieder der Gefahr, vom Internationalisierungsstrudel und dem Diktat des Massengeschmacks erfasst zu werden und in seiner Originalität unterzugehen. Immer mehr deutsche Winzer wollen sich diesen Entwicklungen nicht länger unterwerfen, weil es bedeutete, echte Perlen gegen Modeschmuck einzutauschen. Gerade im Preissegment jenseits der 10-Euro-Schwelle muss der Esprit von stilistischer Originalität und Ursprungsidentität den Unterschied ausmachen, muss ein Wein Emotionen wecken und uns eine Weinlandschaft spüren lassen. Das ist die rettende Insel, auf der die klassischen Gewächse von Rhein, Main und Mosel Zuflucht vor der internationalen Flut erstklassig vinifizierter, aber heimat- und identitätsloser Weine finden können.

Überall in Deutschland werden Winzer durch diese »Terroirbewegung« animiert, ihre Weinberge neu zu entdecken: die unterschiedlichen Böden, das wechselnde Kleinklima, die klassischen Rebsorten, uralte Stöcke und kleinbeerige Klone. Sie verbringen wieder mehr Zeit im Weinberg, arbeiten wieder mehr *mit* der Natur als *gegen* sie und richten ihre Pflegemaßnahmen immer öfter an den umfassenden Bedürfnissen des Ökosystems Weinberg aus – nicht zuletzt, um dieses Kulturgut den nachfolgenden Generationen gesund und intakt übergeben zu können.

Diese Einstellung hat vielfach auch zu einem Umdenken in der Kellerwirtschaft geführt. Immer mehr Winzer vertrauen wieder den natürlichen Entstehungs- und Reifeprozessen ihrer Weine, lassen ihnen mehr Zeit, sich zu entwickeln, und beschränken lenkende Eingriffe auf das Allernotwendigste. So entstehen Weine, die in der Lage sind, ihren Ursprung zu kommunizieren und uns von trockenen Sommern und kalten Wintern, von erloschenen Vulkanen und Sedimenten uralter Meeresböden zu erzählen. Die Schönheit dieser Weine folgt keinem abstrakten Ideal, sondern gründet in ihrer echten, ungekünstelten Art, ihrer Authentizität und überzeugenden Glaubwürdigkeit.

Das sind die Weine, die die Renaissance des deutschen Weins repräsentieren und im In- und Ausland größtes Ansehen genießen. Sie wachsen in der Mehrzahl der Fälle an privilegierten Standorten, deren herausgehobenes Lagenpotenzial meist schon seit vielen Generationen bekannt ist. Andererseits ist es eine Binsenweisheit, dass ein privilegierter Weinberg allein keinen herausragenden Wein garantiert. Wird die Spitzenlage schlecht gepflegt, kann ihr Wert im Wein nicht zum Ausdruck kommen, und das große Potenzial verpufft. Umgekehrt kann ein engagierter Winzer in einer lediglich durchschnittlichen Lage Weine hervorbringen, deren Güte weit über den Durchschnitt hinaus- und nahe an die Weine aus den Top-Lagen heranreicht. Die größten Weine entstehen jedoch stets nur dann, wenn ein talentierter und engagierter Winzer eine Spitzenlage bearbeitet.

Das deutsche Weingesetz

Deutsche Weine sind per Gesetz in vier Güteklassen eingestuft: *Deutscher Wein ohne Herkunftsbezeichnung, Landwein, Qualitätswein bestimmter Anbaugebiete (Q.b.A.)* und *Prädikatswein*. Während die französischen Weine nach ihrer Herkunft klassifiziert werden, spielt diese im Deutschen Weinrecht keine Rolle. Die Qualität der einzelnen Weine wird jedes Jahr von Neuem ausschließlich anhand des Zuckergehalts der Traubenmaische und einer amtlichen Prüfung bestimmt. So kommt es, dass rund 95 Prozent der deutschen Abfüllungen in die Kategorie Qualitätswein oder eine der höheren Güteklassen eingestuft werden können und sich damit – nach der Sprachregelung der EU – auf derselben Stufe wie die französische Qualitätsweinkategorie AOC befinden, in der allerdings nur circa 40 Prozent der französischen Weine ihre Heimat haben. Die deutschen Behörden untermauern diese Einstufung durch die Vergabe der amtlichen Prüfungsnummer, die vergeben wird, nachdem die Weine einer analytischen und sensorischen Prüfung unterzogen wurden.

Deutscher Wein ohne Herkunftsbezeichnung ersetzt seit der EU-Weinrechtsänderung vom 1. August 2009 den Begriff Tafelwein. Dieser Weintyp darf neuerdings auch eine Rebsorten- und Jahrgangsbezeichnung tragen. Die Qualitätsanforderungen sind jedoch niedriger als die von Qualitäts- und Prädikatsweinen. Er muss ausschließlich aus deutschem Lesegut zugelassener Rebflächen und Rebsorten stammen. In Deutschland werden im Vergleich zu anderen Anbauländern nur kleine Mengen an Tafelwein erzeugt.

Deutscher Landwein zählt zu den Weinen mit einer geschützten Ursprungsbezeichnung. Er ist ein umkomplizierter Wein, der typisch für seine Region ist. Landwein ist stets trocken oder halbtrocken. Beim Landwein muss auch die Landschaft, aus der die Trauben stammen, auf dem Etikett angegeben sein.

Qualitätswein bestimmter Anbaugebiete (Q.b.A.) ist die größte Gruppe deutscher Weine. Qualitätsweine müssen zu 100 Prozent aus einem der 13 deutschen Anbaugebiete stammen. Für jeden Qualitätswein sind – unterschiedlich je nach Rebsorte und Anbaugebiet – untere Grenzwerte beim natürlichen Alkoholgehalt festgelegt. Das Mindestmostgewicht liegt je nach Gebiet zwischen 50 und 72 Grad Öchsle. Qualitätsweine dürfen ebenso wie Tafelweine angereichert (chaptalisiert) werden, der Zusatz von Zucker vor der Gärung ist allerdings gesetzlich begrenzt. Bis zu 3,5 Volumenprozent zusätzlicher Alkohol dürfen durch die Chaptalisation entstehen.

Für *Qualitätsweine mit Prädikat* gelten die höchsten Anforderungen hinsichtlich Sortenart, Reife, Harmonie und Eleganz. Bei diesen Weinen darf kein Zucker zugesetzt werden. Es gibt sechs Prädikate, wiederum mit unterschiedlichen Mindestmostgewichten je nach Rebsorte und Anbaugebiet. Dabei gelten in den wärmeren Anbaugebieten höhere Anforderungen.

Die Prädikate in aufsteigender Reihenfolge:
- *Kabinett*: feine, leichte Weine aus reifen Trauben mit geringem Alkoholgehalt
- *Spätlese*: reife, elegante Weine mit feiner Frucht, die etwas später geerntet werden
- *Auslese*: edle Weine aus vollreifen Trauben, unreife Beeren werden ausgesondert
- *Beerenauslese*: volle, fruchtige Weine aus überreifen, edelfaulen Beeren; der Botrytispilz (Edelfäule) trägt mit zur Qualität bei; solche Weine können nicht in jedem Weinjahrgang geerntet werden und sind über Jahrzehnte lagerfähig.
- *Trockenbeerenauslese*: sehr süße und honigartige Weine aus rosinenartig eingeschrumpften, edelfaulen Beeren bilden die Spitze der Qualitätspyramide; sie können über viele Jahrzehnte altern.
- *Eiswein*: aus Trauben, bei denen das gleiche Mindestmostgewicht wie bei einer Beerenauslese erreicht wurde und die Trauben in gefrorenem Zustand unter minus 7 Grad Celsius gelesen und gefroren gekeltert werden, sodass nur das Fruchtkonzentrat ausgepresst wird.

Einen sinnvollen Ansatz – und damit in gewisser Hinsicht ein Gegenmodell zum herrschenden Recht – bietet die Klassifikation des Verbandes Deutscher Prädikatsweingüter (VDP). Diese Klassifikation nimmt den Terroir-Gedanken auf und unterteilt die Weinbergslagen je nach Qualitätspotenzial in drei verschiedene Stufen:

1. Stufe: **Großes beziehungsweise Erstes Gewächs**
2. Stufe: **Ortsweine**
3. Stufe: **Gutsweine**

Der Oberbegriff in allen Anbaugebieten für alle Weine der obersten Kategorie heißt »VDP Erste Lage«. Kennzeichen für diese Stufe ist das für den Verband eingetragene Logo »1 mit Traube«, das hinter jedem Lagennamen auf dem Etikett erscheint und zum Teil auf der Flasche eingeprägt ist. Die Güte eines Weinbergs definiert sich durch den Boden (topographische Lage, Klima, Mikroklima). Das Wissen über die besten Lagen und die dazu passenden Sorten resultiert aus jahrhundertelanger Erfahrung.

Die trocken ausgebauten Erste-Lage-Weine werden als *Großes Gewächs* bezeichnet. Die fruchtsüßen Erste-Lage-Weine werden traditionell mit den Prädikatsbezeichnungen benannt, also *Spätlese, Auslese, Beerenauslese, Trockenbeerenauslese* und *Eiswein*. Jede Region definiert für jeden einzelnen klassifizierten Weinberg, welche Geschmackstypen (gegebenenfalls auch mehrere) das Terroir optimal interpretieren.

Damit ein Wein auch als Großes Gewächs abgefüllt werden kann, reicht es natürlich nicht aus, von edlem Grund und Boden abzustammen. Der VDP hat deshalb ambitionierte Auflagen hinsichtlich des Hektarhöchstertrages, des Leseverfahrens, des Mindestmostgewichts und anderer qualitätsrelevanter Aspekten des Weinmachens festgelegt, die alle weit über die geltenden gesetzlichen Anforderungen hinausreichen.

Die mittlere Stufe der *Ortsweine* repräsentieren Weine aus traditionellen und hochwertigen Weinbergen. Es gibt keine Einschränkung bei den Geschmacksprofilen, der Ertrag ist auf maximal 60 Hektoliter pro Hektar festgelegt.

Die dritte Stufe der *Gutsweine* repräsentieren Basisweine auf hohem Niveau, die eine erste Impression vom Terroir bieten. Sie bestehen aus zumindest 80 Prozent vom VDP empfohlener und gebietstypischer Rebsorten und dürfen einen Ertrag von maximal 75 Hektolitern pro Hektar nicht überschreiten.

Die Bedingungen für guten Weinbau in Deutschland

Für den Weinbau ist gemäßigtes Klima am besten geeignet, denn bei Temperaturen von weit über 30 und unter 10 Grad Celsius stellt die Rebe ihr Wachstum ein. Die deutschen Weinbaugebiete liegen nahe an der klimatischen Grenze (50. Breitengrad), wo Weinbau noch mit Erfolg betrieben werden kann. Im internationalen Kontext spricht man von »Cool Climate«-Bedingungen, die nicht in jedem Jahr die Trauben optimal zum Ausreifen bringen. Je kühler es ist, desto weniger Zucker können die Trauben bilden und desto säurereicher werden sie. Der Stil des Weines ist dann tendenziell eher leicht und frisch. Unter wärmeren Bedingungen werden die Trauben zuckerreicher und säureärmer, wodurch vollere und rundere Weine entstehen.

In Deutschland stehen die Chancen für befriedigenden Weinbau nur in ganz bestimmten Regionen günstig, dort nämlich, wo ein besonderes Mesoklima mit mehr Sonnenschein, Wärme und längeren frostfreien Perioden als sonst üblich herrscht. Klimatische Nachteile werden hierzulande erfolgreich durch optimal exponierte Hang- und Steillagen, Wärme speichernde Böden und Sonnenstrahlen reflektierende Wasseroberflächen kompensiert.

Ein kühles Klima bietet andererseits den Vorteil einer langen Entwicklungszeit der Pflanze – eine nicht unwesentliche Voraussetzung für Aromareichtum und geschmackliche Komplexität. In manchen Jahren vergehen an der Mosel zwischen dem Austrieb im Frühjahr und der Lese im Herbst mehr als 150 Tage, während am Kaiserstuhl die Trauben oft schon nach 100 bis 110 Tagen reif sind und geerntet werden müssen. Weiße Trauben fühlen sich in kühlerem Klima generell wohler als rote.

Neben dem Klima ist es vor allem der Boden, der darüber entscheidet, ob erfolgreicher Weinbau betrieben werden kann oder nicht. Der Boden hat gleich mehrere Funktionen für den Rebstock zu erfüllen. Er muss der Rebe zunächst einmal konstant, aber mäßig Wasser liefern und für eine angemessene Luftzirkulation im Wurzelsystem sorgen. Tagsüber muss er Wärme speichern und diese nachts an die Pflanze abgeben und gleichzeitig muss er die unbändige Wuchskraft der Rebe durch geringe Fruchtbarkeit zügeln. Zusätzlich kann ein bestimmter Bodentyp mit einer besonderen mineralischen Zusammensetzung für eine Rebsorte förderlich sein und im Wein für Finesse sorgen: zum Beispiel Muschelkalk in Franken, Schiefer an der Mosel, Vulkangestein am Kaiserstuhl oder Buntsandstein in der Pfalz.

Neben der physikalischen beeinflusst auch die chemische Zusammensetzung des Bodens den Geschmack eines Weines. So fällt zum Beispiel immer wieder auf, dass sich analytisch identische Säurewerte sensorisch unterschiedlich präsentieren – je nach ph-Wert des Bodens. Niedrige ph-Werte betonen die sensorische Präsenz der Säure, hohe ph-Werte puffern sie ab.

Immer mehr deutsche Winzer achten auf die Gesundheit und die mikrobiologische Aktivität des Bodens, die für die Versorgung der Rebstöcke eine wichtige Rolle spielen. Bodenpilze, Algen, Bakterien und Würmer werden vor allem durch Zeilenbegrünungen gefördert. Dadurch wird wertvoller Humus gebildet und gleichzeitig ein Beitrag zum Klimaschutz geleistet, denn beim Aufbau von Humus werden große Mengen Kohlendioxid aus der Luft gebunden. Das Ausbringen von organischem Dünger verstärkt diesen Effekt. Die Kleinlebewesen im Boden erhalten organischen Nährstoffnachschub und verstärken dadurch ihre Tätigkeit. Ihre Stoffwechselprodukte stehen dann wiederum den Pflanzen als Nährstoffe zur Verfügung.

Die Ernte qualitativ hochwertiger, reifer und gesunder Trauben setzt zunächst voraus, dass der Winzer die passende Rebsorte an der richtigen Stelle gepflanzt hat. Dann spielen aber auch Ertragsbegrenzungen eine große Rolle. Wissenschaftler sind sich einig, dass die Qualität des Weines wesentlich von einem niedrigen Ertrag pro Rebstock abhängt. Eine Begrenzung des Ertrags kann zum Beispiel durch die Wahl des richtigen Erziehungssystems, den Winterschnitt und die grüne Lese im Sommer erzielt werden. Das Erziehungssystem weist dem Rebstock die Form seines Wachstums zu, begrenzt oder eröffnet also Mengenpotenziale. Der Winterschnitt legt fest, wieviele Triebe pro Stock im Frühjahr treiben können, und mittels »grüner Lese« wird der Traubenbehang im Sommer ausgedünnt. Während die qualitätsorientierten Winzer in Deutschland – je nach Rebsorte und Weinstil – einen Ertrag zwischen 40 und 60 Hektoliter pro Hektar anstreben, werden für die Mehrzahl der einfachen Weine immer noch Erträge von weit über 100 Hektolitern realisiert.

Geerntet wird, wenn die Trauben reif sind. Theoretisch ist dies der Fall, wenn alle wichtigen Elemente wie Zucker, Säure, Tannin, Farbpigmente und Aromen ihren optimalen Reifegrad erreicht haben. Das wird in der Praxis nicht für alle Parameter gleichzeitig zutreffen, daher muss der Winzer Prioritäten setzen, Risiken eingehen, Entscheidungen treffen und hoffen, dass der Wettergott mitspielt. Unzählige vielversprechende Ernten sind schon im wahrsten Sinne des Wortes ins Wasser gefallen – und das bei nur einem Versuch pro Jahr ...

Selbstverständlich orientiert sich der Lesezeitpunkt auch am Weinstil, der angestrebt wird. Will man süße Weißweine erzeugen, kommt man um die späte Lese nicht herum, während man die Trauben für trockene Weine in der Regel schon früher lesen kann. Für Spitzenweine ist die Handlese unabdingbar, denn nur der Mensch kann selektiv vorgehen und minderwertiges Lesegut gleich aussortieren. Die Maschinenlese wiederum ist natürlich schneller und billiger, die Ernte kann in sehr kurzer Zeit und, wenn erforderlich, auch in der Nacht eingebracht werden – ein ernst zu nehmendes Argument, wenn das Wetter umzuschlagen droht ...

Aus minderwertigen Trauben einen erstklassigen Wein zu machen, das ist selbst unter modernen High-Tech-Bedingungen unmöglich. Ein Wein kann nie besser sein als die Trauben, aus denen er gewonnen wird. Andersherum können Fehler und Unachtsamkeiten beim Vinifizieren leicht dazu führen, dass aus guten Trauben schlechte Weine gekeltert werden. Es sind letztlich weniger kellertechnische und chemische Kenntnisse, die große Weine entstehen lassen, sondern große Winzerpersönlichkeiten. Große Weine stammen häufig aus den Händen sensibler Menschen, die eine intensive Beziehung zu ihrem Produkt entwickelt haben. Es sind Menschen, die kellertechnische Optionen stets kritisch prüfen und sie eher selektiv einsetzen, als blind auf ihren Segen zu vertrauen.

Wo Weine »wachsen« – die deutschen Anbaugebiete

Ahr

Die Ahr, mit etwa 550 Hektar Rebfläche eines der kleinsten Weinanbaugebiete Deutschlands, erstreckt sich auf rund 30 Kilometern westlich von Bonn zwischen Altenahr und Heimersheim. An den Steilhängen über dem Fluss gedeihen vor allem Rotweinsorten. Ihr Anteil liegt bei 85 Prozent und ist damit so hoch wie in keinem anderen deutschen Anbaugebiet. Neben dem Spätburgunder, auf den 60 Prozent der Rebfläche entfallen, werden auch die roten Sorten Portugieser und Dornfelder und – als Spezialität – der hoch eingeschätzte Frühburgunder angebaut. Noch immer wird ein nicht unerheblicher Anteil der vermarkteten Rotweine restsüß ausgebaut, doch der Anteil hochwertiger trockener Exemplare steigt beständig – darunter einige, die Jahr für Jahr zur deutschen Spitze zählen. Die Stilistik dieser Hochgewächse ist deshalb so besonders, weil die Reben auf Schieferböden und nicht selten an extremen Steilhängen wachsen.

Baden

Das Weinbaugebiet Baden, mit 16 000 Hektar Rebfläche das drittgrößte Deutschlands, erstreckt sich in Nord-Süd-Richtung über eine Länge von etwa 400 Kilometern, von der Tauber im Norden bis zum Bodensee im Süden. Entsprechend vielgestaltig präsentiert sich die Stilistik der Weine entlang der Badischen Weinstraße. In den nördlichen Bereichen, also in Tauberfranken, an der Badischen Bergstraße und im Kraichgau, dominieren die Rebsorten Müller-Thurgau, Riesling und Schwarzriesling. In der Mitte Badens, in der Ortenau, wachsen vor allem Spätburgunder und Riesling, während im Süden, also im Breisgau, am Kaiserstuhl und am Tuniberg, vornehmlich rote und weiße Burgunder gepflanzt sind. Das Markgräflerland an der Grenze zur Schweiz pflegt die Weißweinspezialität Gutedel, und am Bodensee gedeihen vor allem Spätburgunder und Müller-Thurgau.

Baden ist das wichtigste deutsche Anbaugebiet für Spätburgunder. Die Sorte erfreut sich in all ihren Ausbaustilen und Geschmacksrichtungen – auch als Rosé oder Weißherbst – großer Beliebtheit. Samtige, kraftvolle Weine werden immer häufiger im Barriquefass ausgebaut. Auch für die weißen Burgundersorten gilt Baden als Spezialist. Hier entstehen kräftige Grauburgunder ebenso wie elegante Weißburgunder oder filigrane Auxerrois.

Franken

Das etwa 6000 Hektar große fränkische Weinland begrenzt die Rhön im Norden, der Steigerwald im Osten, das Taubertal im Süden und der Spessart im Westen. Das Gebiet ist in drei Bereiche eingeteilt. Das Mainviereck umfasst Weinberge zwischen Kreuzwertheim, Miltenberg, Erlenbach und Alzenau nördlich von Aschaffenburg. Hier gedeihen auf Buntsandsteinböden vor allem die Burgunderrebsorten, allen voran der Spätburgunder. Der bekanntere Bereich befindet sich rund um Würzburg im sogenannten Maindreieck. Um die Ortschaften Escherndorf, Randersacker, Sommerhausen und Volkach herrschen Muschelkalkböden und Silvaneranpflanzungen vor. Noch weiter östlich bei Iphofen liegt schließlich der Bereich Steigerwald. Auf Gipskeuperböden gelingen hier sehr gute Silvaner und Rieslinge, aber auch einige Neuzüchtungen wie Rieslaner und Scheurebe. Über alle drei Bereiche hinaus ist Müller-Thurgau mit einem Anteil von über 30 Prozent die mengenmäßig wichtigste Rebsorte.

Hessische Bergstraße

Wenn es im März oder April mancherorts noch fröstelt, setzt an der Hessischen Bergstraße schon die Mandelblüte ein. Hier beginnt der Frühling – und mit ihm der Austrieb der Rieslingtriebe – meist ein paar Tage früher. Der hessische Teil der Bergstraße ist seit 1971 ein eigenständiges Weinanbaugebiet, dessen Rebfläche (etwa 440 Hektar) sich auf zwei räumlich getrennte Bereiche verteilt: Die Region Starkenburg beginnt südlich von Darmstadt mit vereinzelten Weinbergen und hat ihr Herzstück auf Granitverwitterungsböden rund um Zwingenberg, Auerbach, Bensheim und Heppenheim ausgebildet. Die besten Weinlagen findet man an den zum Rheintal hin geneigten Hängen. Am Melibokus bei Zwingenberg, dem höchsten Berg der Region, sind die oberen Teile der Lagen terrassiert. Durch die Aufgliederung in viele kleine Parzellen wirken die Weinberge auf den Urgesteinsböden sehr malerisch. Südlich von Heppenheim endet dieser Bereich an der hessischen Landesgrenze. Der zweite, wesentlich kleinere Bereich – die Odenwälder Weininsel – trägt den offiziellen Namen »Bereich Umstadt«. Ihren Mittelpunkt bilden Weinbergslagen auf Quarzporphyrböden rund um das Städtchen Groß-Umstadt. Die mit Abstand wichtigste Rebsorte ist Riesling, aber auch Rivaner, Grauburgunder, Silvaner, Kerner und Weißburgunder haben eine gewisse Bedeutung. Stark im Kommen ist der Anbau der roten Sorten Spätburgunder, Dornfelder und St. Laurent.

Mittelrhein
Umrahmt von einer malerischen Kulisse erstreckt sich das Weinbaugebiet Mittelrhein zwischen Bingen und Bonn. Von Burgen gekrönte Rebhänge und mittelalterliche Städtchen schmücken hier auf etwa 100 Kilometern Länge das Rheinufer. Die Reben stehen meist an steilen Hängen auf Schieferverwitterungsböden. Bedingt durch die schwierigen Bearbeitungsverhältnisse ist die Anbaufläche allerdings auf etwa 470 Hektar zurückgegangen. Vor allem der Riesling findet hier ideale Wachstumsbedingungen. Er präsentiert sich mineralisch, mit feinem Duft und rassiger Säure. Mit 70 Prozent der Anbaufläche ist er die klare Nummer eins unter den Weißweinreben am Mittelrhein. Daneben gedeihen noch Müller-Thurgau, Kerner und Burgunder.

Mosel-Saar-Ruwer
Das Anbaugebiet an Mosel, Saar und Ruwer gilt als älteste Weinregion Deutschlands. Unzählige Funde, darunter mehrere Kel-

teranlagen aus römischer Zeit, zeugen von einer großen Weinbautradition. Heute befindet sich die Hälfte der Rebfläche in Steil- und Terrassenlagen mit über 30 Grad Hangneigung. Entlang der Mosel zwischen Perl und Koblenz, an der Saar zwischen Serrig und Konz sowie an der Ruwer zwischen Riveris und dem Trierer Stadtteil Ruwer bewirtschaften rund 5000 Winzer in 125 Weinorten mehr als 9000 Hektar Weinbergsfläche. Zu Recht verstehen sich die Moselwinzer als Riesling-Spezialisten, wächst die Rebsorte hier doch auf 5000 Hektar Rebfläche. Weltberühmt sind auch die edelsüßen Weine, die jedes Jahr bei Auktionen Rekordpreise erzielen. Seit einigen Jahren trifft man im Gebiet jedoch immer häufiger auch auf schmackhafte trockene Rieslinge.

Die Arbeitsbedingungen in den steilen Hängen gelten als die schwierigsten aller deutschen Anbaugebiete. Der Bereich Burg Cochem an der unteren Mosel wird heute oft als Terrassenmosel bezeichnet, da dort Weinbau meist nur auf Weinbergsterrassen möglich ist. Hier befindet sich der steilste Weinberg Europas, der Bremmer Calmont. Der Bereich Bernkastel wird als Mittelmosel bezeichnet. In diesem Herzstück des Anbaugebietes entstehen Jahr für Jahr so viele beeindruckende Rieslinge wie wohl nirgendwo sonst auf unserem Planeten.

Nahe

An der Nahe erwarten den Besucher nicht nur sanftes Grün, romantische Flusstäler und dramatische Felsformationen, sondern auch eine 2000 Jahre alte Weinbautradition. Zu Beginn des 20. Jahrhunderts waren die Weine so berühmt wie die der Nachbarregion Rheingau. Doch dann folgte eine lang anhaltende Talfahrt, bis seit Ende des 20. Jahrhunderts wieder regelmäßig absolute Spitzenweine in der Region produziert werden.

Eine bewegte Erdgeschichte hat der Nahe-Region ihre große Bodenvielfalt und nahezu einzigartige Geschmackspalette in ihren Weinen beschert. Insbesondere der Riesling, die meistangebaute Rebsorte im Gebiet, kann hier je nach Bodenformation an Weine von der Mosel, aus der Pfalz oder aus dem Rheingau erinnern. Die Weinberge erstrecken sich von Bingerbrück am Rhein längs der Nahe bis zum Soonwald sowie in diverse Seitentäler hinein. Spitzenrieslinge von trocken bis edelsüß werden heute fast überall an der Nahe erzeugt, wenngleich die besten Weinbergsflächen um Schlossböckelheim, Niederhausen, Norheim und Traisen als klassisches Zentrum des Rieslinganbaus gelten.

Pfalz

Auf 85 Kilometern breitet sich zwischen Bockenheim und Schweigen ein mehr als 23 000 Hektar großer Traubengürtel aus. Die besten Weinberge liegen an den sanft ansteigenden Hängen östlich des Pfälzer Waldes. Sie bringen Weine hervor, deren Stilistik den optimalen Schnittpunkt trifft zwischen der fruchtbetonten Eleganz nördlicher Provenienz und der Kraft und dem Volumen, die den Weinbau in südlicheren Regionen auszeichnen. Das Hauptaugenmerk der Winzer in dem vom Pfälzer Wald begrenzten und durch ihn geschützten Anbaugebiet liegt auf klassischen Rebsorten. Favorit in den Weinbergen ist eindeutig der Riesling, der mit mehr als 5000 Hektar 22 Prozent der Anbaufläche beherrscht und besondere Stärken in den Lagen um Deidesheim und Forst aufweist. Doch auch die Weiß- und Grauburgunder sind – vor allem im südlichen Teil der Region – stark im Kommen. Daneben gehören unter anderen Silvaner, Müller-Thurgau, Scheurebe, Gewürztraminer, Kerner und neuerdings Sauvignon blanc zum vielfältigen Weißweinangebot der Pfalz. Immer wichtiger werden auch die Rotweine. Spitzenreiter ist der Dornfelder, der jedoch nur in seltenen Fällen überdurchschnittliche Qualitäten erreicht. Portugieser und Spätburgunder folgen auf den weiteren Plätzen. Eine rote Spezialität ist die Sorte St. Laurent.

Die Bodenstrukturen sind in der Pfalz sehr unterschiedlich und stammen aus verschiedenen Zeitaltern. An der südlichen Weinstraße finden sich vorwiegend Lehm- und Lössböden, während nach Norden hin eher leichtere, durchlässige, lehmige Sandböden vorkommen. Gelegentlich begegnet man auch Böden aus Kalkstein, Muschelkalk und Rotliegendem.

Rheingau

Einer Laune der Natur ist es zu verdanken, dass der sonst in Richtung Norden fließende Rhein bei Wiesbaden fast im rechten Winkel nach Westen abbiegt, um schon 30 Kilometer später bei Rüdesheim wieder in Richtung Norden abzudrehen. Das Rheingau-Gebirge, ein von Osten nach Westen verlaufender Taunus-Ausläufer, hält den Fluss auf und zwingt ihn zur Richtungsänderung. So entstand am 50. Breitengrad das Rheinknie – und auf dem schmalen Streifen rechts des Rheins zwischen Wiesbaden und Lorch am Rhein das Weinbaugebiet Rheingau, das sich im Osten bis Flörsheim-Wicker erstreckt.

Das Gebiet ist rechtsrheinisch zwischen Hochheim und Lorchhausen mit 3100 Hektar Reben bepflanzt. Hier ist vor allem die Heimat des Rieslings, der auf 2500 Hektar Rebland wächst, aber auch des Spätburgunders, für den vor allem der Ort Assmannshausen bekannt ist. Die stilistische Vielfalt des Rheingauer Rieslings resultiert in erster Linie aus den unterschiedlichen Bodenformationen. Rund um Hochheim im Osten des Gebietes finden sich vor allem schwere, tiefgründige und kalkhaltige Lössböden, weiter westlich dominiert Taunusphylit mit Lehm-, Ton- und Sandanteilen, während ganz im Westen bei Rüdesheim und Assmannshausen Schiefer vorherrscht.

Rheinhessen

Deutschlands größtes Weinanbaugebiet umfasst eine Rebfläche von 26 000 Hektar zwischen Alzey, Worms, Mainz und Bingen. Im Norden und Osten bildet der Rhein die Grenze dieses Gebietes. In den vergangenen Jahren war die Region so etwas wie Deutschlands »Talentschuppen«. Mittlerweile prägen engagierte Erzeuger wie Klaus Peter Keller und Philipp Wittmann und ihre Mitstreiter von der Gruppe »Message in a bottle« das Erscheinungsbild des rheinhessischen Weinbaus ebenso stark wie die traditionsreichen Betriebe an der sogenannten Rheinfront.

Wichtigste Rebsorte mit einem Anteil von 16 Prozent ist Müller-Thurgau, gefolgt von Dornfelder mit mittlerweile über 13 Prozent. Dann folgen Riesling und Silvaner. Als das klassische Zentrum für hochwertige Rheinhessenweine gilt seit eh und je die Rheinfront mit den Gemeinden Nierstein, Oppenheim und Nackenheim. An den Steilhängen des Rheinbruchs wachsen auf Tonschieferböden, dem Rotliegenden, exzellente Rieslinge. Außergewöhnliche Lagen finden sich auch in der Region um die Stadt Worms. Hier konnten sich während der vergangenen zwei Dekaden Lagen und Winzerpersönlichkeiten in Szene setzen, von denen zuvor niemand Notiz genommen hatte. Ähnliches gilt – mit Abstrichen – auch für andere rheinhessische Bereiche.

Saale-Unstrut

Die beiden Flüsse Saale und Unstrut geben dem nördlichsten deutschen Weinbaugebiet seinen Namen. Die klimatischen Bedingungen sind entlang des 51. Breitengrades extrem schwierig, da das Gebiet hart an der äußersten Grenze liegt, hinter der eine regelmäßige Traubenreife nicht mehr zu erwarten ist. Mit rund 500 Millimetern Niederschlag jährlich zählt diese Weinbauregion zu den niederschlagsärmsten in Deutschland, die Sonne scheint etwa 1600 Stunden im Jahr. Die durchschnittliche Erntemenge beträgt nur 50 Hektoliter pro Hektar. Die Klimaerwärmung der letzten Jahre hat – neben einem generell gestiegenen Qualitätsbewusstsein – zu zuverlässigeren und interessanteren Weinen geführt.

Die Rebfläche ist auf drei Bundesländer verteilt: Rund 610 Hektar liegen in Sachsen-Anhalt, etwa 40 Hektar in Thüringen, wo sich die Weinberge von Jena bis Bad Sulza erstrecken, und fünf Hektar in Werder an der Havel im Bundesland Brandenburg. Müller-Thurgau, Weißburgunder und Silvaner sind die wichtigsten Rebsorten. Sie wachsen überwiegend auf Muschelkalkverwitterungsböden. Auf einem Viertel der Rebfläche stehen Rotweinsorten, vor allem Portugieser, Dornfelder, Spätburgunder und Zweigelt. Es sind Raritäten, die meist schnell ausverkauft sind.

Sachsen

Sachsen ist nicht nur das nordöstlichste, sondern zugleich eines der kleinsten Weinanbaugebiete Deutschlands. Erst bei Dresden, am 51. Breitengrad, beginnen die Weinberge. Dass hier im Nordosten trotzdem, insbesondere bei den Weißweinen, Spitzenqualitäten gekeltert werden können, ist Ausdruck einer besonderen Klimagunst. Dort, wo die Niederschlagsmengen noch ausreichen, schafft das Kontinentalklima mit rund 1600 Sonnenscheinstunden optimale Bedingungen für das Wachsen und Reifen der Trauben. Der stetige Wechsel von Tageswärme und Kühle der Nacht sorgt für reiche Aroma- und Bukettstoffe in den Weinen. Auf mehr als der Hälfte der gesamten Rebfläche findet man Weinterrassen, davon zwölf Prozent in Steillagen, die teilweise von alten Trockenmauern gestützt werden. Der vorherrschende Bodentyp ist Schiefer, hinzu kommen Sandstein und Plänerschichten, die von Löss, Ton und Flusssand überlagert werden.

Württemberg

Unter Deutschlands großen Weinbaugebieten belegt Württemberg mit rund 11500 Hektar Platz vier, und unter diesen ist es das einzige, das mehr Rotwein als Weißwein produziert. Bei über 70 Prozent liegt der Rotweinanteil heute und dürfte in den nächsten Jahren weiter ansteigen. Die Sorte Trollinger führt die Rotweinrangliste an, gefolgt von Lemberger, Schwarzriesling und Spätburgunder. Als interessante Neuentwicklungen entpuppen sich zum einen Weine aus den Sorten Zweigelt und Merlot, zum anderen der Trend zu Cuvées. Im Remstal hat Sauvignon blanc eine vielversprechende Entwicklung eingeschlagen.

Weinbau wird hier entlang des Neckars auf Keuper- und Muschelkalkböden betrieben, aber auch in den geschützten Flusstälern der Neckar-Nebenflüsse Rems, Enz, Kocher, Jagst und Tauber und sogar am Bodensee. Herzstück des Weinbaugebiets ist der Bereich württembergisches Unterland am mittleren Neckar, südlich davon schließt sich der Bereich Remstal-Stuttgart an. Der Anteil der wertvollen Steillagen ist hoch. Vielfach bewirtschaften die Winzer nur kleine Parzellen, deren Ertrag sie traditionell an die nächstgelegene Weingärtnergenossenschaft liefern. Mehr als 50 gibt es davon in Württemberg; sie vermarkten etwa 75 Prozent der Württemberger Weine.

Meine Weinauswahl

Der Auswahl der Weine für dieses Buch liegt die Absicht zugrunde, anhand von 50 Beispielen das hohe Qualitätsniveau und die ungeheure stilistische Vielfalt der deutschen Weinszene aufzuzeichnen und diejenigen Produkte im Detail vorzustellen, die für ihre Art Referenzcharakter beanspruchen dürfen. Besondere Aufmerksamkeit gilt dabei natürlich den beiden deutschen Leitrebsorten Riesling und Spätburgunder. Diese beiden Rebsorten sind – wie sonst keine andere Varietät – unter den besonderen klimatischen und historischen Bedingungen des deutschen Weinbaus zu ganz außerordentlichen Höchstleitungen in der Lage, und zwar mit vielfältigen stilistischen Ausdrucksformen.

Für den Riesling und in Ansätzen auch schon für den Spätburgunder haben sich durch geologische und kleinklimatische Besonderheiten zudem regionale Identitäten herausgebildet. Das ist der Grund, weshalb in diesem Buch 19 Rieslinge und neun Spätburgunder portraitiert werden, aber kein einziger Müller-Thurgau, obwohl die Sorte mit 14 000 Hektar in der Rebflächenstatistik noch vor dem Spätburgunder rangiert. Aber auch Silvaner, Weiß- und Grauburgunder sowie Chardonnay sind imstande, hochwertige Weine mit einer gewissen terroirbedingten Bandbreite zu ergeben. Portraitiert werden zudem einige interessante »Exoten«, die das stilistische Spektrum der deutschen Weinlandschaft wohltuend bereichern.

Auf dem Weg zur endgültigen Auswahl der 50 deutschen Weine, die Sie kennen sollten, wurden zunächst rund 1000 Weine von mehr als 200 Betrieben verkostet. Weine mit potenziellem Referenzcharakter wurden anschließend in Gruppen zusammengefasst und einer erneuten, diesmal vergleichenden Verkostung unterzogen. Nachdem dann die 50 Kandidaten, inklusive einiger »Reservisten« identifiziert waren, habe ich mehr als 60 Winzer beziehungsweise Betriebsleiter zu mehrstündigen Intensivinterviews besucht, um alle wichtigen Informationen rund um den Wein und seine Entstehungskontexte in Erfahrung zu bringen.

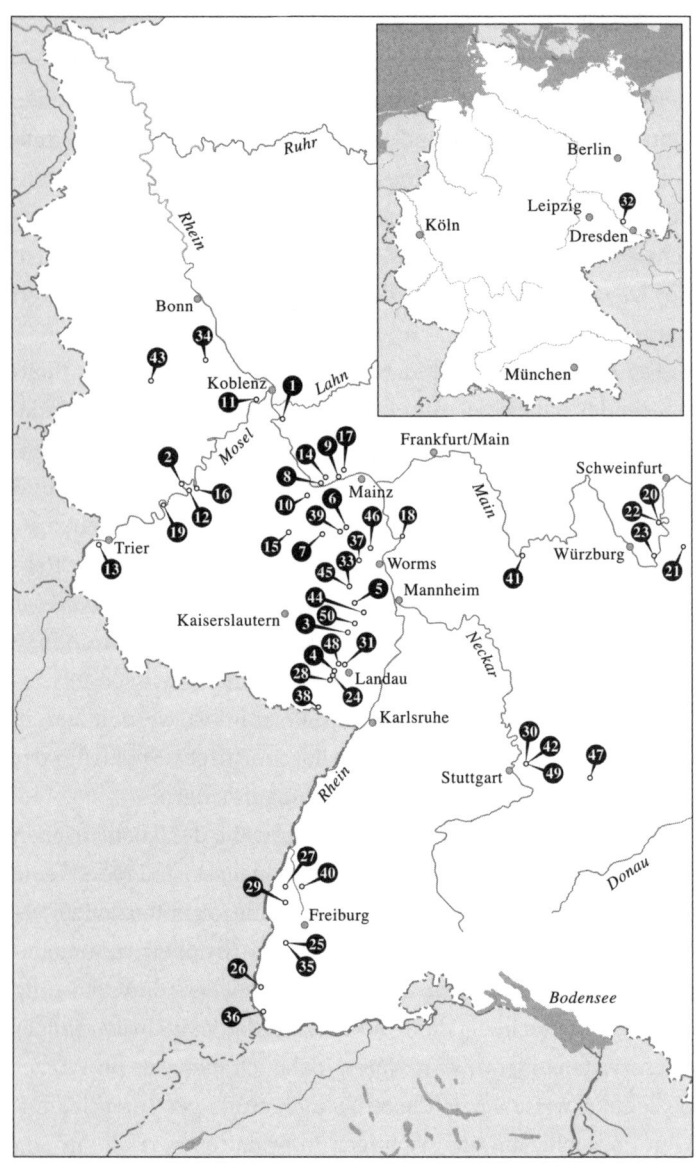

Bei aller Rationalisierung bleibt die Auswahl letztlich eine subjektive. Sie ist meine ganz persönliche Antwort auf die Frage, welche deutschen Weine für ihre jeweilige Art und Stilistik vorbildlich und typisch sind und deshalb Referenzcharakter beanspruchen dürfen. Auf der Karte auf Seite 34 finden Sie die 50 ausgewählten Weine in der Übersicht, nach Kapiteln nummeriert. Ich hätte nicht bloß 50, sondern gut und gerne auch 150 Weine finden können, die diesen Kriterien entsprochen hätten, weshalb mir die Auswahl nicht leichtgefallen ist. Das Qualitätsniveau in Deutschland ist außerordentlich hoch, und immer mehr Winzer entwickeln ein Verständnis für den besonderen Charakter der Lagen, die sie bewirtschaften. Selbstbewusst setzen sie dem Einheitsbrei der Discountwaren originelle Weine mit Ursprungsidentität entgegen. Es hat viel Freude gemacht, die Begeisterung und Aufbruchsstimmung in der deutschen Weinszene für eine Weile hautnah mitzuerleben und mit Hilfe dieses Buches in die Welt zu tragen. Allen Winzern und Winzerinnen, die mitgeholfen haben, dass dieses Buch geschrieben werden konnte, sage ich an dieser Stelle ein ganz herzliches Dankeschön. Ohne sie hätte ich keine einzige Zeile zu Papier gebracht. Ich bedanke mich ganz ausdrücklich auch bei all jenen, die mir ihre Weine zum Verkosten und ihre Zeit zum Gespräch zur Verfügung gestellt haben, ohne dass ich ihre Weine in diesem Buch portraitiert habe. Viele wären es Wert gewesen, ausführlich zu Wort zu kommen. Doch ein Buchprojekt wie dieses hat Grenzen, die auch ich akzeptieren muss.

Bopparder Hamm Ohlenberg Riesling Spätlese trocken

Weingut Florian Weingart, Mittelrhein

Noch immer sind Weine in der Qualität, wie Florian Weingart sie in der Ortschaft Spay erzeugt, die große Ausnahme im Weinbaugebiet Mittelrhein. Dabei verfügen die Rebhänge in der wildromantischen Rheinschlucht zwischen Bingen und Bonn – einer der wärmsten Gegenden Deutschlands – auf einer Strecke von 120 Kilometern über ein riesengroßes, natürliches Potenzial zur Produktion erstklassiger Weine. Die Nähe der besten Lagen zum Fluss, die durch das enge Tal windgeschützt liegenden Steillagen und die steinigen Schiefer- und Grauwackeböden schaffen ideale Bedingungen für rassige Rieslinge, die geprägt sind von intensiver Fruchtigkeit, lebendiger Säure und salziger Mineralität.

Aus der Einzellage Ohlenberg bringt Florian Weingart Jahr für Jahr einen der schönsten Vertreter des trockenen Mittelrhein-Rieslings hervor. In der Nase findet sich feinste Rieslingfrucht mit Noten von Aprikosen und Pfirsichen, Nuancen von Mango und Maracuja, untermalt von zarten Blumendüften. Am Gaumen wartet der Ohlenberg mit rassigem Schiefercharakter auf. Da ist Temperament im Spiel, er strotzt nur so vor Vitalität und Lebensfreude. Frucht, Säure, Alkohol und Mineralität vereinen sich in dieser trockenen Spätlese zu einem harmonischen, generösen Ganzen. Alles wirkt so ungemein erfrischend und trinkanimierend, dass man gar nicht genug von diesem Wein bekommen kann.

Dieser subtile und elegante Riesling wird von Florian Weingart für lediglich acht Euro vermarktet. Das wirkt angesichts der außerordentlichen Qualität wie eine Provokation und scheint so manch anderen Wein aus den benachbarten Anbaugebieten als überteuert zu entlarven. Darauf angesprochen, wird Florian Weingart nachdenklich und zögert mit seiner Antwort: »Der Mittelrhein besitzt großartige Lagen, die Winzer haben aber in den vergangenen Jahrzehnten zu wenig daraus gemacht. Die Masse der Erzeugnisse wurde zu Billigstpreisen an große Sekthersteller verkauft oder an Touristen verschleudert. Bedenkt man die hohen Produktionskosten, die die überwiegend manuelle Bewirtschaftung der steilen Hänge verursacht, wurde und wird in großen Teilen des Gebietes unwirtschaftlich gearbeitet.« Ist das Image eines ganzen Gebietes einmal im Keller, können selbst die besten Produkte nur zu bescheidenen Preisen abgesetzt werden.

Wie richtig diese Einschätzung ist, dokumentiert die Statistik. Die Rebfläche im Mittelrheintal zwischen Taunus, Westerwald und Siebengebirge im Osten und Hunsrück und Eifel im Westen ist dramatisch von 2500 Hektar zu Beginn des 20. Jahrhunderts auf 1500 Hektar in den 1950er Jahren und heute lediglich noch 450 Hektar geschrumpft. Zum Glück ist in den vergangenen Jahren eine junge Winzergeneration auf den Plan getreten, die Schluss macht mit dem angestaubten Rhein-Romantik-Image und sich mit Erfolg bemüht, das große Potenzial dieser wundervollen Terroirs endlich wieder für die Herstellung bemerkenswerter Weine zu nutzen.

Das Zentrum dieses »jungen Engagements« liegt im südlichen Teil des Gebietes zwischen Bacharach, Boppard und Spay. Vor allem Florian Weingart hat mit seinen Gewächsen aus den Bopparder Top-Lagen Feuerlay, Ohlenberg und Engelstein bewiesen, welch hohe Weinqualitäten möglich sind, wenn alle Maßnahmen in Weinberg und Kellerwirtschaft darauf ausgerichtet sind. Während Engelstein und Feuerlay fester strukturierte, in der Jugend verhaltenere Weine ergeben, präsentieren sich die Ohlenberg-Gewächse stets zugänglicher, runder und früher trinkreif. Florian Weingart erklärt diese besondere Stilistik mit den relativ hohen Kalkanteilen, die in den Boden des steilen Schieferprallhangs eingelagert sind. »Anders als in den Nachbarlagen haben wir im Ohlenberg einen ph-neutralen Boden; dadurch wirkt die Säure im Wein besser eingebunden und insgesamt weicher.«

Auf meine Frage, welche Bedeutung das Mostgewicht und die Höhe des Ertrages haben, antwortet er in aller Deutlichkeit: »Das Mostgewicht ist nicht entscheidend, wichtiger ist die Frage, ob wir es schaffen, gesund in die kühlere Jahreszeit zu kommen. Die besten Qualitäten bekommen wir dann, wenn es gelingt, reife und gesunde Trauben möglichst spät zu ernten. Das ist noch wichtiger als eine Ertragsbegrenzung. Mir ist ein Ertrag von 80 Hektolitern pro Hektar, den ich Anfang November ernte, lieber als ein Ertrag von 50 Hektolitern, den ich Anfang Oktober ernte.«

Um Top-Resultate zu erzielen, wendet Florian Weingart in seinen Steillagen zirka 1000 Arbeitsstunden pro Hektar auf. Das ist ein Vielfaches dessen, was ein Winzer in der Ebene leisten muss. Er hat jedoch die Erfahrung gemacht, dass alle Maßnahmen im Weinberg, seien sie im Einzelnen noch so sehr am Ziel der Qualitätssteigerung ausgerichtet, doch immer in ein komplexes System eingreifen und deshalb Wirkungen haben können, die vorher schwer abzuschätzen sind, gelegentlich sogar kontraproduktive Effekte haben können.

Das erläutert er an drei Beispielen. »Entblätterung etwa ist gut gegen Fäulnis, aber ungünstig für die Assimilation und setzt die Trauben vermehrter Sonneneinstrahlung aus. Zweites Beispiel: Werden die Rebstöcke im Winter kurz angeschnitten, um mit reduzierten Erträgen geschmacksintensivere Trauben zu bekommen, besteht die Gefahr, dass der Rebstock dies mit stärkerer Wüchsigkeit an den verbliebenen Trieben ausgleicht oder riesige Geiztriebe ausbildet. Die Wahrscheinlichkeit von Fäulnisbildung und die Notwendigkeit zur frühen Lese nehmen zu. Und wer die positiven Effekte mehrstündiger Maischestandzeiten des Mostes will, also mehr Aroma und Fülle, der muss den Verlust an Eleganz und Filigranität und den Anstieg bitterer Komponenten im Wein in Kauf nehmen.«

Nur wer sich Zeit für eine wirkliche Begegnung mit den Weinen Florian Weingarts nimmt, erkennt hinter der vordergründigen Fassade eine ungeheure Tiefe, in der man sich verlieren könnte. Zugleich offenbaren sich in demselben Wein Leichtigkeit und Zartheit, die ihm Flügel zu verleihen scheinen. So ist der Wein, und so ist auch sein Schöpfer.

Florian Weingart steht mit beiden Beinen fest im Leben. Vielleicht gelingt es ihm deshalb so scheinbar mühelos, Bodenständigkeit, bäuerliche Identität und ausgeprägten Familiensinn mit der Welt der Gedanken, Bilder und Töne zu vereinen, wie auch die Konzeption seines neuen Weingutes zeigt. Insbesondere in der Architektur und Funktionalität des Kellers spielen bodenständig-ökologische, betriebswirtschaftlich-rationale und philosophisch-ästhetische Dimensionen kongenial zusammen. Das ist – mit den Worten Florian Weingarts – eine »One-Level-Gravity-Flow-Show«.

Weitere Weingart-Weine
- Riesling trocken (4,75 Euro), Bopparder Hamm Feuerlay Riesling Spätlese trocken (10 Euro), Bopparder Hamm Feuerlay Riesling Kabinett (5,50 Euro), Bopparder Hamm Riesling Kabinett feinherb (6 Euro)

Kontakt

- Mainzer Straße 32, 56322 Spay
  Tel. (02628) 8735, www.weingut-weingart.de

Empfehlenswerte Weinbaubetriebe in der Umgebung

- Matthias Müller (Spay), Didinger (Osterspay), Jost (Bacharach), Ratzenberger (Bacharach), Perll (Boppard), Selt (Leutesdorf), Heilig Grab (Boppard)

Restaurants und Hotels in der Nähe

- Alter Posthof, Mainzer Straße 47, 56322 Spay
  Tel. (02628) 8708, www.alterposthof.de
- Landgasthof Eiserner Ritter, Zur Peterskirche 10,
  56154 Boppard-Weiler
  Tel. (06742) 93000, www.eiserner-ritter.de
- Bellevue, Rheinallee 41, 56154 Boppard
  Tel. (06742) 1020, www.bellevue-boppard.de
- Burghotel Schönburg, Auf Schönburg, 55430 Oberwesel
  Tel. (06744) 93930, www.burghotel-schoenburg.de
- Gasthaus zum Turm, Zollstraße 50,
  56342 Kaup, Tel. (06774) 92200, www.rhein-hotel-turm.de

2 Zeltinger Sonnenuhr Riesling Spätlese trocken

Weingut Selbach-Oster, Mosel

Dieser Wein ist so lebendig, rein und klar wie Quellwasser. Bei aller Vitalität präsentiert er sich ungemein zart und filigran. In der Nase zeigt er sich zunächst zurückhaltend, aber mit spürbarer Komplexität. Neben gelben Früchten wie Aprikose und Pfirsich und einem Hauch von Äpfeln und Zitrusfrüchten erinnert sein Duft auch an Gewürze und Mineralien. Am Gaumen wirkt die Zeltinger Sonnenuhr Riesling Spätlese ungeheuer animierend und hinterlässt eine zarte Salzigkeit auf der Zunge, ein bisschen so, als habe man Schweiß geleckt. Dann offenbart er Tiefe, entpuppt sich als idealtypischer, fordernder, trockener Moselriesling: intellektuell, kühl, zurückhaltend. Das ist Trinkvergnügen fernab jedes geschmacklichen Mainstreams. Jetzt muss man seinem Gaumen vertrauen, muss sich Zeit lassen und hinter die Kulissen schauen. Und dennoch: Was sich abspielt, ist schwer zu fassen, abgründig und zugleich aufwärtsstrebend, sehnsuchtsvoll.

Unter heutigen Maßstäben darf dieser trockene Riesling mit seinen rund 12 Prozent Alkohol als Leichtgewicht gelten. Frucht, Säure und Mineralität ergeben ein perfekt balanciertes, formschönes Ganzes, vergleichbar dem durchtrainierten, aber überaus grazilen Körper einer Eiskunstläuferin und ihren sportlichen, zugleich anmutig verspielten Bewegungen.

Er ist ein wunderbarer Essensbegleiter, wenn er zwei bis drei Jahre Flaschenreife absolviert hat. Dann ist er ungeheuer anpassungsfähig und erfrischend, ein unaufdringlicher Wein, der der Begegnung Raum lässt. Sein Reifepotenzial beträgt – vorsichtig geschätzt – zehn Jahre, kann aber in Spitzenjahren auch deutlich darüber liegen. Jahr für Jahr werden im Weingut Selbach-Oster zwischen 4000 und 8000 Flaschen von dieser trockenen Spätlese produziert und für 12,50 Euro ab Weingut verkauft.

Die Trauben für diesen außergewöhnlichen Wein wachsen in der großartigen Zeltinger Sonnenuhr, einer sehr trockenen Steillage mit Südausrichtung, die zur Ortschaft Zeltingen an der Mittelmosel gehört. Die Zeltinger Sonnenuhr grenzt direkt an die noch berühmtere Wehlener Sonnenuhr flussabwärts unmittelbar am Ufer und genießt dieselbe Sonneneinstrahlung und dieselben mikroklimatischen Bedingungen wie ihre Nachbarlage, allerdings ist der Hang hier noch etwas steiler und felsiger.

Für die trockene Spätlese werden nur die besten Trauben von zum Teil mehr als 60 Jahre alten Stöcken verwendet. Sie sind ungeheuer kleinbeerig, extrem aromatisch und werden meist nicht vor Mitte November geerntet. Ertragsreduzierende Maßnahmen sind zwar in solch alten Anlagen nicht mehr erforderlich, dennoch muss der Weinberg intensiv gehegt und gepflegt werden, damit an den Stöcken erstklassige Früchte wachsen. Bis auf wenige Ausnahmen müssen alle Arbeiten wie die Laubarbeit und die Lese in dieser Steillage per Hand durchgeführt werden, was viel Zeit und Mühe kostet.

Im Keller wird schon seit mehreren Generationen nach folgendem Prinzip verfahren: »Guter Riesling macht sich von selbst, aber lasse ihm Zeit.« Zunächst gewährt man den spät geernteten Trauben mehrere Stunden Maischestandzeit, dann wird langsam und schonend gepresst und schließlich kühl und lange vergoren, manchmal bis in den April hinein. »Eine langsame Gärung lässt harmonischere, komplexere und feinere Weine entstehen«, so die Überzeugung des heutigen Inhabers, Johannes Selbach. »Sie sind dann nicht nur säureärmer, sondern auch aromatischer. Viele Aromen werden bei einer schnellen und aufbrausenden Gärung freigesetzt und gehen dem Wein verloren.« Nach der Gärung lässt man dem Wein Hefekontakt und viel Zeit, sich selbst zu klären, bevor er filtriert und in die Flasche gefüllt wird.

Johannes Selbach hat das Weingut nach seinem Studium der Betriebswirtschaft und einem mehrjährigen USA-Aufenthalt im Jahr 1988 von seinem Vater Hans übernommen. Die beiden verband eine wunderbare Freundschaft und – nach einigen Experimenten von Johannes in den Anfangsjahren – große Übereinstimmung darüber, was einen vollkommenen Wein ausmacht: Naturbelassenheit, Transparenz, Mineralität und Authentizität. All das kommt besser in schlanken Weinen als in fetten, besser in trockenen als in süßen, besser mit weniger als mit mehr Technik zum Ausdruck.

Aus diesem Grund hat Johannes Selbach vor einigen Jahren damit begonnen, in begrenzter Anzahl Weine so zu machen, wie sie gewachsen sind. In kleinen Top-Parzellen werden die Trauben nicht mehr selektiv, sondern »en bloc« geerntet und unabhängig von ihrem jeweiligen Reifezustand für die Produktion eines ganz besonderen Weines verwendet. »Das ist ein Terroirwein im eigentlichen Wortsinn, ohne Manipulation und Selektion. Damit bringen wir heute die Auffassung meines Vaters vom vollkommenen Wein auf den Punkt.«

Die große Begeisterung für den Wein hat Johannes Selbach von seinem Vater geerbt, der ihn auch Bescheidenheit gelehrt hat. »Wir haben nicht den Ehrgeiz, 99-Punkte-Weine zu machen, wir wollen Weine mit Trinkfreude abfüllen, die Spaß machen und zum guten Essen passen, keine Monumente, die verehrt werden wollen.« Und er fährt fort: »Es gibt keinen besten Wein, nur viele gute mit unterschiedlicher Stilistik.« Wie sein Vater ist Johannes Selbach ein Freund der stilistischen Vielfalt, des Originären und Unverwechselbaren, kein Freund des Immer-höher-schneller-weiter.

Weitere Selbach-Oster-Weine
- Zeltinger Schlossberg Riesling Spätlese (11,50 Euro), Graacher Domprobst Riesling Spätlese (12 Euro), Zeltinger Sonnenuhr Riesling Auslese (17 Euro)

Kontakt
- Uferstraße 23, 54492 Zeltingen
  Tel. (06532) 2081, www.selbach-oster.de

Empfehlenswerte Weinbaubetriebe in der Umgebung
- Willi Haag (Brauneberg), Joh. Jos. Prüm (Wehlen), Schloss Lieder (Lieser), Dr. Loosen (Bernkastel), Karl Erbes (Ürzig), Kees-Kieren (Graach), Dr. Pauly-Bergweiler (Bernkastel-Kues)

Restaurants und Hotels in der Nähe
- Hotel Nicolay zur Post, Uferallee 7, 54492 Zeltingen
  Tel. (06532) 93910, www.hotel-nicolay.de
- Zeltinger Hof, Kurfürstenstraße 76, 54492 Zeltingen-Rachtig
  Tel. (06532) 93820, www.zeltinger-hof.de
- Landhaus St. Urban, Büdlicherbrück 1, 54426 Naurath/Wald
  Tel. (06509) 914000, www.landhaus-st-urban.de
- Zur Malerklause, Im Hofecken 2, 54413 Bescheid
  Tel. (06509) 558, www.malerklause.de

■ Landhaus Mühlenberg, Mühlenberg 2, 54313 Daufenbach
Tel. (06505) 1010, www.landhaus-muehlenberg.de

3 Königsbacher Idig Riesling
»Großes Gewächs«

Weingut Christmann, Pfalz

Aus der Königsbacher Renommierlage Idig in der Pfalz bringt das Weingut Christmann Jahr für Jahr extrem mineralische, konzentrierte, komplexe und zugleich ungemein verspielte Rieslinge hervor, die zu den weltweit feinsten trockenen Vertretern dieser Rebsorte gerechnet werden müssen. Das Aroma dieses Ausnahmeweins ist geprägt von Pfirsich-, Aprikosen- und Zitrusnoten, einem Hauch schwarzer Beeren, zu denen sich ein kräuterwürziger, tabakartiger Duft mit weiteren floralen Nuancen hinzugesellt. Am Gaumen präsentiert sich der Idig mit einem sehr ausgeprägten mineralischen Fundament, dezent salzig, mit einer präsenten, aber stets feinen, abgerundeten Säure, die dem Wein trotz aller Konzentration und Kraft etwas Beschwingtes verleiht. Tiefe und Komplexität vereinen sich im Idig auf wunderbare Weise mit Trinkigkeit. Von anderen großen Rieslingen unterscheidet er sich vor allem durch seine ungemein zarte Textur.

Steffen Christmann versteht seinen Idig als männlichen Balletttänzer: stark, kräftig und durchtrainiert, dabei in seinen Bewegungen enorm leichtfüßig und filigran. Es ist jedoch kein Wein für den schnellen Genuss. Er braucht Zeit, sich zu entwickeln und seine volle Harmonie und Komplexität zu entfalten. Seine ganze Klasse zeigt er oft erst nach drei bis vier Jahren Flaschenreife und hat dann das Zeug, noch seinen 20. Geburtstag in Bestform zu erleben.

Die Trauben für den Idig wachsen in einer für die Region recht steilen und nach Süden ausgerichteten Große-Gewächs-Lage gleichen Namens, die zur kleinen Ortschaft Königsbach gehört. Inmitten einer von Buntsandsteinböden dominierten Region markieren die Kalkböden von Königsbach eine absolute Besonderheit. Sie zeichnen verantwortlich für die ausgeprägte Mineralität und die seidige Textur des Idig.

Als Winzer geht es Steffen Christmann vor allem um Authentizität, also um Weine, die nach ihrer Herkunft schmecken. Das gilt für alle Qualitäten, vom einfachen Pfalz-Riesling bis zu den Großen Gewächsen. Um authentische, terroirgeprägte Weine zu erzeugen, hat Christmann die Bewirtschaftung seiner Rebanlagen im Jahr 2004 auf biologische, 2008 dann auf biodynamische Prinzipien umgestellt. Mit Hilfe der Biodynamie ist es möglich, so Christmann, den Weinberg gesünder, stabiler und in ein größeres Gleichgewicht zu bekommen. »Biodynamie sorgt für eine maximale Mobilisierung der im Boden vorhandenen Mineralstoffe, stärkt die Rebstöcke und ihre Abwehrkräfte und zügelt zugleich ihre Wuchskraft. Seither sind die Trauben in unseren Weinbergen kleiner und lockerbeeriger geworden und können bis in den November hinein physiologisch ausreifen«, fasst Steffen Christmann die bisherigen Ergebnisse der Umstellung begeistert zusammen. »Wir versuchen mit den Reben so umzugehen, wie wir mit uns selbst umgehen: nicht das ganze Jahr Antibiotika einnehmen, sondern Krankheiten durch gesundes Leben und gesunde Ernährung vorbeugen.«

Die Lese erfolgt im Hause Christmann ausschließlich per

Hand, oftmals in mehreren Durchgängen. Faule Trauben werden schon im Weinberg aussortiert. Das ist zwar arbeitsintensiv, jedoch für die angestrebten hohen Qualitäten unabdinglich.

Vergoren wird der Most ohne Zugabe von Reinzuchthefen in Holz- und Edelstahlbehältern; mitunter dauert die Gärung bis in den Januar. Die anschließende Lagerung des jungen Weines auf der Feinhefe unterstützt die aromatische Komplexität und bringt ein zarteres Mundgefühl hervor.

Alle kellertechnischen Interventionen werden primär sensorisch begründet und analytisch begleitet; oft entscheidet Steffen Christmann aus dem Bauch heraus. Das hat ihn früher verunsichert, heute ist er souveräner, vertraut seinen Intuitionen und lebt damit, dass nicht alles 100-prozentig rational begründbar ist. »Die gewachsene Intimität mit meinen Weinbergen seit der Umstellung des Betriebes gibt mir auch bei den Entscheidungen im Keller größere Sicherheit«, so Christmann.

Das Weingut Christmann produziert vom Idig jährlich etwa 8000 bis 10 000 Flaschen und vermarktet den Wein weltweit für 32 Euro. Er beginnt, nach drei bis vier Jahren trinkreif zu werden und erweist sich dann als idealer Essensbegleiter. Besondere Stärken entwickelt er zu feinen Fischgerichten sowie zu Huhn und Kalbfleisch.

Weitere Christmann-Weine

- Gutsriesling trocken (8 Euro), Gimmeldinger Biengarten Riesling trocken (14,50 Euro), Königsbacher Ölberg Riesling trocken (14,50 Euro), alle Weine der »SC«-Linie (14 bis 18 Euro), Königsbacher Ölberg Spätburgunder trocken (26 Euro)

Kontakt
- Peter-Koch-Straße 43, 67435 Gimmeldingen
  Tel. (06321) 66039, www.weingut-christmann.de

Empfehlenswerte Weinbaubetriebe in der Umgebung
- Müller-Catoir (Neustadt-Haardt), Weegmüller (Neustadt-Haardt), Bergdolt (Duttweiler), Mosbacher (Forst)

Restaurants und Hotels in der Nähe
- Netts Restaurant und Landhaus, Meerspinnstraße 46, 67435 Gimmeldingen
  Tel. (06321) 60175, www.nettsrestaurant.de
- Turmstübl Deidesheim, Turmstraße 3, 67146 Deidesheim
  Tel. (06326) 981081, www.turmstuebel.de
- Mundus vini, Das Weinhaus, Marktplatz 4, 67433 Neustadt/Weinstraße
  Tel. (06321) 39008-3, www.mv-vinothek.de
- Freinsheimer Hof, Breite Straße 7, 67251 Freinsheim
  Tel. (06353) 58410, www.restaurant-freinsheimer-hof.de

4 Birkweiler Kastanienbusch Riesling »Großes Gewächs«

Weingut Ökonomierat Rebholz, Pfalz

Wer sich von der pfälzischen Ortschaft Birkweiler kommend dem Kastanienbusch nähert, dem tut sich eine malerische Talkessellandschaft auf. In dieser spektakulär schönen, mehr als

300 Meter hoch gelegenen Steillage mit südlicher Exposition und einem herrlichen Ausblick auf den Pfälzer Wald wächst einer der legendären Spitzenrieslinge Deutschlands. Diese kleinklimatisch bevorzugte, vor Westwinden geschützte Lage ermöglicht den Trauben eine lange Vegetationsperiode – eine der wesentlichsten Voraussetzungen für eine optimale Reife mit komplexer Aromatik und erfrischender Säure.

Die mit Riesling bestockte Rebfläche des Weingutes Ökonomierat Rebholz steht im Kastanienbusch auf fast 300 Millionen Jahre alten roten Schieferböden, die ihre Rotfärbung intensiven Eiseneinlagerungen verdanken. Diese Böden kommen nur in Teilen des Kastanienbuschs vor und verleihen diesem majestätischen, tief mineralischen Riesling seine einzigartige stilistische Performance. Zur bei Pfalzweinen üblichen Dichte und Konzentration gesellen sich in diesem Ausnahmewein Finesse und Eleganz, ja sogar eine gewisse Heiterkeit und Leichtigkeit.

In der Nase präsentiert sich der Kastanienbusch von betörender Komplexität, animierend und ungemein mineralisch. Über die Jahrgänge hinweg finden sich immer wieder rauchige, pflanzliche und kräuterwürzige Aromen, die mal an Speck und hellen Tabak, mal an Wiesenblumen, Heu und Tee erinnern. Hinzu kommen im Hintergrund fruchtige Noten, vor allem Limette, Kumquat, Orange und Zitrusblüte.

Am Gaumen begegnet Ihnen ein enorm zupackender Wein. Seine Säure besitzt die für Schieferböden typische grüne, leicht spitze Art. Erst wirkt sie prickelnd, saftig und sehr lebendig, bevor sie sich mit salziger Mineralität verbindet und im schier endlosen Finale langsam ausklingt. Zurück bleibt die Erinnerung an einen großen Wein, der in scheinbar schwereloser Eleganz Dichte, Kraft und Leichtigkeit kongenial vereint.

Das Alterungspotenzial dieses Rieslings ist gewaltig, er kann über mehr als 25 Jahre vorzüglich reifen, bevor er sich allmählich zu einem alten Wein entwickelt. Jugendlich stürmisch präsentiert er sich während der ersten zwei bis drei Jahre, dann verschließt er sich für eine gewisse Zeit und erstrahlt oft erst im fünften Lebensjahr zu neuem Leben, jetzt milder und feiner am Gaumen, reicher und vielschichtiger in der Aromatik. Damit dürfte es sich um einen der weltweit langlebigsten trockenen Rieslinge handeln. Und zum Glück für alle Weinliebhaber wird er nicht in Kleinstmengen produziert: Jährlich werden von diesem Großen Gewächs etwa 7500 Flaschen abgefüllt und für 32 Euro vermarktet.

Wer mit Hansjörg Rebholz, dem heutigen Inhaber des Weingutes, über seinen Riesling aus dem Kastanienbusch spricht, spürt gleich seine ernsthafte Begeisterung – nicht nur für diesen Ausnahmewein, sondern für die Rebsorte Riesling generell: »Mit Riesling kann ich die Gesamtheit eines Weinbergs – also Boden, Klima, Topographie und geographische Lage – so herausarbeiten, dass man den Ursprung riechen und schmecken kann. Im Wein geht es mir deshalb primär um Mineralität, erst in zweiter Linie um Frucht.«

Auch wenn Hansjörg Rebholz keine Gelegenheit auslässt, immer wieder zu betonen, dass die Lage den Charakter seiner Weine prägt, so muss auch er eingestehen, dass ohne menschliches Zutun selbst größtes Lagenpotenzial elendig verkümmert. Sein Weg in dieser Frage ist der Weg seines Vaters und Großvaters. Abseits vom jeweiligen stilistischen beziehungsweise kellertechnischen Mainstream wird im Hause Rebholz seit Generationen die Idee vom Naturwein verfolgt. Die Anreicherung des Mostes mit Zucker ist ebenso tabu wie Mostkonzentrierung, Entsäuerung und die Verwendung von Süßreserve. Seit einigen Jahren arbeitet er im Keller nach dem Prinzip der Schwerkraft, das heißt Trauben, Maische, Saft und Wein folgen so oft wie möglich der Schwerkraft und nicht irgendwelchen Pumpen. So können sie schonend und ohne mechanische Belastung von einem Ort zu einem anderen gelangen.

An erster Stelle steht jedoch der Weinberg. Vor allem hier versucht er, die Idee vom Naturwein umzusetzen. »Den Weinberg betrachte ich als Ökosystem, in dem zahlreiche Wechselbeziehungen zwischen den dort vorkommenden Lebewesen und ihrem Lebensraum herrschen. Mein Ziel ist es, dieses Ökosystem und seine Selbstheilungskräfte zu erhalten beziehungsweise in Richtung größtmöglicher Biodiversität zu optimieren. Zeilenbegrünung, organische Düngung, Ansiedlung von Nützlingen, Anpflanzung von Bäumen und Büschen sowie der generelle Verzicht auf chemisch-synthetische Insektizide und Herbizide sind Meilensteine auf diesem Weg.« Weil Hansjörg Rebholz auf höchste Qualität im Einklang von Mensch und Natur setzt, betreibt er seit einigen Jahren die Pflege seiner Weinberge biodynamisch. »Das macht ungeheuer Spaß, und du bist näher dran an der Natur. So leben wir unsere Verantwortung gegenüber der Kulturlandschaft Weinberg und den nachfolgenden Generationen.« Vor allem begeistert ihn, dass es seit der Umstellung auf Biodynamie tendenziell besser gelingt, volle physiologische Reife bei nicht mehr ganz so hohen Mostgewichten zu erzielen: »Das ergibt dichte, druckvolle Weine mit salziger Mineralität, ohne dass der Alkohol in die Höhe schießt.«

Auf seinem Weg zum Superstar der nationalen Winzerszene hat es Hansjörg Rebholz alles andere als leicht gehabt. Er war 19, als sein Vater starb und er den Betrieb übernehmen musste.

Heute ist Hansjörg Rebholz ganz oben angekommen. Er bringt regelmäßig Kollektionen hervor, die in Deutschland ihresgleichen suchen. Top-Resultate werden nicht nur mit Rieslingtrauben, sondern ebenso mit den Sorten Weißburgunder, Chardonnay und Spätburgunder erzielt. Und in kleinen Mengen wird ein bemerkenswert guter Gewürztraminer abgefüllt.

Weitere Rebholz-Weine
- Muskateller Kabinett trocken (10,50 Euro), Riesling Spätlese »vom Buntsandstein« trocken »S« (14 Euro), Weißer Burgunder Spätlese trocken »S« (14 Euro), Riesling Spätlese »vom Muschelkalk« trocken »S« (15 Euro), Chardonnay Spätlese trocken Barrique »R« (23 Euro)

Kontakt
- Weinstraße 54, 76833 Siebeldingen
  Tel. (06345) 3439, www.oekonomierat-rebholz.de

Empfehlenswerte Weinbaubetriebe in der Umgebung
- Gies-Düppel (Birkweiler), Kranz (Ilbesheim), Münzberg (Godramstein), Siener (Birkweiler), Wilhelmshof (Siebeldingen), Ökonomierat Kleinmann (Birkweiler)

Restaurants und Hotels in der Nähe
- Restaurant Schneider, Hauptstraße 88, 76857 Dernbach
  Tel. (06345) 8348 und 95440, www.schneider-dernbachtal.de
- Fünf Bäuerlein, Theaterstraße 2, 76829 Landau
  Tel. (06341) 20746, www.fuenf-winzer.de
- Weinstube Brand, Weinstraße 19, 76833 Frankweiler
  Tel. (06345) 959490
- Sonnenhof, Mühlweg 2, 76833 Siebeldingen
  Tel. (06345) 3311, www.soho-siebeldingen.de

5 Kallstadter Saumagen Riesling Auslese trocken »R«

Weingut Koehler-Ruprecht, Pfalz

In einer Welt, in der die meisten Weine – genauso wie der Großteil der Lebensmittel und sonstigen Getränke – immer ähnlicher schmecken, erregen die eigenwilligen Weine von Bernd Philippi vom Weingut Koehler-Ruprecht in der Pfalz große Aufmerksamkeit. Sie unterscheiden sich nicht nur erheblich von anderen Weinen der Region – selbst deutschlandweit und darüber hinaus sucht man ihresgleichen vergeblich. Sie sind stilistische Unikate, Resultate meisterlicher Handwerkskunst und ein Bollwerk gegen die eskalierende Standardisierung.

Noch bevor ich Gelegenheit habe, meine Frage, wie er zu seinem Weinstil gefunden hat, zu Ende zu formulieren, schleudert er mir seine Antwort entgegen: »Ich mache keine Kompromisse, ich gehe meinen Weg.« Die Weine sind so eigenwillig wie ihr Produzent: nicht immer und schon gar nicht bei der ersten Begegnung leicht zu verstehen, aber ursympathisch, wenn man sie erst einmal richtig ins Herz geschlossen hat.

Der Kallstadter Saumagen, die Heimat der besten Rieslinge vom Weingut Koehler-Ruprecht, ist eine im Pfälzer Kontext ungewöhnliche Lage und mit dafür verantwortlich, dass die Weine von dort so ganz anders sind. Die Reben stehen hier nicht auf Buntsandsteinböden, wie sonst in der Pfalz üblich, sondern auf Kalkstein. Dieser speichert erheblich mehr Wasser als die meisten anderen Böden des Gebietes und ergibt Weine mit einem ziemlich festen Kern, die für ihre Reife eine längere Entwicklungszeit benötigen als Weine von leichteren Böden. Oder in den Worten von Bernd Philippi: »Meine Rieslinge sind in ihrer Jugend harte Knochen, sehr trocken und mit wenig Fruchtaromen ausgestattet. Sie schmecken nach Kalk.«

Aus einer insgesamt ungeheuer spannenden Kollektion ragt ein Produkt ganz besonders heraus: die Riesling Auslese trocken »R«. Sie wird nur in den allerbesten Jahrgängen abgefüllt und auch dann erst viele Jahre später in den Handel gebracht. Bernd Philippi leistet sich den genialen Luxus, seine Weine erst dann zu verkaufen, wenn sie trinkreif sind. Der ungewöhnlich feine Duft der Riesling Auslese trocken »R« erinnert an reife Aprikosen, Pfirsichblüten und Maracuja. Daneben sind Nuancen von Feuerstein, gerösteten Nüssen und süßen Gewürzen zu erkennen. Am Gaumen präsentiert er sich extrem konzentriert und tief, hat alle Kraft der Welt und wirkt doch elegant und perfekt balanciert; Säure und Mineralität bringen die Frucht zum Tanzen und puffern den Alkohol wunderbar ab; Klarheit und Frische im wunderbar langen Abgang verlocken dazu, seine unverschämte Größe zu verzeihen.

Die Entwicklung der Jahrgänge 1990, 1996 und 1998 beweist das ungeheure Alterungspotenzial dieses Riesling-Giganten. Ihre Aromatik wird von Jahr zu Jahr komplexer. Auf Noten von Honig, Toast und getrockneten Früchten folgt eine meist recht kurze Phase, in der Nuancen von Petroleum und Wachs zu erkennen sind. Wenn diese Phase vorüber ist, stellt sich der berühmte Champignonduft ein, der auch in reifen Burgundern wie zum Beispiel einem Corton-Charlemagne oder im Riesling Clos St. Hune der Domaine Trimbach aus dem Elsass zu finden ist. Am Gaumen sind diese Weine ein grandioses Erlebnis: einerseits unendlich delikat und zart, mit einer Textur, die an Samt und Seide erinnert, andererseits getragen von einer inneren

Spannung, einer Kraft und Tiefe, in der man zu versinken droht, und einer Leichtigkeit, die Flügel verleiht.

So ist auch Bernd Philippi: entschlossen, zupackend und bodenständig, ein tief verwurzeltes Pfälzer Urgestein mit einer unstillbaren Lebenslust, zugleich ein Mensch, der Grenzen scheinbar schwerelos hinter sich lässt und dessen Begeisterung für den Wein so ansteckend ist, dass man sich von ihr allzu gerne für einen Moment mitreißen lässt. Beide, Bernd Philippi und sein Wein, sind starke und eigenwillige Persönlichkeiten, die all jenen, die ihnen begegnen, Widersprüche zumuten.

Im Keller arbeitet Bernd Philippi extrem intuitiv und verlässt sich lieber auf seine Erfahrung und seine sensorischen Fähigkeiten als auf Analysen und Messergebnisse. »Ich habe viele der großen Weine dieser Welt am Gaumen gehabt und hatte das Glück, an ihnen meinen Geschmackssinn immer weiter verfeinern zu können.« Und dann lässt er sich forttragen und schwelgt in Erinnerungen an intime Begegnungen mit legendären Gewächsen aus den berühmtesten Weinregionen der Welt. Ein Schatz, der ihn beflügelt hat, selbst Schätze zu heben.

Die Vinifizierung im Hause Koehler-Ruprecht folgt einigen wenigen Grundüberzeugungen. Alle Weine vergären mit natürlicher Hefe ausschließlich in Holzfässern, wobei die vorherige, sorgfältige Klärung des Mostes die Dynamik der Gärung auf ein Schneckentempo reduziert – dieser Vorgang kann daher bis zu einem halben Jahr dauern. Danach verbleiben die Jungweine so lange wie möglich auf der Hefe. Auch nach der Abfüllung lässt er seinen Weinen Zeit, seinen größten mit der Bezeichnung »R« insgesamt sechs Jahre. Im Sommer 2010 gab er den Jahrgang 2004 für den Verkauf frei, wenige Monate nachdem er das Weingut an eine amerikanische Gesellschaft verkauft hat. Damit geht eine große Familienära zu Ende, auch

Weingut Koehler-Ruprecht

wenn Bernd Philippi die Geschäfte auf absehbare Zeit weiterführen wird.

Weitere Koehler-Ruprecht-Weine
- Kallstadter Saumagen Riesling Spätlese trocken (12 Euro), Kallstadter Saumagen Riesling Auslese trocken (17 Euro), Spätburgunder Tafelwein »Philippi« (20 Euro), Spätburgunder Tafelwein »Philippi« »R« (20 Euro), Spätburgunder Tafelwein »Philippi« »RR« (20 Euro)

Kontakt
- Weinstraße 84, 67169 Kallstadt
  Tel. (06322) 1829

Empfehlenswerte Weinbaubetriebe in der Umgebung
- Petri (Herxheim am Berg), Pfeffingen (Bad Dürkheim), Brenneis-Koch (Bad Dürkheim), Karl Schäfer (Bad Dürkheim), Kissel (Freinsheim)

Restaurants und Hotels in der Nähe
- Weinkastell Zum weißen Ross, Weinstraße 80/82, 67169 Kallstadt
  Tel. (06322) 5033, www.weinkastell-kohnke.de
- Weinhaus Henninger, Weinstraße 93, 67169 Kallstadt
  Tel. (06322) 2277, www.weinhaus-henninger.de
- Kallstadter Hof, Weinstraße 102, 67169 Kallstadt
  Tel. (06322) 8949, www.kallstadter-hof.de
- Luther, Hauptstraße 29, 67251 Freinsheim
  Tel. (06353) 93480, www.luther-freinsheim.de
- Meurer, Hauptstraße 67, 67229 Großkarlbach
  Tel. (06238) 678, www.restaurant-meurer.de

6 Westhofener Morstein Riesling »Großes Gewächs«

Weingut Wittmann, Rheinhessen

Es gibt wenige trockene Rieslinge, die mit einer so verführerischen, ja süchtig machenden Textur begeistern wie der Morstein von Philipp Wittmann aus dem rheinhessischen Westhofen. Er fließt wie pure Seide über Zunge und Gaumen, wirkt dabei zunächst ungemein zart und leicht wie eine Feder. Bereits im nächsten Moment strotzt er vor Temperament und Vitalität, bevor dann eine unbändige Kraft aus ihm herausbricht. Während er sich zupackend in Szene setzt, scheint der ganze Mundraum zu vibrieren. Am Gaumen ist die Hölle los!

Hat man diesen kulinarischen Vulkanausbruch erst einmal unversehrt überstanden, ist die Zeit gekommen, sich noch einmal der Nase dieses Weines zu widmen. Sie hat man bislang vielleicht eher unbeachtet gelassen, denn der Morstein ist wahrlich kein Wein, der uns aus dem Glase entgegengesprungen kommt! Alles wirkt zurückhaltend, fein gesponnen und elegant. Komplexität deutet sich an. Neben saftigen gelben Fruchtaromen finden sich Anklänge an Hefe, Nuancen von Banane und Pfirsich, untermalt von etwas Thymian, Tabak und einer feinen Räuchernote.

Auch am Gaumen präsentiert sich der Morstein beim zweiten Hinschmecken differenzierter, weniger besitzergreifend. Da begegnen wir zunächst einer wunderbar geschmeidigen Extraktsüße, gefolgt von einer reifen, abgerundeten Säure, lebhaft und belebend, aber kein bisschen hart. Dann zeigt er sich in all seiner Pracht, vereint Fülle mit Eleganz, Intensität mit Leichtigkeit und umrahmt dieses Spiel der Gegensätze mit einer trinkanimierenden Mineralik. In der Eröffnungsphase wirkt er fast ein wenig schlank, doch dann entfaltet er einen ungeheuren geschmacklichen Reichtum und präsentiert sich dicht und kraftvoll, bevor er im Finale wieder schlank und fokussiert, aber mit beeindruckender Persistenz von dannen zieht. Wer den Schock der ersten Begegnung überwunden hat, dem begegnet eine durch und durch in sich ruhende Majestät, niemals vordergründig, sondern mit viel Tiefgang und aristokratischer Eleganz ausgestattet. Er ist nicht für die schnelle Begegnung gedacht, sondern ein charakterstarker Wein, der erst nach ein paar Jahren Flaschenreife seinen ganzen geschmacklichen Reichtum offenbart und sich über mehr als 20 Jahre wunderschön entwickelt.

Philipp Wittmann produziert – je nach Jahrgang – zwischen 6000 und 15 000 Flaschen von diesem Ausnahmewein und verkauft ihn für 32 Euro. Es ist ein gefragter Wein, der nicht nur in der deutschen, sondern mittlerweile auch in der internationalen Sternegastronomie verbreitet ist. Große Burgundergläser setzen ihn besser in Szene als herkömmliche Weißweingläser. Da ihm Sauerstoff guttut, profitiert er auch vom Dekantieren.

Seinen Ursprung hat dieser Riesling in der Große-Gewächs-Lage Morstein, einem Südhang in rund 200 Metern Höhe, der sich von Westhofen bis Gundersheim über massive Kalkfelsen erstreckt. Die obere Schicht besteht vor allem aus schwerem Tonmergelboden mit Kalksteineinlagen. Der ebenfalls schwere Untergrund wird von wasserführenden Felsschichten geprägt. So entstehen für die Weinberge optimale Bedingungen zur Versorgung mit Nährstoffen und Mineralien, die die Grundlage für den mineralischen Charakter der Morstein-Weine bieten.

Die Wittmanns haben die Pflege ihrer Weinberge vor über 20 Jahren auf kontrolliert-biologische Wirtschaftsweise umgestellt, weil sie schon damals der Auffassung waren, dass nur der kompromisslose Verzicht auf chemisch-synthetische Pflanzenschutzmittel, auf Herbizide und Mineraldünger der angemessene Umgang für den Flecken Land ist, für den sie Verantwortung tragen. Im Jahre 2003 sind sie einen Schritt weiter gegangen und arbeiten seither nach biodynamischen Grundsätzen.

»Ich setze die biodynamischen Präparate ein, weil ich mir die kosmischen Kräfte zunutze machen möchte. Hornmist verbessert das Bodenleben und die Durchwurzelung und hilft, Trockenperioden besser zu überstehen. Hornkiesel stärkt die Fähigkeit der Pflanzen, Licht aufzunehmen und zu verarbeiten und entfaltet eine trocknende Wirkung, wenn ich kurz vor dem Vollmond den Impuls gebe. Die Rebstöcke kommen dann besser mit Feuchtigkeit zurecht.«

Philipp Wittmanns Ziel, ursprungstypische Weine zu machen, schlägt sich in seinem Vinifizierungskonzept nieder, das auf mehrstündige Maischestandzeiten, Spontangärung, den Einsatz von Holzfässern und lange Lagerzeiten auf der Hefe setzt. »Sollte der spontane Gärverlauf einmal gefährdet sein, kann ich auf zwei eigene Hefestämme zurückgreifen, die wir in Kooperation mit der Uni Mainz aus den Spontangärungen in unserem Keller selektioniert haben.« Wer einmal Gelegenheit hatte, die drei Großen Gewächse aus den Lagen Aulerde, Kirchspiel und Morstein parallel zu verkosten, der dürfte erfahren haben, dass Philipp Wittmann auf seinem Weg zum Terroirwein schon sehr weit vorangekommen ist.

Dabei wollte er als Kind die Weinberge beseitigen und durch Viehwirtschaft ersetzen. Doch bereits mit 18 Jahren hat ihn die

Begeisterung für den Wein so gepackt, dass er sich ein Leben ohne ihn nicht mehr vorstellen konnte. Als er dann nach Lehre und Studium im Jahr 1999 verantwortlich in den Betrieb einstieg, konnte er auf den hervorragenden Vorarbeiten seiner Eltern aufbauen. Im Rückblick nennt er es einen »harmonischen Übergang«. Für den Erfolg der vergangenen Jahre ist Philipp deshalb sicherlich nicht alleine verantwortlich. »Alle wichtigen Entscheidungen werden im Familienrat besprochen. Wir arbeiten gut zusammen, und die Stimmung ist hervorragend.«

Weitere Wittmann-Weine
- Westhofener Riesling trocken (14,50 Euro), Westhofener Silvaner trocken (14,50 Euro), Aulerde Großes Gewächs (23,50 Euro), Kirchspiel Großes Gewächs (29,50 Euro), Brunnenhäuschen Großes Gewächs (30 Euro)

Kontakt
- Mainzer Straße 19, 67593 Westhofen
  Tel. (06244) 905036, www.wittmannweingut.de

Empfehlenswerte Weinbaubetriebe in der Umgebung
- Keller (Flörsheim-Dalsheim), Battenfeld-Spanier (Hohen-Sülzen), Dreißigacker (Bechtheim), Seehof (Westhofen), Winter (Dittelsheim-Hessloch)

Restaurants und Hotels in der Nähe
- Landgasthof Zum Schwanen, Friedrich-Ebert-Straße 40, 67574 Osthofen
  Tel. (06242) 9140, www.zum-schwanen-osthofen.de
- Restaurant Buchholz, Klosterstraße 27, 55124 Mainz
  Tel. (06131) 9712890, www.frank-buchholz.de

■ Stöckbauers Weinkastell, Auf dem Kloppberg 1,
67596 Dittelsheim-Hessloch
Tel. (06244) 57111, www.stoeckbauers-weinkastell.de

7 Siefersheimer Riesling vom Porphyr trocken

Weingut Wagner-Stempel, Siefersheim

Daniel Wagner und seinen Weinen begegnete ich zum ersten Mal an einem lauen Frühlingsabend im Jahre 2004. Er und seine Winzer-Freunde von der Gruppe »message in a bottle« hatten sich bei ihm im Siefersheimer Weingut eingefunden, um einer Gruppe von Weinakademiker-Studenten ihre aktuelle Kollektion vorzustellen. Die Stimmung war prächtig, nicht zuletzt, weil die anwesenden Profis mit so viel Qualität in Rheinhessen nicht gerechnet hatten. Über einen Wein wurde an diesem Abend – auch während des anschließenden Essens – immer wieder gesprochen. Es war der 2002er Riesling vom Porphyr von Daniel Wagner, der erste Jahrgang von diesem Wein überhaupt.

Mein erster Eindruck bestätigte sich auch in den nachfolgenden Jahrgängen. Der Porphyr ist ein zupackender Wein mit Biss, intensiver Mineralität und feinster Säure, sehr vital und herzerfrischend. Schier endlos stimuliert er den Gaumen, noch lange, nachdem man ihn geschluckt hat. Gelbfruchtige und kräuterwürzige Aromen sind erkennbar, haben aber auf die Stilistik des Weines keinen prägenden Einfluss. Die Musik spielt am Gaumen, setzt ganz auf den Klang vom Porphyr, wirkt asketisch, streng und kühl und lässt einen so schnell nicht wieder los.

Wer das Glück hat, eine Flasche von diesem außergewöhnlichen Wein zu ergattern, sollte sie nicht zu früh öffnen. Das beweist der heute ungemein köstliche 2002er Jahrgang. Er hat alle Strenge hinter sich gelassen, wirkt einladend, verführerisch und wärmend. Er empfängt unsere Nase mit einem Strauß reifer gelber Früchte, Blumen und Gewürze, erinnert zugleich an Rauch und Honig und hat doch am Gaumen kein bisschen von seinem Temperament eingebüßt. Eine starke Persönlichkeit, die durch Eigenart und Tiefgang besticht.

Dieser Wein ist die Visitenkarte des Weinguts Wagner-Stempel. Als Ortswein ist er in der Qualitätshierarchie zwischen Gutswein und den Großen Gewächsen positioniert, steht letzteren jedoch hinsichtlich Anspruch und Güte sehr viel näher. Daniel Wagner füllt jährlich etwa 20 000 Flaschen vom Porphyr und vermarktet ihn – überwiegend ab Hof – für 13,50 Euro.

Die Trauben wachsen in der landschaftlich ungemein reizvollen, romantischen »Rheinhessischen Schweiz«, dem westlichsten und höchstgelegenen Weinbaugebiet Rheinhessens. Sie kommen zu je 50 Prozent aus den beiden Siefersheimer Große-Gewächs-Lagen Höllberg und Heerkretz. Gemeinsam ist beiden Lagen der hohe Anteil der Gesteine Porphyr- und Melaphyr im Boden.

Die Rolle Daniel Wagners im Weingut ist die des Weingärtners. »Ich verbringe so viele Stunden wie möglich im Weinberg. Der ist für mich wie ein Garten, mein liebster Lebensraum.« Es war dann wohl auch diese Liebe zu seinen Weinbergen, die ihn zur Umstellung des Betriebes auf biologischen Weinbau motiviert hat. »Wer vom Terroir redet, muss auch liebevoll mit ihm umgehen. Und schließlich möchte ich die reifen Trauben mit

Genuss und ohne Reue essen können.« Schon nach wenigen Jahren sind bemerkenswerte Veränderungen zu erkennen: »Die Weinberge sind in besserer Balance, das Bodenleben ist aktiver, der Wuchs ist schwächer und im Vergleich zu meinen konventionell arbeitenden Nachbarn reifen die Trauben gleichmäßiger und früher.« Wer Daniel Wagner zuhört, wie er über seine Weinberge spricht, der spürt, dass dieser Mensch gar nicht anders kann, als biologisch zu arbeiten.

Ganz wichtig ist für ihn die späte Lese. »Weine auf Porphyr sind von Natur aus schlank, verschlossen und eher streng. Als Gegengewicht brauchen sie eine gewisse Fülle, brauchen Fleisch auf den Rippen, um balanciert zu wirken.« Aus diesem Grund strebt er einen Alkoholgehalt von rund 13 Prozent an. Der optimale Erntezeitpunkt ist gekommen, wenn die Trauben beginnen, überreif zu werden, sich von Goldgelb hin zu Rosatönen verfärben und erste Anzeichen von Botrytis zu erkennen geben. »Hundertprozentig gesunde Trauben finde ich langweilig, zehn Prozent Botrytis ist toll, zumal es sich bei unserem trockenen und kühlen Klima mit viel Wind und kalten Nächten immer um eine gute Botrytis handelt.«

Und wie immer im Falle hoher Traubenqualitäten erfolgt auch die Weiterverarbeitung ganz einfach, es kann auf vieles verzichtet werden, was normalerweise zum Standardrepertoire gehört: Reinzuchthefen, Enzyme, Gelatine, Tannine, Bentonit und Aktivkohle. »Wir arbeiten handwerklich wie vor hundert Jahren, na ja fast, bis auf die Edelstahltanks. Wäre der Marktdruck nicht so stark, würde ich sogar darauf verzichten, die Weine zu filtrieren.«

Weitere Wagner-Stempel-Weine
- Sauvignon blanc trocken (11 Euro), Gutsriesling trocken

(7,20 Euro), Höllberg Riesling Großes Gewächs (24 Euro), Heerkretz Riesling Großes Gewächs (28 Euro), Heerkretz Riesling Spätlese (14,50 Euro)

Kontakt
- Wöllsteiner Straße 10, 55599 Siefersheim
  Tel. (06703) 960330, www.wagner-stempel.de

Empfehlenswerte Weinbaubetriebe in der Umgebung
- Sommer (Siefersheim), Villa Bäder (Eckelsheim), Gallé (Flonheim), Espenhof (Flonheim), Steitz (Stein-Bockenheim)

Restaurants und Hotels in der Nähe
- Wöllsteiner Weinstube, Eleonorenstraße 32,
  55597 Wöllstein
  Tel. (06703) 961933, www.woellsteinerweinstube.de
- Eckelsheimer Kulturhof, Gumbsheimer Straße 8,
  55599 Eckelsheim
  Tel. (06703) 301458, www.kulturhof-eckelsheim.de
- Im Gütchen, Hüffelsheimerstraße 1,
  55543 Bad Kreuznach
  Tel. (0671) 42626, www.jan-treutle.de
- Dienheimer Hof, Mannheimer Straße 6,
  55545 Bad Kreuznach
  Tel. (0671) 9708362, www.dienheimerhof.com

8
Rüdesheimer Berg Schlossberg Riesling trocken

Weingut Breuer, Rheingau

Theresa Breuer hat ein schweres Erbe angetreten, lebt es jedoch mit einer Leichtigkeit, die früher oder später auch den Charakter ihrer Weine prägen dürfte. Wer ihren Worten lauscht, wenn sie den Schlossberg, das berühmteste Gewächs des Hauses, beschreibt, spürt ganz deutlich, dass Theresa bereits in der Zukunft dieses Weines angekommen zu sein scheint. Der Schlossberg ist für sie wie eine schöne Frau im Abendkleid – apart, elegant, vornehm, reizend und feminin.

Wann immer ich den Schlossberg im Glas hatte, war ich mir sicher, einem männlichen Wein zu begegnen. In der Nase erinnere ich einen kühlen, mineralischen und herb-kräutrigen Duft, gepaart mit Noten reifer Pfirsiche und Pflaumen. Am Gaumen präsentiert er sich – zumindest in den ersten Jahren nach der Abfüllung – unbarmherzig streng, unterkühlt und mineralisch. Seine Säure ist enorm präsent, alles wirkt lebendig, eindringlich und nachhaltig. Aber erst im langen Finale zeigt sich die ganze Substanz und Tiefe dieses bemerkenswerten Rieslings – erste Hinweise auf eine große Zukunft. Der Schlossberg des Weingutes Breuer zählt uneingeschränkt zur kleinen Gruppe der großen trockenen Rieslinge mit enormem Entwicklungspotenzial. Erst im Alter von acht bis zehn Jahren legt er allmählich seine kühle Strenge ab, ohne jedoch an Kraft und Vitalität einzubüßen. Sein Auftritt wirkt jetzt zarter und geschmeidiger, seine Eleganz kommt deutlicher zum Vorschein, und man ist sich sicher, einen ungewöhnlich noblen, distinguierten Wein im Glas zu haben. Vielleicht ist es diese gereifte Persönlichkeit, die Theresa Breuer bereits im jungen Schlossberg unter der harten Hülle als femininen Kern erkennt.

Nun sind es bereits sechs Jahre her, seit ihr Vater gestorben ist und sie im Alter von nur 20 Jahren – viel früher als geplant, aber mit tatkräftiger Unterstützung ihres Onkels Heinrich und des langjährigen Kellermeisters Hermann Schmoranz – im Weingut Verantwortung übernehmen musste. Sie tut dies seither in einer bemerkenswert unaufgeregten, angenehm lässigen Manier und ist dabei eine so charmante und authentische Botschafterin des Weingutes, wie man sie sich besser nicht wünschen kann. Sie wirkt ungemein wissensdurstig, weltoffen und unbekümmert, wie man in ihrem Alter nur sein kann.

Ihr Vater Bernhard war, wenn man das so sagen kann, wie sein Schlossberg. Wer ihn nicht gut kannte oder ihm nur rein geschäftlich begegnete, musste ihn als einen rationalen, strengen und berechnenden Menschen erleben, gleichermaßen hart gegenüber sich selbst und den anderen. Doch nicht nur seine Freunde, nein jeder, der einmal die Gelegenheit hatte, einen Abend mit ihm an einem Tisch zu sitzen und ihm näherzukommen, wird sich noch nach Jahren an seine tiefe, liebenswürdige Freundlichkeit und seine wohlwollende Geneigtheit erinnern. Ganz im Innern hatte Bernhard Breuer, so wie sein Schlossberg, einen »femininen Kern«.

Er war einer der ganz Großen im Rheingau. Zwei Jahrzehnte lang galt er als federführender Architekt der Rheingauer Riesling-Renaissance und warb in der Öffentlichkeit mit großem Engagement für den Terroir-Gedanken, die Lagenklassifizierung und die Einführung des »Ersten Gewächses«. Doch als absehbar war, dass seine Vorstellungen einer strengen Klassifizierung nur der allerbesten Lagen politisch nicht durchsetzbar waren und alles auf einen »faulen, weil allzu freizügigen Kompromiss« hinauslief, hat sich der kritische, streitbare Winzer von seinen Mitstreitern im Verband Deutscher Prädikatsweingüter (VDP) getrennt – so verlangte es die Treue zu seinen grundlegenden Überzeugungen. Er hat sich in den Folgejahren anderen Zielen, allen voran der weiteren Qualitätssteigerung seiner Weine, zugewandt.

Zum Zeitpunkt seines Todes im Jahre 2004 war das Weingut Breuer bestens aufgestellt, obwohl es kein traditionsreiches Unternehmen mit jahrhundertealter Geschichte ist. In seiner heutigen Form existiert es erst seit 1990, die Weinstilistik hat ihre gegenwärtige Prägung erst im Laufe der 1990er Jahre erfahren. Da erscheint das Erreichte geradezu gigantisch: Rund 30 Hektar Weinbergsbesitz in den besten Rüdesheimer und Rauenthaler Lagen; die Weine werden in insgesamt 25 Länder dieser Welt exportiert und erfreuen sich vor allem in der Sternegastronomie großer Beliebtheit; mit dem Schlossberg vermarktet man zudem den teuersten trockenen deutschen Riesling für 40 Euro.

Unbestritten ist der Schlossberg die Spitzenlage in Rüdesheim. Die hier vorherrschenden schiefer- und quarzhaltigen Böden neigen zur Austrocknung. »Weil sie sehr skelettreich sind und nur über einen geringen Feinerdeanteil verfügen, ist ihre Wasserhaltekapazität eingeschränkt. Nur dort, wo alte Rebstöcke mit einem tiefen Wurzelwerk zur Verfügung stehen, ist Trockenstress weitgehend ausgeschlossen. Um in diesen Parzellen hohe Traubenqualitäten zu erzielen, muss man unbedingt niedrige Erträge anstreben«, erläutert Theresa Breuer.

Um ihre Weinberge in den nächsten Jahren noch widerstandsfähiger zu machen und die Bodenfruchtbarkeit zu erhöhen, führt Theresa Breuer sukzessive biodynamische Bewirtschaftungsmethoden ein. Sie sieht bereits erste Erfolge und hat den Eindruck, »dass der Weinberg glücklicher werde, nicht mehr nur Produktionsstätte von Trauben sei«. Mit dieser Umstellung verbindet sie zudem den Wunsch, ihre Rebanlagen noch besser zu verstehen und ein noch perfekteres Feintuning für die Pflegemaßnahmen zu finden. So innig, wie sie ihren Vater im Herzen hat, wird ihr noch viel mehr gelingen.

Weitere Breuer-Weine
- Rüdesheim »Estate« Riesling trocken (11 Euro), Terra Montosa Riesling trocken (16 Euro), Rauenthaler Nonnenberg Riesling trocken (34 Euro), Rüdesheimer Berg Rottland Riesling trocken (28 Euro)

Kontakt
- Grabenstraße 8, 65385 Rüdesheim
  Tel. (06722) 1027, www.georg-breuer.com

Empfehlenswerte Weinbaubetriebe in der Umgebung
- Leitz (Rüdesheim), Kesseler (Assmannshausen), Graf von Kanitz (Lorch), Altenkirch (Lorch)

Restaurants und Hotels in der Nähe
- Breuer's Rüdesheimer Schloss, Steingasse 10,
  65385 Rüdesheim
  Tel. (06322) 90500, www.ruedesheimer-schloss.com
- Rebenhaus, Weinlokal & Restaurant, Am Niederwald 2,
  65385 Rüdesheim
  Tel. (06722) 48358, www.rebenhaus.com
- diverse Straußwirtschaften

9 Erbacher Marcobrunn Riesling
»Erstes Gewächs«

Schloss Schönborn, Rheingau

Rieslinge aus der Lage Erbacher Marcobrunn haben eine denkwürdige Tradition. Marcobrunn war im Jahr 1726 die erste Weinbergslage im Rheingau, die auf Etiketten zur Weinbezeichnung verwendet wurde. Thomas Jefferson im Jahre 1788 und Goethe im Jahre 1814 durchquerten den Marcobrunn, und Theodor Fontane schrieb an Theodor Storm am 17. April 1854: »Es ist wunderbar in wie nahen Beziehungen Menschenglück und Putenbraten zu einander stehen und welche Püffe das Herz verträgt, wenn man jeden Schlag mit einer Flasche Marcobrunner parieren kann.«

Marcobrunn – benannt nach dem Marcobrunnen, einer gefassten Quelle vor Ort – ist eine leicht geneigte, ausschließlich mit Rieslingreben bestockte Südlage in der Gemarkung Erbach. Mit ihren wasserführenden Schichten in drei bis fünf Metern Tiefe zählt sie zu den wertvollsten Spitzenlagen in Deutschland. Die schweren, tiefgründigen Böden weisen hier eine vielschichtige Struktur auf. Lösslehm und kalkhaltige Partien aus Mergel mit Sandanteilen sorgen für eine gute Nährstoffversorgung und regulieren den Wasserhaushalt auch in trockenen Perioden zufriedenstellend. Daneben zeichnen Taunusquarzit- und Schieferanteile verantwortlich für eine feine Mineralität und kräutrige Würze im Wein.

Es ist noch gar nicht so lange her, da entstanden in dieser Renommierlage vor allem rest- und edelsüße Weine. Trockene

Rieslinge mit vollem Körper, Tiefe und Substanz werden hier erst seit Anfang des Jahrtausends gekeltert. Der zurzeit sicherlich beeindruckendste Vertreter ist das Erste Gewächs des Domänenweingutes Schloss Schönborn, das mit insgesamt 2,4 Hektar den größten Besitz am Marcobrunn innehält. Doch nur die Trauben aus den besten Parzellen rund um den Brunnen mit über 50-jährigen Rebstöcken werden für den Erbacher Marcobrunn Riesling trocken Erstes Gewächs verwendet, jährlich werden etwa 4000 Flaschen abgefüllt und für 29 Euro vermarktet.

In der Jugend präsentiert sich dieser Wein eher verhalten. Man spürt bereits seine ganze Kraft und Konzentration, ahnt seine Tiefe und Vielschichtigkeit, doch noch wirkt alles embryonal und ist nur in Andeutungen zu erkennen. In der Nase zeigen sich Noten reifer Äpfel, etwas Steinobst und eine dezente, mineralisch-kräutrige Würze. Am Gaumen spürt man sofort eine ungeheure Fülle, die im Auftakt mit etwas Süße einhergeht, dann aber von reifer Säure und salziger Mineralität getragen und perfekt balanciert wird. Jetzt kommen reife gelbe Früchte zum Vorschein, Pfirsich und Aprikose, etwas Melone und Ananas. Ein unverschämt beeindruckender Gaumenauftritt, der lange braucht, um seine ungeheuren Ausmaße harmonisch zu integrieren! Erst nach Jahren der Flaschenreife wird sich jene Eleganz und Feinheit einstellen, die in diesem Kraftpaket angelegt ist.

Für Peter Barth, den heutigen Kellermeister und Gutsdirektor von Schloss Schönborn, lässt sich die Stilistik des Marcobrunn mit einer »statthaften Dame« vergleichen, vornehm, elegant und voller Anmut, aber immer auch ein bisschen unnahbar und eitel. »Es ist ein Wein«, sagt er, »der stets sehr viel mehr Rätsel aufgibt und schwieriger zu beschreiben ist als unsere drei anderen trockenen Ersten Gewächse aus den Lagen Hattenheimer Pfaffenberg, Hochheimer Domdechaney und Rüdesheimer Berg Schlossberg. Er ist zickenhaft, wenn er jung ist, wird aber im Laufe der Zeit zu einer Grande Dame.«

Peter Barth hat einen großen Teil dazu beigetragen, dass das traditionsreiche und mit zahlreichen Grand-Cru-Lagen gesegnete Schloss Schönborn heute wieder zu den Spitzenbetrieben im Rheingau gerechnet werden muss. Bereits seit 2001 ist er für die Vinifizierung der Weine verantwortlich und hat während dieser Zeit sukzessive seine Vorstellungen vom Rieslingausbau umgesetzt. Obligatorisch ist für ihn die selektive Handlese in mehreren Durchgängen und – im Falle der Ersten Gewächse – ein niedriger Ertrag. »Wir müssen die Trauben so schonend wie möglich behandeln und die mechanische Beanspruchung des Mostes wann immer es geht vermeiden.«

Auch beim weiteren Ausbau entpuppt sich Peter Barth als eingefleischter Anhänger der Lehrmeinungen der Geisenheimer Fachhochschule. Sein Credo lautet: »Most verzeiht viel, Wein verzeiht nichts.« Aus dieser Überzeugung resultiert eine scharfe Vorklärung des Mostes, die darauf abzielt, den Trubgehalt im Most auf ein Minimum zu reduzieren. »Wir klären den Most bei uns deshalb so entschieden vor, weil wir erstens einen reibungslosen Gärverlauf mittels Reinzuchthefen und zweitens – daran anschließend – eine lange Lagerung auf der Feinhefe anstreben. Die gezielte Nutzung der Vorteile des Hefelagers (Freisetzung wertvoller Geschmacksstoffe, mehr Fülle und cremigeres Mundgefühl) setzt immer eine konsequente Mostklärung voraus, da sonst die Bildung inakzeptabler Aromen droht.«

Alle wichtigen Weine werden auf Schloss Schönborn in Doppelstückfässern aus Holz vergoren und ausgebaut. »Die Feinoxidation im Holz begünstigt die Komplexität und das Alterungspotenzial unserer Weine«, ist Peter Barth überzeugt. Sicherlich gibt es keinen Königsweg zum guten Wein, sondern viele verschiedene Wege, dieses Ziel zu erreichen. Allerdings müssen die Maßnahmen, die ergriffen werden, in sich stimmig sein und wie Puzzleteile ein Ganzes ergeben.

Weitere Schloss-Schönborn-Weine
- Rüdesheimer Berg Schlossberg Riesling Erstes Gewächs trocken (23,20 Euro), Hattenheimer Pfaffenberg Riesling Erstes Gewächs trocken (23,20 Euro), Erbacher Marcobrunn Riesling Spätlese (17,30 Euro)

Kontakt
- Hauptstraße 53, 65347 Hattenheim
  Tel. (06723) 91810, www.schoenborn.de

Empfehlenswerte Weinbaubetriebe in der Umgebung
- Lang (Hattenheim), Ress (Hattenheim), Fürst von Löwenstein (Hallgarten), August Eser (Oestrich-Winkel), Kühn (Oestrich-Winkel), Querbach (Oestrich-Winkel)

Restaurants und Hotels in der Nähe
- Rheinblick, Hauptstraße 55, 65347 Hattenheim
  Tel. (06723) 9989090, www.rheinblick-rheingau.de
- Zum Krug, Hauptstraße 34, 65347 Hattenheim
  Tel. (06723) 99680, www.hotel-zum-krug.de
- Kronenschlösschen, Rheinallee 1, 65347 Hattenheim
  Tel. (06723) 640, www.kronenschloesschen.de

10 Dorsheim Burgberg Riesling »Großes Gewächs«

Weingut Diel, Nahe

Mit der Ernte des Jahres 2006 hat auf dem Schlossgut Diel in Burg Layen nicht nur ein Generationenwechsel stattgefunden, sondern auch eine neue Ära begonnen. Seit dem Eintritt von Caroline Diel in den Betrieb scheint die ganze Aufmerksamkeit noch mehr auf das Wesentliche gerichtet zu sein. Das war nicht immer so. Zwar konnte die Qualität der Weine während der vergangenen Jahre kontinuierlich verbessert werden, und auch die Interpretation der verschiedenen Terroirs gelang zuletzt immer überzeugender, dennoch scheint die junge Diplom-Önologin Stellschrauben gefunden zu haben, um das Weingut noch ein bisschen fitter für die Zukunft zu machen. Ihr besonderes Engagement gilt den Top-Lagen Burgberg, Pittermännchen und Goldloch, deren Individualität sie noch schärfer herausarbeiten will.

Auf dem Weg zu mehr Authentizität will Caroline Diel im Weinberg ganz akribisch auf die jeweiligen Lagenbesonderheiten eingehen und das Feintuning für die einzelnen Pflegemaßnahmen weiter optimieren. Im Keller lautet ihr Credo: »Weniger ist mehr.« Sie erklärt mir: »Die großartige Qualität unseres Lesegutes verbietet grundsätzlich alle kellertechnischen Schminkmaßnahmen. Wir müssen die Ausgangsqualitäten möglichst ohne Verluste und Korrekturen in die Flasche bringen.« Tatsächlich präsentieren sich die letzten Jahrgänge unter ihrer Regie bereits deutlich subtiler, tiefgründiger und puristischer, scheinen sich auf das Wesentliche zu beschränken und kommen damit ihren Grundüberzeugungen von einem Terroirwein sehr nahe: »Finesse und Filigranität sind mir wichtiger als Kraft, Nuancenreichtum und Mineralität gehen vor Gefälligkeit.«

Der Burgberg Riesling Großes Gewächs verkörpert die neue Ära im Hause Diel geradezu idealtypisch. Die Trauben für diesen Ausnahmewein wachsen in einer steilen Südlage, deren Lehmboden mit Schiefer, Taunusquarzit und Kieselsteinen durchsetzt ist und auf felsigem Urgestein aus der Permzeit aufliegt. Die Stöcke, die für das Große Gewächs verwendet werden, sind zwischen 40 und 50 Jahre alt. Wegen der Steilheit des Geländes müssen alle Arbeiten per Hand durchgeführt werden.

Das Große Gewächs aus dieser Lage setzt sich mit einer ungeheuer brillanten Aromatik in Szene. Zunächst entsteigen feine Pfirsich- und Aprikosennoten dem Glas, mit ein wenig Luft folgen florale Nuancen und Wildkräuter, ein Hauch schwarzer Beeren und Anklänge an Rauch und Erde. Am Gaumen präsentiert er sich kraftvoll und muskulös, aber wohlproportioniert. Alles ist am rechten Fleck, die Säure lebhaft und saftig, die geschmackliche Tiefe enorm, das Mundgefühl zugleich fesselnd und burgundisch abgerundet. Im Finale fokussiert er seine ganze Klasse und verabschiedet sich mit einem leicht salzigen, intensiv mineralisch-würzigen Nachhall. Das ist ganz großes Kino, ein ausdrucksstarker Riesling voller Rasse und Eleganz, von großer Ernsthaftigkeit und vergnüglicher Sinnlichkeit gleichermaßen geprägt.

Von diesem Ausnahmewein werden jährlich etwa 3000 bis 3500 Flaschen erzeugt. Er kostet 35 Euro und kann ab Weingut, aber auch über den Fachhandel gekauft werden. Zum Essen ist er vielseitig einsetzbar, macht jedoch in der Regel eine bessere Figur, wenn er ein paar Jahre Flaschenreife hinter sich hat.

Im Gespräch mit Caroline Diel habe ich den Eindruck, dass sie ihren Einfluss auf die stilistischen Veränderungen im Betrieb sehr wohl einzuschätzen weiß, aber lieber die Kontinuität betont. »Ich hatte das große Glück, hier zu einem Zeitpunkt einzusteigen, als alles nahezu perfekt war. Ich bin meinem Vater sehr dankbar für all das, was er in den vergangenen 20 Jahren für unser Weingut getan hat. Ich freue mich, wenn es mir gelingt, das hohe Niveau zu halten.«

Aus diesen Worten sprechen Bescheidenheit und Demut – Eigenschaften, auf die man in der modernen, mediengeprägten Winzerszene immer seltener trifft. Als Vater Armin Diel den elterlichen Betrieb im Jahre 1987 von seinem Vater Ingo übernommen hatte, befand sich nicht nur dieses Weingut, sondern auch der gesamte deutsche Wein in einer äußerst schwierigen Phase. Mit viel Mut, Ehrgeiz und Geschick, einem guten Gespür für Entwicklungen am Markt und erfolgreiche Medieninszenierungen ist es ihm gelungen, sich und sein Weingut ins Zentrum der Aufmerksamkeit zu rücken und zugleich Jahr für Jahr attraktivere Weine zu keltern.

Auch als Publizist und Verbandsfunktionär hat Armin Diel viel für den deutschen Wein geleistet. Nun tritt er – zumindest im Weingut – einen Schritt zurück und räumt das Feld für seine Tochter Caroline. Das Gesamtkonzept und die wichtigsten Zielvorstellungen werden nach wie vor von Armin mitbestimmt, für die Umsetzung ist Caroline – in Zusammenarbeit mit dem Kellermeister Christoph Friedrich – nunmehr ohne väterlichen Einfluss zuständig. Sie hat nach einigen Lehr- und Wanderjahren – unter anderem bei Romanée-Conti im Burgund, Pichon-Lalande in Bordeaux, Ruinard in der Champagne und Robert Weil im Rheingau – sehr viel Leidenschaft, Begeisterung und Fingerspitzengefühl für die Sache des Weines mit in ihre Heimat gebracht.

Im Gepäck hat sie auch zahlreiche Ideen und Erfahrungen, die sie in den nächsten Jahren auf Schlossgut Diel sicher erproben wird. Eines ihrer nächsten Projekte könnte die Umstellung des Betriebes in Richtung Biodynamie sein. Wie auch immer: Zu erwarten ist in jedem Falle noch eine ganze Menge von ihr.

Weitere Schlossgut-Diel-Weine
- Riesling Sekt Brut (18,50 Euro), Dorsheim Riesling trocken (12 Euro), Riesling Eierfels trocken (16,50 Euro), Dorsheim Pittermännchen Kabinett (15 Euro), Dorsheim Goldloch Auslese (35 Euro)

Kontakt
- 55452 Burg Layen
  Tel. (06721) 96950, www.schlossgut-diel.com

Empfehlenswerte Weinbaubetriebe in der Umgebung
- Göttelmann (Münster-Sarmsheim), Kruger-Rumpf (Münster-Sarmsheim), Johann Baptist Schäfer (Burg Layen), Schweinhardt (Langenlonsheim), Prinz zu Salm (Wallhausen)

Restaurants und Hotels in der Nähe
- Stromburg Le Val d'Or, Schlossberg 1, 55442 Stromberg
  Tel. (06724) 93100, www.johannlafer.de
- Stromburg Bistro d'Or, Schlossberg 1, 55442 Stromberg
  Tel. (06724) 93100, www.johannlafer.de
- Der Kaiserhof, Hauptstraße 2–4, 55452 Guldental
  Tel. (06707) 94440, www.kaiserhof-guldental.de

II Winninger Uhlen »Roth Lay« Riesling »Erstes Gewächs«

Weingut Heymann-Löwenstein, Mosel

Die Begegnung mit den Weinen von Reinhard Löwenstein ist wie eine Reise in eine einmal vertraute, aber verlorengegangene Welt. Aus einem Glas Roth Lay steigen uns Erinnerungen aus der Kindheit so dramatisch entgegen, dass urplötzlich längst vergessen geglaubte Töne und Gerüche, Bilder, Räume und Träume zu neuem Leben erweckt werden. Die Realität scheint zu entschwinden, und für einen Augenblick pflücken wir wieder blaue Glockenblumen im schattigen Unterholz, kriechen durch eine kühle, feuchte Höhle, lecken an nassen Kieselsteinen oder atmen den schwülen Duft der nassen Straße nach einem Sommerregen. Wer es lieber in den Worten zeitgenössischer Weinsprache mag: tiefer, kräuterwürziger, mineralischer Duft, zarte Steinobstnoten und ein Hauch Lakritz; am Gaumen enorm zupackend, viel Biss, feinste Säure und griffige Gerbstoffe, enorme mineralische Tiefe, perfekt balanciert, komplex, ergreifend intensiv und unendlich lang, göttlich...

Das ist ein Wein, der verunsichert, schwer fassbar ist und so unvergleichlich eigenständig, dass der Maßstab fehlt, ihn in eine der vertrauten Stilkategorien einzuordnen. Vordergründige Fruchtaromen sucht man vergeblich, aber am Gaumen ist die Hölle los: Bei jeder Begegnung eröffnen sich neue Dimensionen und drängen sich andere Assoziationen auf, mal provozierend wild, mal versöhnlich und fast ein wenig zärtlich.

Wer in einem Wein ausschließlich das »Schöne« und »Harmonische« sucht, wird sich am Roth Lay die Zähne ausbeißen. Man muss schon etwas Begegnungsarbeit investieren, um hinter Ungewohntem und Provokantem die wahre Größe zu erkennen und Dissonanzen sowie unsaubere Akkorde zu akzeptieren.

Reinhard Löwenstein kann in Winningen auf großartige Weinbergslagen zurückgreifen und versteht es mit beeindruckender Virtuosität, Leidenschaft und mit Scharfsinn, das natürliche Potenzial von Boden, Klima und Reben so in seinen Weinen einzufangen, dass ein einzigartiges, authentisches Sinnenerlebnis möglich wird.

Im unteren Verlauf der Mosel, nicht weit von ihrer Mündung in den Rhein bei Koblenz, ist die Region von steilen Terrassenweinbergen geprägt. Hier ist das Mikroklima im Sommer fast subtropisch und damit ein idealer Lebensraum für wärmeliebende Schlangen, Eidechsen und einen ganz besonders seltenen Schmetterling, den »apollo vinningensis«. Andererseits sorgt die nördliche Lage für eine extrem lange Vegetationsperiode und bringt Eleganz und Finesse in die Weine. Die Reben stehen in den Terrassen auf einem Untergrund, der vor rund 400 Millionen Jahren im Devon-Zeitalter entstand, als unser heutiges Europa noch in den Tropen südlich des Äquators lag.

Schon der bloße Anblick der Top-Lage Uhlen weckt Emotionen. Das gewaltige Terrassensystem wirkt archaisch und erhaben wie die Fassade einer mächtigen gotischen Kathedrale, ein in den Fels gehauenes Kunstwerk. Man ahnt, dass die Weine, die von hier kommen, etwas Besonderes sein müssen.

Die mehrheitlich wurzelechten, also nicht auf reblausresistente Unterlagen gepfropfte Reben im Bereich Roth Lay sind durchschnittlich über 40 Jahre alt, zum Teil noch aus der Zeit vor dem Zweiten Weltkrieg. Sie stehen hier überwiegend auf rotem, eisenoxidhaltigem Emsquarzit. »Die Weine sind von einer metallisch-kühlen Adstringenz geprägt und präsentieren sich stets aristokratisch. Würde man ihnen eine Jahreszeit zuordnen, wäre es der Winter, hätten sie eine Farbe, wäre es ein dunkles, aber strahlendes Blau«, so die Assoziationen von Reinhard Löwenstein.

Roth-Lay-Rieslinge können prächtig altern, wahrscheinlich über 30 Jahre und mehr. Sie benötigen allerdings – insbesondere in botrytisgeprägten Jahrgängen – eine gewisse Entwicklungszeit, bevor sich ihre wundervolle Mineralität entfaltet. Das Weingut Heymann-Löwenstein füllt jährlich etwa 12 000 Flaschen von diesem Weinunikat und verkauft ihn für 32 Euro.

Als Reinhard Löwenstein vor nunmehr 43 Jahren im Alter von 13 seinen Vater regelmäßig bei der Weinbergspflege unterstützen musste, während seine Freunde sich zum Kicken oder Schwimmen verabredeten, dürfte der Gedanke, er könnte sich jemals für den Beruf des Winzers entscheiden, etwas Absurdes gehabt haben. Noch unmittelbar nach dem Abitur schien ihm nichts dringlicher, als seiner Heimat und dem Wein den Rücken zu kehren und sein Glück als politischer Aktivist zunächst in Kuba und später in Frankreich zu suchen. Heute ist er nicht mehr der Revolutionär von damals, aber er wird von einer neuen Winzergeneration als avantgardistischer Wegbereiter und Grenzen überschreitender Vordenker gefeiert. Diese Generation sieht ihre Zukunft weniger im Glauben an die Machbarkeit der Technik, sondern in der Tradition einer vortechnischen, schonenden, einfühlsamen und natürlichen Weinbereitung.

Diese unkonventionelle Önologie basiert auf Visionen, Risikobereitschaft, Sich-mit-der-Natur-Einschwingen und einer feinen Sensorik, vor allem aber basiert sie auf dem Faktor Zeit, das heißt: extrem späte Lese, lange Maischestandzeiten, langsame Vergärung mit natürlichen Hefepopulationen, teilweise in mehreren Etappen und bis kurz vor der nächsten Weinlese. Auch der fertige Wein braucht Zeit in der Flasche zur Entfaltung all seiner Anlagen. Und schließlich verlangt der Wein vom Konsumenten Zeit für die Begegnung. Er erschließt sich uns nur, wenn wir für die Begegnung Raum schaffen, uns öffnen und uns von ihm berühren und verführen lassen. Dann bietet er uns, wie Reinhard Löwenstein es ausdrückt, »eine Projektionsfläche, auf der sich unsere Empfindungen und Ideen frei entfalten können«.

Weitere Heymann-Löwenstein-Weine
- Schieferterrassen (12,50 Euro), Vom Blauen Schiefer (15 Euro), Röttgen (19,50), Uhlen Blaufüßer Lay (23 Euro), Uhlen Laubach (27,50), Schieferterrassen Auslese (15,50 Euro)

Kontakt
- Bahnhofstraße 10, 56333 Winningen
  Tel. (02606) 1919, www.heymann-loewenstein.com

Empfehlenswerte Weinbaubetriebe in der Umgebung
- Knebel (Winningen), Franzen (Bremm), Laurentiushof (Bremm), Kallfelz (Zell-Merl), Clemens Busch (Pünderich)

Restaurants und Hotels in der Nähe
- Gutsschänke Schaaf, Fährstraße 6, 56333 Winningen
  Tel. (02606) 597, www.gutsschaenke.com
- Pfeifenhannes, Am Moselufer 4, 56333 Winningen
  Tel. (02606) 961504, www.pfeifenhannes.de
- Moselblick, An der B 416, 56333 Winningen
  Tel. (02606) 920810, www.hotel-moselblick.de
- Historischer Weinkeller, Mehlgasse 14–16, 56068 Koblenz
  Tel. (0261) 9738987, www.weinkeller-koblenz.de

12 Graacher Domprobst Riesling Kabinett

Weingut Willi Schaefer, Mosel

Vibrierende Lebendigkeit entströmt dem Glas: Zu Noten von Pfirsichen, reifen Äpfeln, frischen Aprikosen und Cassis gesellen sich zarte, weiße Blütendüfte. Aber deutlicher noch als Frucht- und Blütenaromen macht die steinige Mineralität die Identität dieses ungemein trinkigen Terroirweins aus. Am Gaumen ist vitale Zärtlichkeit angesagt; hier begegnen sich Gegensätze auf wundervoll versöhnliche Weise. Rassige Säure und Mineralität treffen auf Fruchtfülle, Traubensüße und einen extrem niedrigen Alkohol. Das ist verspielte Leichtigkeit, die so viel Freude und Lebenslust verströmt wie die ersten Sonnenstrahlen an einem Frühlingsmorgen.

»Schade eigentlich, dass diese fast schwerelos wirkenden Kabinettweine hierzulande einen so schweren Stand haben«, bedauert Willi Schaefer. »Dabei ist ihre Stilistik einzigartig und weltweit ohne Konkurrenz. Ihre Stärke ist das subtile Spiel zwischen Säure, Frucht und Mineralität – untermalt von einem Hauch Süße.« Solange Alkohol mit Qualität und Süße mit einem Makel verwechselt werden, solange ist die Spezies dieser zarten Leichtweine vom Aussterben bedroht. Hätten nur mehr Menschen die Gelegenheit, der betörenden Leichtigkeit und filigranen Schönheit der Schaeferschen Rieslinge zu begegnen! Mir jedenfalls fällt es schwer, ihrem Zauber zu widerstehen.

»Balance ist alles«, so bringt Willi Schaefer die zarte Ästhetik seines Kabinett scheinbar einfach und unprätentiös auf den Punkt. »Ich mag diesen Wein, wenn er jung ist. Seine vibrierende Lebendigkeit und Frische begeistern mich. Aber erst nach ein paar Jahren Flaschenreife beginne ich, ihn zu lieben. Dann hat er an aromatischer Komplexität zugelegt und am Gaumen präsentiert er sich weniger stürmisch, seine Säure ist besser integriert, alles wirkt ruhiger, runder und harmonischer.«

Auch als Speisenbegleiter bevorzugt der Graacher Winzer die reiferen Exemplare. »Sie sind leichter zu kombinieren und trachten nicht danach, dem Essen die Show zu stehlen. Selbst wenn ihre Süße relativ hoch ist, passen sie sich an die unterschiedlichsten Gerichte wunderschön an.« Erste positive Reifeeffekte stellen sich nach etwa fünf bis sieben Jahren ein, doch erst nach 15 bis 20 Jahren kann von Vollreife gesprochen werden; und in besonderen Jahrgängen halten die Kabinettweine von Willi Schaefer ein halbes Jahrhundert.

Ist der Wein noch jünger, muss sein Einsatz dagegen wohl bedacht werden. Vor allem kommt es dann auf eine ausgewogene Süße-Säure-Abstimmung an. Während die Süße im Wein auch nach Süße im Gericht verlangt, besteht die Gefahr, dass sich Säure in Wein und Speise negativ addieren. Passend sind deshalb Gerichte mit dezenter Süße, Saucen mit süßer Sahne und allerlei aus der asiatischen Küche. Zudem gelingt es diesem Ausnahme-Riesling mit Leichtigkeit, scharf Gewürztes zu entschärfen.

Die Trauben wachsen in der Lage Domprobst direkt hinter der Ortschaft Graach an der Mosel. Es handelt sich um einen extrem steilen Weinberg mit bis zu 70 Prozent Hangneigung. Der Schieferboden weist hier eine vergleichsweise weiche, stark verwitterte Struktur auf und kann deshalb sehr viel Geschmack und feine Mineralität an die Trauben abgeben. Anders als in den benachbarten Wehlener und Bernkasteler Lagen ist der Boden hier deutlich tiefgründiger und verfügt somit über eine bessere Wasserversorgung – nicht unwichtig in steilen, leicht erhitzbaren Schieferlagen. Zudem sind die Rebstöcke von Willi Schaefer bereits sehr alt, in der Spitze 60 bis 70 Jahre, und haben ein ungemein tiefes Wurzelwerk ausgebildet. Die Stöcke stehen hier noch überwiegend in der klassischen Einzelpfahlerziehung. Das ist zwar arbeitsaufwendiger, bringt aber den Vorteil einer besseren Bodenbeschattung und mehr Abwechslung von Sonnen- und Schattenphasen. Die Qualität der Trauben wird zudem nachhaltig von den vielfältigen lokalen Witterungsbedingungen und von einem langen Vegetationsverlauf geprägt. »140 bis 150 Reifetage mit ständig wechselndem Wetter, das ist das Alleinstellungsmerkmal unserer nördlichen Lage. Das ergibt Weine, die nur wir machen können«, triumphiert der Moselaner und verkauft seinen Domprobst für nur 9 Euro.

Willi Schaefer liebt seine Rebstöcke, umsorgt sie wie ein Vater sein Kind, bringt viel Liebe und Gespür für die Natur und die Bedürfnisse der Pflanzen mit und stellt sich immer die Frage, was jeder einzelne Rebstock und die daran reifenden Trauben an Zuwendungen brauchen. Einen so liebevoll sorgenden Vater wünscht sich ein jedes Kind. »Große Weine verlangen Geduld, Qualität darf nicht erzwungen werden. Man kann die Prozesse, die sie hervorbringen, nur unterstützen und sich dann über das freuen, was die Natur uns schenkt.« Sein Sohn Christoph, der nach seinem Studium in Geisenheim mittlerweile tatkräftig im Betrieb mitarbeitet, sieht das ganz ähnlich: »Es gibt keine Patentrezepte, jeder Jahrgang bringt seine eigenen Bedingungen hervor und verlangt von uns viel Einfühlungsvermögen«.

Weitere Schaefer-Weine
- Gutsriesling trocken(7,50 Euro), Graacher Riesling feinherb (7,50 Euro), Domprobst Spätlese (19 Euro), Domprobst Auslese (49 Euro)

Kontakt
- Hauptstraße 130, 54470 Graach
  Tel. (06531) 8041

Empfehlenswerte Weinbaubetriebe in der Umgebung
- Fritz Haag (Brauneberg), Joh. Jos. Prüm (Wehlen), Schloss Lieder (Lieser), Dr. Loosen (Bernkastel), Karl Erbes (Ürzig), Kees-Kieren (Graach), Dr. Pauly-Bergweiler (Bernkastel-Kues)

Restaurants und Hotels in der Nähe
- Weinhotel Stephanus, Uferallee 9, 54492 Zeltingen
  Tel. (06532) 680, www.hotel-stephanus.de
- Waldhotel Sonnora, Auf'm Eichelfeld, 54518 Dreis
  Tel. (06578) 406, www.hotel-sonnora.de
- Hotel Panorama, Panoramastraße 12, 54470 Graach
  Tel. (06531) 4505, www.mosel-panorama-hotel.de
- Weinromantikhotel Richtershof, Hauptstraße 81–83, 54486 Mühlheim/Mosel
  Tel. (06534) 9480, www.weinromantikhotel.de

13 Oberemmeler Hütte Riesling Kabinett

Weingut von Hövel, Saar

Obwohl das Weingut von Hövel einen nennenswerten Anteil an der weltberühmten Lage Scharzhofberg hält, kommen seine besten Weine doch meistens aus der gut fünf Hektar großen Monopollage Oberemmeler Hütte. Insbesondere die fruchtsüßen Kabinettweine aus dieser Lage strotzen nur so vor Rasse und Vitalität und sind imstande, selbst höhere Restzuckerwerte perfekt zu balancieren. Ihr aromatisches Profil erinnert meist an exotische Früchte und weiße Pfirsiche, frische Kräuter und eine dezente Schiefermineralik. Der Gaumenauftritt wirkt schlank, erfrischend und ungemein süffig mit einem animierenden Säurespiel. Alles passt wunderbar zusammen und lässt das Bild eines fröhlichen, unkomplizierten und über die Maßen liebenswerten Weines entstehen.

Auf den ersten Blick fröhlich, unkompliziert und liebenswert präsentiert sich auch der Macher dieses herzerfrischenden Rieslings. Eberhard von Kunow, der heutige Inhaber des Weingutes von Hövel, gehört nicht zu der Art von Winzern, die ihre Worte sorgfältig abwägen, um auch ja den richtigen Eindruck bei Journalisten zu erwecken. Nicht nur beim Thema Wein entpuppt er sich als antiautoritärer Geist, der seine Meinung immer und ohne jedwedes taktische Geplänkel offenherzig vorträgt. Dabei präsentiert er sich ungemein pfiffig und humorvoll und scheint auf höchst charmante Art etwas leicht Verrücktes an sich zu haben. Doch schon einen Moment später wirkt er tiefsinnig und nachdenklich, deutet in wenigen Bemerkungen eine Ernsthaftigkeit und Reflektiertheit an, die den ersten Eindruck auf den Kopf zu stellen scheint. Sein Selbstverständnis als Winzer bringt er wie folgt auf den Punkt: »Mit meinen Weinen möchte ich die Menschen froh machen – und mich natürlich auch.«

Wer seine Weine aus den unterschiedlichen Lagen verkostet, kommt nicht umhin, die beiden Seiten seiner Persönlichkeit in den jeweiligen Lagencharakteristika aufzuspüren. Stehen die Oberemmeler Gewächse für seine fröhliche, humorvolle Seite, so sind die Abfüllungen aus dem Scharzhofberg eher von einer unübersehbaren Ernsthaftigkeit geprägt: zurückhaltend in der Nase, kühler und fester im Geschmack. Während sich die Oberemmeler als ideale Begleiter für stimmungsvolle Abende mit Freunden erweisen, die den Geist wecken und die Zunge lösen, weder satt noch betrunken machen, sondern auf herzerfrischende Art beschwingen, regen die Scharzhofberger zum besinnlichen Meditieren an.

Vom Riesling Kabinett aus der Oberemmeler Hütte erzeugt das Weingut von Hövel je nach Jahrgang zwischen 15 000 und 20 000 Flaschen, die für jeweils 9,50 Euro mehrheitlich ab Hof direkt an Endverbraucher verkauft werden. Wenngleich dieser Wein bereits in seiner Jugend viel Trinkfreude bereitet, zeigt er sein wahres Gesicht erst nach mehreren Jahren Flaschenreife – selbst nach 25 Jahren präsentieren sich gute Jahrgänge in einem außerordentlich attraktiven Zustand.

Oberemmel liegt südlich von Trier an der Saar in einem der kühlsten Weinbaugebiete Deutschlands überhaupt. »In der Hütte weht immer eine kühle, frische Brise durch die durchschnittlich 25 Jahre alten Rebanlagen«, erläutert Eberhard von Kunow. »Der feine, blaue Schieferboden ist hier stark verwittert und deshalb ungemein weich. Das bringt zugleich knackige Frische und Weichheit in meine Weine. Der Lehmanteil im Unterboden dient als Wasserspeicher.«

Ein Hauptaugenmerk seiner Arbeit gilt der Pflege und Gesunderhaltung des Bodens, auf dem die Reben wachsen. »Ein Wein wird im Weinberg geboren«, sagt von Kunow, »denn dort hat er seine Wurzeln. Er ist mein wichtigstes Kapital.« Deshalb arbeitet er bereits heute naturnah und verzichtet, wo immer es geht, auf den Einsatz chemischer Mittel. In naher Zukunft will er – dann wahrscheinlich zusammen mit seinem

Sohn Max – die Bewirtschaftung seiner Weinberge ökologisch, vielleicht sogar biodynamisch ausrichten.

»Früher habe ich – wie nicht wenige meiner Winzerkollegen auch – zu große Erträge eingefahren. Seit Anfang der 1990er Jahre bemühe ich mich um eine sinnvolle Ertragsreduzierung. Ich habe die Erfahrung gemacht, dass beim Riesling sowohl zu hohe als auch zu niedrige Erntemengen problematisch sind.«

Auch im Keller hat von Kunow qualitätsverbessernde Maßnahmen eingeführt: »Um meinen Weinen mehr Tiefe und Komplexität zu verleihen, schalte ich in manchen Jahren dem eigentlichen Kelterprozess eine Maischestandzeit vor. In dieser Zeit werden wertvolle Inhaltsstoffe aus den Beerenschalen extrahiert. Da das aus der Schale gelöste Kalium aber gleichzeitig für eine Säurereduzierung sorgt, kommen Maischestandzeiten für mich nur in säurereichen Jahren infrage.«

Eberhard von Kunow liebt zu seinen Weinen die Musik von Mozart. »Das Leichte und Verspielte verkörpern beide auf hohem Niveau«, scherzt er verschmitzt und fügt, nun deutlich ernster, hinzu: »Ich bin auch verspielt und nehme das Leben leicht – aber nicht immer.« Dann erzählt er mir die Geschichte vom 30. September 2006, als binnen weniger Minuten die gesamte Ernte durch einen mächtigen Eisregen vernichtet wurde. »Die Tränen, die ich an diesem Abend vergossen habe, waren ausnahmsweise mal keine Freudentränen.«

Weitere von-Hövel-Weine
- Oberemmeler Hütte Riesling Spätlese (11 Euro), Scharzhofberger Riesling Spätlese (11 Euro), Kanzemer Hörecker Riesling Auslese* (22 Euro)

Kontakt
- Agritiusstraße 5–6, 54329 Konz-Oberemmel
  Tel. (06501) 15384, www.weingut-vonhoevel.de

Empfehlenswerte Weinbaubetriebe in der Umgebung
- Egon Müller (Wiltingen), Johannes Peters (Wiltingen), van Volxem (Wiltingen), von Othegraven (Kanzem), Reinert (Kanzem), Lauer (Ayl), Karlsmühle (Mertesdorf), Bischöfliche Weingüter (Trier), Dr. Siemens (Serrig), Karthäuserhof (Eitelsbach)

Restaurants und Hotels in der Nähe
- Villa Keller, Brückenstraße 1, 54439 Saarburg
  Tel. (06581) 92910, www.villa-keller.de
- Saarburger Hof, Graf-Siegfried-Straße 37, 54439 Saarburg
  Tel. (06581) 92800, www.saarburger-hof.de
- Schloss Monaise, 54294 Trier
  Tel. (0651) 828670, www.schloss-monaise.de
- Landhaus St. Urban, Büdlicherbrück 1, 54426 Naurath/Wald
  Tel. (06509) 91400, www.landhaus-st-urban.de

14 Schloss Johannisberger Riesling Spätlese »Grünlack«

Domäne Schloss Johannisberg, Rheingau

Auf Schloss Johannisberg fand im Jahre 1775 die weltweit erste »Spätlese« statt. Der Johannisberger Kurier kehrte verspätet mit der Leseerlaubnis des damaligen Besitzers, des Fürstabten von Fulda zurück, sodass nur noch überreife, geschrumpfte und zum Teil sogar in Fäulnis übergegangene Trauben geerntet werden konnten. Als der junge Wein im Frühjahr 1776 das Licht der Welt erblickte, waren alle des Lobes übervoll. Ein neuer Weintyp war entstanden.

Seit dieser Zeit werden auf Schloss Johannisberg und weit darüber hinaus in Deutschland Jahr für Jahr bemerkenswerte Riesling-Spätlesen erzeugt. Den besten ist eine unübertroffene Spannung von Dichte und Eleganz, ein bezauberndes Spiel von Frucht und Säure, Süße und Alkohol inne, die diese Weine zu den vollkommensten Interpretationen des Rieslings überhaupt machen. Es sind im Allgemeinen eher leichte und alkoholarme Weine, ihre überwältigende Fülle an geschmacklichen und mineralischen Substanzen ist jedoch einmalig. Sie tänzeln quasi über die Zunge und erfreuen mit ihrer brillanten Frische den Gaumen.

Die idealen Bedingungen, um solch originelle, zugleich zarte und geschmacksexplosive Weine zu erzeugen, finden sich ausschließlich in kühlen Anbaugebieten, die den Trauben eine lange und langsame Reifezeit ermöglichen. Nur dann gelingt es nämlich, genügend Aromastoffe in der Beerenschale einzulagern und die Trauben zur vollen aromatischen Reife zu bringen, bevor sie ihre erfrischende Säure verloren haben. Nur dann entsteht auf der Basis reichhaltiger Frucht, subtiler Süße, delikater Säure und niedrigem Alkoholgehalt jener einzigartige Weinstil, um den uns die ganze Welt beneidet.

In der Nase sind junge Johannisberger Spätlesen meist von einem subtilen, niemals vordergründigen Duft nach weißen Weinbergpfirsichen, Aprikosen und roten Äpfeln geprägt. Hinzu gesellen sich feinste Kräuternoten und ein Hauch Mineralik. Am Gaumen begegnet man zunächst einer deutlich präsenten Süße, die sich jedoch im weiteren Trinkverlauf als perfekt integriert erweist. Die Säure trumpft mächtig auf, paart sich mit den mineralischen Komponenten und gibt dem Wein Fülle und Tiefe. Es ist wie der beherzte Biss in eine reife, aber frische Frucht, deren Saft mit einer leichten, angenehmen Süße prall und dennoch spritzig den Gaumen füllt.

Selbstverständlich, diesen Wein können Sie mit Freude genießen, auch wenn er jung ist. Sicherlich ist er in diesem Stadium noch etwas von seiner Süße geprägt, aber nicht nur als Aperitif eine Wucht. In Kombination mit salzigen, würzigen und scharfen Speisen macht er eine exzellente Figur, nimmt den Gerichten ihre Schärfe, besänftigt sie regelrecht und wirkt dabei selbst geschmacklich fast trocken. Als Begleiter der asiatischen Küche fühlt er sich ebenso pudelwohl wie zu indischen Currys. Auch zu salzigem Käse und Salzgebäck passt er hervorragend. Sein Einsatz als Dessertwein ist nicht zu empfehlen, denn dafür ist er auch jung einfach nicht süß genug.

Erst nach zehn bis 15 Jahren wird seine Süße zunehmend geschmacklich integriert und scheint sich ab dem 20. Lebensjahr fast zu verlieren. Dann erweitern sich seine Einsatzfelder enorm. Von klassischen Suppen bis hin zu Geflügel, Schweinefleisch und Lamm, aber auch zu Pilzgerichten und gereiftem Käse ist vieles möglich. Ich persönlich genieße gereifte Spätlesen aber am liebsten solo, zu schöner Musik, beim Lesen eines Buches oder bei guten Gesprächen.

Die Domäne Schloss Johannisberg produziert jährlich etwa 40 000 Flaschen von dieser Riesling Spätlese und verkauft sie für 27 Euro in die ganze Welt. Noch geht der Großteil in den Export, doch auch hierzulande, vor allem in der Spitzengastronomie, spricht sich allmählich herum, welch großartigen Trinkgenuss diese Weine bescheren. Süße ist nicht mehr länger tabu, wenngleich das Negativimage all jener pappig-klebrigen Billigspätlesen eine schnellere Entwicklung bislang noch bremst.

Nicht nur die Qualität und Stilistik, auch die Herkunft dieses Rieslings ist eine besondere. Während die meisten Rheingauer Weinbergslagen entweder eben sind oder nur sanft ansteigen, entsteht die Johannisberger Spätlese an einem steilen, südwärts gerichteten Hang unterhalb des Schlosses. In dieser abgegrenzten Einzellage Schloss Johannisberger, die vom 50. Breitengrad durchschnitten wird, herrscht nicht nur ein hervorragendes Mikroklima mit optimaler Sonneneinstrahlung, auch die Qualität der Böden ist exzellent. Die Rebstöcke stehen auf einer lehmhaltigen Lössschicht mit felsigem Taunusquarzit im Untergrund. Diese Bedingungen ermöglichen Weine mit Substanz, reifer Frucht und eleganter, rassiger Säure.

Nachdem 2004 der ungemein talentierte und engagierte Christian Witte die Domänenleitung übernommen hat, ist viel positive Dynamik in diese traditionsreiche Bastion des deutschen Weins gekommen: Der alte Holzfasskeller ist wieder in Betrieb genommen worden und wird seither um jährlich sechs neue Fässer aus Johannisberger Eichenholz ergänzt; das Thema biologischer Weinbau wird intensiv diskutiert, erste kleinere Umsetzungsversuche laufen bereits; entgegen dem Kurs seines

Vorgängers hat Christian Witte die Abfüllung eines Ersten Gewächses durchgesetzt. Man darf gespannt sein, welche Neuerungen der junge Marxheimer und gelernte Geisenheimer noch auf Lager hat – der Qualität des Sortiments und der Schärfung des Profils von Schloss Johannisberg sind die bisherigen Innovationen jedenfalls bestens bekommen.

Weitere Schloss-Johannisberg-Weine
- Schloss Johannisberger Riesling trocken Erstes Gewächs (36,50 Euro), Schloss Johannisberger Riesling feinherb (12 Euro), Schloss Johannisberger Riesling Auslese (65 Euro)

Kontakt
- Schloss Johannisberg, 65366 Geisenheim-Johannisberg
  Tel. (06722) 70090, www.schloss-johannisberg.de

Empfehlenswerte Weinbaubetriebe in der Umgebung
- Johannishof (Geisenheim), Prinz von Hessen (Geisenheim), August Eser (Oestrich-Winkel), Schloss Vollrads (Oestrich-Winkel), Schloss Reinhartshausen (Eltville-Erbach)

Restaurants und Hotels in der Nähe
- Burg Schwarzenstein, Rosengasse 32, 65366 Geisenheim
  Tel. (06722) 99500, www.burg-schwarzenstein.de
- Restaurant Schloss Johannisberg,
  65366 Geisenheim-Johannisberg
  Tel. (06722) 70090, www.schloss-johannisberg.de
- Zum Krug, Hauptstraße 34, 65347 Hattenheim
  Tel. (06723) 99680, www.hotel-zum-krug.de
- Groenesteyn, Oberstraße 37, 65399 Kiedrich
  Tel. (06123) 1533, www.weinschaenke-schlossgroenesteyn.de

15 Niederhäuser Hermannshöhle Riesling Spätlese

Weingut Hermann Dönnhoff, Nahe

Eine Begegnung mit Helmut Dönnhoff und seinen Weinen entschädigt für viele Strapazen des Lebens. In ihnen steckt so unendlich viel Freundlichkeit, Klarheit, Anmut und Noblesse, dass man sich unweigerlich angezogen fühlt. Schon als junger Mensch war Helmut Dönnhoff auf der Suche nach dem Schönen und Erhabenen im Leben, fasziniert von Spitzenleistungen und Grenzüberschreitungen. Wenn er heute im Alter von 61 Jahren zurückblickt, stellt er mit einer gewissen Demut fest: »Mit dem Wein haben sich die Träume meines Lebens erfüllt. Das rührt mich zu großer Dankbarkeit. Mit ihm bin ich nicht nur immer wieder dem Schönen begegnet, sondern ich selbst habe mit dem Wein einen Ausdruck des Schönen gefunden und in die Welt zu tragen versucht. Mögen andere beurteilen, ob mir das gelungen ist.« Es ist ihm gelungen, und er hat dabei so manche Grenze überschritten und Spitzenleistungen erbracht.

Dönnhoff ist bei all seinen Erfolgen bescheiden und mit beiden Beinen auf dem Boden geblieben. Er strahlt eine heitere Gelassenheit aus, frei von jeglichem Pathos und genügsamer Selbstgefälligkeit. Auch seine Weine wirken bei allem Glanz, der sie umgibt, bescheiden, sie protzen nicht mit der auffällig explosiven Frucht manch anderer Zeitgenossen. Es sind ungemein zarte und reine Geschöpfe, die mit ihrer mineralischen Intensität, ihrer lebhaften Rasse und der Länge ihres Geschmacks in der Rieslingwelt ihresgleichen suchen.

Die Kollektionen im Hause Dönnhoff sind Jahr für Jahr ungemein stark und homogen, sodass es schwerfällt, einen Wein besonders herauszustellen. Doch die zartsüße Spätlese aus der Lage Hermannshöhle ist ein absoluter Klassiker, eines der beeindruckendsten Gewächse seines Genres. Die Nase dieses Rieslings ist von betörender Klarheit: Dem Glas entsteigt ein komplexer, tiefer und intensiver mineralischer Duft nach Pfirsichen und Aprikosen, Ananas und dunklen Beeren. Am Gaumen präsentiert er sich straff und saftig mit verspielter süßer Frucht, frischer, lebendiger Säure und packender Mineralität. Bei aller Dichte und Konzentration kommt nie auch nur ein Hauch von Schwere auf, alles wirkt tänzelnd und scheinbar schwerelos. Das ist ein ästhetisches Meisterstück mit allen wichtigen Zutaten: Harmonie, Tiefe, Komplexität, Eleganz, Authentizität und Alterungspotenzial für mehrere Generationen.

Vergleichbar einem großen Rotwein erreicht auch diese knapp 30 Euro teure Spätlese ihre optimale Trinkphase erst nach einigen Jahren der Flaschenreifung, dann nämlich, wenn eine Integration der einzelnen geschmacklichen Elemente stattgefunden hat. Dann ist alles noch runder und harmonischer geworden, ein komplexes Ganzes ist entstanden. »Jetzt spielt das volle Orchester, leise zwar, aber kraftvoll und raumfüllend, einfühlsam und perfekt aufeinander abgestimmt «, so die Empfindungen von Helmut Dönnhoff.

Im Verlauf des Reifungsprozesses verliert sich die sensorische Präsenz der Süße immer weiter, bis sie nach circa 20 Jahren kaum noch zu spüren ist. Spätestens dann ist dieser Wein ein universell einsetzbarer Speisenbegleiter, der selbst zu klassischen Fleischgängen – besonders zu Wildgerichten mit Waldfrüchten – eine gute Figur macht. Oder machen Sie es wie Helmut Dönnhoff: »Ich habe die meisten Spätlesen nach den Menüs getrunken.«

Die Hermannshöhle erhebt sich steil über den Ufern der Nahe am äußersten Punkt einer Flussbiegung. In der preußischen Klassifizierung der Nahe-Lagen im Jahre 1901 war die Hermannshöhle die am höchsten bewertete Lage des gesamten Gebietes. Die mikroklimatischen Bedingungen sind ideal für die Erzeugung erstklassiger Qualitäten. Es handelt sich um eine reine Südlage mit extremer Hangneigung. Die Temperaturunterschiede zwischen Tag und Nacht sind beträchtlich, sodass eine dicke Schale und ein langsames Ausreifen der Trauben garantiert sind. Weil sich die Beerenschale am Tag unter Wärmeeinfluss ausdehnt und in der Nacht, wenn es kälter ist, zusammenzieht, wird die Schale kräftiger und dicker. Bei niedrigen Temperaturen kommt die Reifeentwicklung zur Ruhe.

Der Boden ist ungeheuer mineralienreich, aber nur mäßig fruchtbar. Er besteht vorwiegend aus grauem Verwitterungsschiefer und ist durchmischt mit Lehm-, Porphyr- und Kalkanteilen. Im Untergrund finden sich auch Kupfer und Quecksilber. »Diese gegensätzlichen Bodenelemente sind ein wertvoller Schatz. Sie bringen eine Komplexität und Spannung in den Wein, die so niemals durch eine noch so ausgefeilte Kellertechnik erwirkt werden könnte.«

Die Stöcke sind niedrig gezogen, um soviel wie möglich von der Wärme des Bodens zu profitieren – genau wie im Burgund. Für die Spätlese werden ausschließlich Trauben von 60-jährigen Stöcken verwendet, das erbringt in einem normalen Jahr Erträge von ungefähr 5000 Litern pro Hektar. »Weniger Ertrag bringt nicht mehr Qualität, mehr Ertrag gibt aber weniger Qualität. Unter- und Überforderung sind gleichermaßen schädlich.« Ein so erfahrener Winzer wie Helmut Dönnhoff kann das Leistungsvermögen seines Weinberges richtig einschätzen. Und er führt weiter aus: »Ich versuche die Reben zu unterstützen,

Weingut Hermann Dönnhoff

dass sie ihr Bestes geben können, erzwingen kann ich es nicht. Dann warte ich ab und nehme es so, wie es kommt.«

Was Helmut Dönnhoff auszeichnet, ist seine tiefe Achtung vor der Natur. Sein Gespür für Reben und Weinberg ist ebenso Legende wie sein Feingefühl für die Ästhetik des Endproduktes. »Du musst von einem Wein träumen, sein Werden voller Sehnsucht begleiten, um wirklich Großes zu leisten«, ergänzt er. Er versteht es, die Natur zu lesen und sich mit viel Intuition auf die Bedingungen eines jeden Weinjahres einzustellen. »Ich habe heute das Glück, diese wundervollen Weinberge zu bewirtschaften. Aber sie gehören uns allen, sind unser aller Kulturgut, und ich spüre eine große Verpflichtung, mein Bestes zu geben; Weine zu keltern, die der Einmaligkeit der hiesigen Terroirs gerecht werden, um dann, wenn meine Zeit abgelaufen ist, gesunde Weinberge an die nächste Generation weiterzugeben.«

Weitere Dönnhoff-Weine
- Riesling Tonschiefer trocken (10,50 Euro), Schlossböckelheimer Felsenberg Riesling trocken (17,50 Euro), Niederhäuser Hermannshöhle Riesling trocken Großes Gewächs (31 Euro), Norheimer Dellchen Riesling trocken Großes Gewächs (29,50 Euro)

Kontakt
- Bahnhofstraße 11, 55585 Oberhausen
  Tel. (06755) 263, www.doennhoff.com

Empfehlenswerte Weinbaubetriebe in der Umgebung
- Dr. Crusius (Traisen), Mathern (Niederhausen), Gutsverwaltung Schlossböckelheim (Niederhausen), Schäfer-Fröhlich (Bockenau), Hahnmühle (Mannweiler-Cölln)

Restaurants und Hotels in der Nähe
- Hermannshöhle, Niederhäuser Hermannshöhle 1,
 55585 Niederhausen
 Tel. (06758) 6486, www.hermannshoehle-weck.de
- Zur Traube, Sobernheimer Straße 2, 55566 Meddersheim
 Tel. (06751) 950382
- Hotel Krone, Berliner Straße 73–75,
 55583 Bad Münster am Stein
 Tel. (06708) 840, www.hotel-krone-nahe.de

16 Trarbacher Hühnerberg Riesling Spätlese

Weingut Martin Müllen, Mosel

Martin Müllen gehört zu jener Winzergeneration an der Mosel, die von der Krise des Steillagenweinbaus profitiert haben und sich mit viel Energie und Enthusiasmus von außen zur Spitze des Gebietes hocharbeiten konnten. Selbst in einigen der besten Parzellen wurde die Bewirtschaftung während der vergangenen zwei Jahrzehnte eingestellt, weil der enorme Arbeitsaufwand den Besitzern nicht mehr lohnend erschienen war. Einer dieser sensationellen, aber für lange Zeit stillgelegten Weinberge ist der Trarbacher Hühnerberg. Er liegt in einem Seitental der Mosel ein paar Kilometer vom Fluss entfernt und gehört zu jenen extrem steilen Lagen, die seit Jahrhunderten für äußerst hochwertige Weine bekannt sind. Auf der Mosel-Weinbaukarte von 1898, die von der preußischen Regierung als Grundlage der

Besteuerung von Weinbergsbesitz in Auftrag gegeben wurde, erscheint der Hühnerberg als »Klasse-1-Weinberg«.

Martin Müllen schätzt sich heute glücklich, zwei Hektar in dieser einzigartigen, vom Schiefer geprägten Lage bewirtschaften und dabei auf teilweise 80-jährige Rebstöcke zurückgreifen zu können. Nur unter großem Einsatz war es möglich, die verwilderten Flächen zu rekultivieren und einen großen Teil des uralten Rebbestandes zu retten. »Die Trauben, die heute hier wachsen, sehen anders aus als unten an der Mosel, sie sind kleiner, lockerbeeriger und geschmacksintensiver«, begeistert sich Müllen und fügt hinzu: »Wenn es an der Mosel im Tal schwül ist, dann haben wir oben im Hühnerberg kristallklare Luft, und auch die Tag-Nacht-Differenzen sind ausgeprägter als in den Lagen direkt am Fluss. Das Mikroklima ist wirklich ganz außergewöhnlich – und das spürt man auch im Wein.«

Was für alle Müllen-Weine gilt, zeigt sich am ausgeprägtesten in den Gewächsen vom Hühnerberg: Sie sind Spätentwickler, die ungeheuer viel Reifezeit benötigen, um ihren ganzen Glanz und geschmacklichen Reichtum zu offenbaren. Wer sie zu früh öffnet, dem begegnen unfertige, noch nicht abgerundete Weine, die in der Nase vor allem von kräuterwürzigen und mineralischen Noten geprägt sind, während sich am Gaumen Süße und Säure wie zwei unversöhnliche Kampfhähne gegenüberzustehen scheinen – durchaus schwerwiegende Nachteile in einer Zeit, in der vor allem die Verfassung der Jungweine das Maß aller Dinge ist. Erst mit einer gewissen Flaschenreife zeigt sich ein unaufhörlich wechselndes, kaleidoskopartiges Bild von Blumen, dunklen Waldfrüchten und Kräutern mit einer Tiefe, in die man nur allzu gerne abtauchen möchte. Im Mund breitet sich Komplexität aus, und eine wunderbar saftige, cremige Textur streichelt sanft, aber bestimmt unseren Gaumen. Eine idealtypische Mosel-Spätlese mit einem spannenden, sehr gut balancierten Süße-Säure-Spiel ist entstanden. Vor allem aber beeindruckt die große Persistenz im fast endlosen, von purer Mineralik geprägten Finale. Martin Müllen charakterisiert diese Hühnerberg Spätlese treffend als »Marathonläufer, der auch nach 20 Jahren Flaschenreife noch frisch und vital daherkommt«, und verkauft sie für 15,90 Euro ab Hof.

Die Weine aus dem Hause Müllen sind nicht unumstritten. Für die einen stellen sie den Inbegriff des klassischen Moselstils dar, während andere sie als zu eigenwillig in der Aromatik oder zu angestrengt in der Süße-Säure-Balance kritisieren. Aber die Stilistik der Weine ist pure Absicht und liegt in einer Reihe von Grundüberzeugungen des Machers begründet: extrem langsames und schonendes Keltern mit einer traditionellen Korbpresse sowie Gärung und Ausbau im klassischen Holzfuder ohne den Einsatz von Reinzuchthefen und Enzymen – denn diese würden »viele Stoffe im Wein frühzeitig aufspalten, sodass dieser schon sehr bald nach der Flaschenfüllung offen und präsent ist. Da diese Stoffe aber extrem schnell altern, verlieren die Weine binnen weniger Monate ihre aromatische Frische und geschmackliche Attraktivität«, erläutert Martin Müllen.

Ist es nicht beeindruckend, wenn ein Winzer in der heutigen Zeit einen ganz eigenen Weg einschlägt, seinen Weinen eine unübersehbare Eigenwilligkeit zugesteht und dadurch ein großes materielles Risiko in Kauf nimmt? Wie groß muss die innere Überzeugung von Martin Müllen sein, dass sie ihn immer wieder vor der Versuchung bewahrt, marktkonformere Weine zu erzeugen? Gibt es solche charakterstarken Winzer nicht immer noch viel zu selten?

Weingut Martin Müllen

Weitere Müllen-Weine
- Trarbacher Würzgarten Riesling Spätlese trocken (8,50 Euro), Kröver Letterlay Riesling Spätlese* (10,90 Euro), Trarbacher Hühnerberg Riesling Spätlese trocken »S.F.« (15,90 Euro), Kröver Paradies Riesling Spätlese*** (16,90 Euro)

Kontakt
- Alte Marktstraße 2, 56841 Traben-Trarbach
  Tel. (06541) 9470, www.weingutmuellen.de

Empfehlenswerte Weinbaubetriebe in der Umgebung
- Vollenweider (Traben-Trarbach), Melsheimer (Traben-Trarbach), Immich-Batterieberg (Enkirch), Clemens Busch (Pünderich), Steffens-Keß (Reil), Henrichs + Friedrichs (Ediger)

Restaurants und Hotels in der Nähe
- Wein- und Tafelhaus, Moselpromenade 4, 54349 Trittenheim
  Tel. (06507) 702803, www.wein-tafelhaus.de
- Romantikhotel Bellevue, An der Mosel 11, 56841 Traben-Trarbach
  Tel. (06541) 7030, www.bellevue-hotel.de
- Restaurant Cavallerie, Bahnstraße 25, 56841 Traben-Trarbach
  Tel. (06541) 8158782, www.cavallerie.de
- Zunftscheune, Neue Rathausstraße 1, 56841 Traben-Trarbach
  Tel. (96541) 9737, www.zunftscheune.de
- Goldene Traube, Am Markt 8, 56841 Traben-Trarbach
  Tel. (06541) 6011, www.zur-goldenen-traube.de

17 Kiedrich Gräfenberg Riesling Auslese

Weingut Robert Weil, Rheingau

Die Gräfenberg Auslese vom Weingut Robert Weil in Kiedrich ist ein Wein, in dem sich Mensch und Natur, Tradition und Gegenwart auf wundervolle Art vereinen. Diese Auslese besitzt aromatische Strahlkraft, ohne auch nur in Ansätzen aufdringlich zu sein. Eher kühl und ein wenig zurückhaltend, doch mit einer brillanten Klarheit duftet sie je nach Jahrgang mal nach reifen Pfirsichen, kandierten Zitrusfrüchten und eingemachten Stachelbeeren, mal nach Kräutern, Steinobst und Karamell. Diese Fruchtkomplexität wird stets von einer deutlich präsenten Mineralität begleitet. Am Gaumen scheint sich zunächst alles zu potenzieren, und es macht sich eine Intensität breit, die zu überfordern droht. Doch hat man erst einmal den »Schock« der ersten Begegnung überstanden, öffnet sich die Tür zu einer wunderbaren Welt der Harmonie und Eleganz. Hier ist alles ganz zart gewoben und zugleich so dicht und präzise geformt wie allerfeinste Seide – ein höchst sinnlicher Wein und Balsam für die Seele am Ende eines anstrengenden Tages.

Die Geschichte dieses 70 Euro teuren Weines reicht weit zurück, eigentlich bis ans Ende des 18. Jahrhunderts, als man in Deutschland zielstrebig begann, Weine mit natürlicher Süße zu erzeugen. Der Ursprung dieser Entwicklung liegt im Jahre 1775, als auf Schloss Johannisberg die erste »Spätlese« ungeplant geerntet wurde (siehe Kapitel 14). In den darauf folgenden Jahren erntete man im ganzen Rheingau bewusst spät und sortierte bald darauf die edelsten Trauben noch einmal aus (»Auslese«), um sie separat zu vinifizieren. Diese komplett neuen Weinstile breiteten sich dann im Laufe des 19. Jahrhunderts immer mehr aus, und an der Schwelle zum 20. Jahrhundert gehörte der natürlich süße Rheingau-Riesling zu den teuersten und gefeiertsten Weinen in der ganzen Welt. Einer der großen Stars aus dieser Zeit kam aus dem Hause Weil. Die Kiedricher Berg Auslese des Jahres 1893 wurde an die kaiserlichen und königlichen Höfe in ganz Europa zu einem Preis verkauft, der die teuersten Bordeaux-Weine um etwa das Dreifache übertraf.

Diese glorreiche Zeit schien fast vergessen, bis der heutige Gutsdirektor und Mitinhaber des Weingutes Robert Weil, Wilhelm Weil, die Führung des mittlerweile 80 Hektar großen Betriebes im Jahre 1988 übernahm. Ein Großteil seines leidenschaftlichen und zugleich ungemein perfektionistischen Engagements gründet im unstillbaren Verlangen, an diese große Tradition anzuknüpfen und auch heute Weine zu keltern, »die die Herzen der ganzen Welt erobern«, wie er es sympathisch formuliert. Mit scheinbar traumwandlerischer Sicherheit kommt er diesem Ziel Jahr für Jahr in großen Schritten näher und näher. Eckpfeiler seines Schaffens waren und sind: Demut vor der Natur, Verantwortungsbewusstsein für die Kulturlandschaft Weinberg sowie das ständige Bemühen, authentische und stilistisch originelle Weine auf höchstem Qualitätsniveau zu erzeugen.

Der knapp elf Hektar große und ausschließlich mit Riesling bestockte Gräfenberg zählt zur kleinen Gruppe der Rheingauer »Grand-Cru-Lagen«, die in der Höhe liegen. Der überwiegend karge Boden besteht aus Taunusphylliten und Lösslehmbeimengungen – entscheidende Grundlagen für die ausgeprägte Mineralität und hohe Fruchtkomplexität in den Weinen.

Auch das Mikroklima bietet beste Voraussetzungen für Riesling-Trauben. Einerseits handelt es sich um eine geschützte Süd-West-Lage im Kiedricher Talkessel mit guter Besonnung und ausreichend hohen Temperaturen, andererseits sorgen die Winde, die vom Taunus ins Rheintal ziehen, für eine gute Belüftung. Unter diesen Voraussetzungen entstehen kleine, geschmacksintensive Früchte, die lange am Stock reifen können, ohne ihre Säure zu verlieren.

Um das Potenzial der Natur optimal zu nutzen, hat Wilhelm Weil von Beginn an auf aktuelle betriebswirtschaftliche Einsichten gesetzt. Nichts wird dem Zufall überlassen. Auf der Grundlage einer exakten Evaluation des natürlichen Weinberg- und Rebenpotenzials hat er unterschiedliche betriebliche Ziele formuliert. Eines dieser Ziele, nämlich die Erzeugung aller Prädikate vom einfachen Gutswein bis hin zur Trockenbeerenauslese, ist ihm seit 1989 Jahr für Jahr gelungen. Dafür war es zunächst notwendig, die einzelnen Weinstile sauber voneinander abzugrenzen und für jeden Typ ein ästhetisches Ideal zu formulieren. Genauso wichtig ist es ihm aber auch, die stilistische Identität seiner drei wichtigsten Lagen herauszuarbeiten: Gräfenberg, Turmberg und Klosterberg. »Wenn die Lage auf dem Etikett erscheint, muss ich sie schmecken können«, argumentiert Wilhelm Weil ganz unzweideutig.

Auf der Basis dieser stilistischen und ästhetischen Grundüberzeugungen werden die gesamten Arbeitsabläufe in den Weinbergen – vom Rebschnitt im Winter bis zur Ernte im Spätherbst – projektartig geplant und systematisch umgesetzt. »Mir kommt es darauf an, Antwortoptionen bereitzuhaben, um nicht den natürlichen Bedingungen ausgeliefert zu sein.« Wie ein Schachspieler bedenkt er eine Vielzahl von möglichen Zügen und berechnet ihre Konsequenzen. Um die bestmögliche Traubenqualität ernten zu können, verfährt er seit einigen Jahren nach dem Motto: »Fange als erster mit der Ernte an, höre als letzter auf.« Das klingt provokativ, ergibt aber insofern viel

Sinn, weil nur so die nötige Vertrautheit mit den Bedingungen des Jahrgangs geschaffen werden kann.

Weil aber auch Wilhelm Weil den konkreten Jahrgangsverlauf nicht vorhersehen kann, strebt er andererseits eine maximale Flexibilität in der Umsetzung und im Umgang mit der Natur an. »Es ist enorm wichtig, von einer Sekunde auf die andere loslassen zu können, zu akzeptieren, dass man nicht alles kontrollieren kann.« Im Keller ist dann »kontrolliertes Nichtstun« angesagt. Hier geht es für Wilhelm Weil ausschließlich um Bewahren und Gewährenlassen – wahrlich eine große Herausforderung für einen so ungemein tatkräftigen Menschen.

Weitere Robert-Weil-Weine
- Kiedricher Turmberg Riesling trocken (21,50 Euro), Kiedricher Gräfenberg Riesling trocken Erstes Gewächs (34,50 Euro), Kiedricher Gräfenberg Riesling Spätlese (34,50 Euro)

Kontakt
- Mühlberg 5, 65399 Kiedrich
  Tel. (06123) 2308, www.weingut-robert-weil.de

Empfehlenswerte Weinbaubetriebe in der Umgebung
- J. B. Becker (Walluf), Kloster Eberbach (Eltville), Langwerth von Simmern (Eltville), Künsler (Hochheim), Flick (Wicker)

Restaurants und Hotels in der Nähe
- Weinschänke Schloss Groenesteyn, Oberstraße 36, 65399 Kiedrich
  Tel. (06123) 1533, www.weinschaenke-schlossgroenesteyn.de

- Zum Krug, Hauptstraße 34, 65347 Hattenheim
  Tel. (06723) 99680, www.hotel-zum-krug.de
- Kronenschlösschen, Rheinallee 1, 65347 Eltville
  Tel. (06723) 640, www.kronenschloesschen.de
- Osteria Piccolo Mondo, Schmittstraße 1, 65343 Eltville
  Tel. (06123) 2124, www.osteria-piccolomondo.de

18 Westhofener Kirchspiel Riesling Auslese Goldkapsel

Weingut Groebe, Rheinhessen

Der archaische Anblick der Grand-Cru-Lage Westhofener Kirchspiel lässt niemanden unbewegt oder teilnahmslos. Die 45 Hektar große Lage erstreckt sich in 120 bis 200 Metern Meereshöhe und mit einer Hangneigung zwischen zehn bis 30 Prozent in Form eines Amphitheaters zum Rhein. Sie neigt sich in alle Himmelsrichtungen und scheint in hunderte kleinster Parzellen aufgeteilt, von Feldmauern und Terrassen durchzogen; mittendrin thront das Weinbergshaus Villa Rustica.

Das Territorium hat ganz ohne Zweifel etwas Geheimnisvolles, Märchenhaftes und Verwunschenes. Wer sich ihm nähert, spürt die Kraft und den Magnetismus, die von diesem Weinberg ausgehen. Selbst an heißen Tagen wird man von einer kühlen, belebenden Brise empfangen, die im Nu die Hitze vergessen macht. Man fühlt sich angezogen und verzaubert, zögert aber, ihn zu betreten, so als warte man ehrfürchtig auf Einlass.

Als Friedrich Groebe, der heutige Besitzer des Weingutes,

sich zum ersten Mal im schweizerischen Wallis einem Gletscher näherte, scheint es ihm ähnlich ergangen zu sein. Er berichtet: »Noch bevor ich den Gletscher sehen konnte, habe ich seine Faszination, seine kühle Klarheit und seine mineralische Ausstrahlung am ganzen Körper gespürt. Mit ganz viel Kribbeln und aufgeregter Vorfreude im Bauch bin ich zu ihm hin. Als ich den Gletscher dann sah und berührte, umwehte mich ein kühler Hauch vom fernen Kirchspiel.«

Auch die Weine aus dem Kirchspiel scheint ein kühler Hauch zu umwehen, und so kann man sie schon auf den ersten Blick von den anderen Weinen aus dem Hause Groebe unterscheiden. Dieser kühle Charakter tritt vielleicht am deutlichsten im Großen Gewächs in Erscheinung, eher versteckt und sehr subtil prägt er jedoch auch die rest- und edelsüßen Abfüllungen.

Wirklich bemerkenswert präsentiert sich vor allem die edelsüße Kirchspiel Auslese Goldkapsel. Bereits der Jungwein wartet mit einem unglaublich breit gefächerten Spektrum fruchtiger und blumiger Düfte auf. Je nach Jahrgang und Reifegrad der Trauben finden sich Noten reifer Äpfel, Quitten, Aprikosen und Pfirsiche, Nuancen von Mango und Orange, aber auch Dörrobst, Honig, Rose und Lavendel. Und immer ist eine gehörige Portion Mineralität im Spiel. Am Gaumen deutet sich ein enormer Spannungsbogen an, der von einer großartigen Fruchtintensität, einer quicklebendigen Säure und einer angenehmen Traubensüße getragen wird. Das Mundgefühl wirkt dicht und cremig, ohne dass dadurch jedoch der beschwingte Gesamteindruck verlorengeht. Nach mehrjähriger Reife gesellen sich Kräuter- und Gewürznoten hinzu, und die Honig- und Karamellaromen treten deutlicher hervor. Bei weiterer Reifung – meist im zweiten Lebensjahrzehnt – beginnen die mineralischen, würzigen und pflanzlichen Noten allmählich gegenüber den fruchtigen Aromen zu dominieren. Selbst im Stadium fortgeschrittener Reife verliert dieser 70-Euro-Wein jedoch nie seine innere Spannung, er scheint ein ewiger Jungbrunnen zu bleiben.

Die Kirchspiel Auslese eignet sich hervorragend als Essensbegleiter, da sie weder süß noch trocken schmeckt. Trotz des niedrigen Alkoholgehalts von 7,5 bis 9 Volumenprozent besitzt sie Intensität und Kraft genug, um auch zu sehr würzigen Speisen wie zum Beispiel Currygerichten genossen zu werden. In jungen Jahren, wenn ihre Süße noch etwas intensiver und vordergründiger zu schmecken ist, kann sie zum Beispiel einen Apfelkuchen oder nicht allzu süße Fruchtdesserts perfekt begleiten. Hat sie dann erst einmal einige Jahre Flaschenreife hinter sich gebracht, vermag sie eine wundervolle Liaison mit kraftvollen Gerichten wie Rehrücken oder Wildschweinkeule einzugehen. Aber auch als Solist und zum Aperitif macht die Kirchspiel Auslese eine gute Figur.

»Um diese Auslese-Qualität in die Flasche zu bringen«, erläutert Friedrich Groebe, »braucht es einen guten Standort für die Reben und Trauben, die so lange am Stock hängenbleiben können, bis sie eine sehr hohe Süße ausgebildet haben.« Die Reben im Kirchspiel sind schon sehr alt und stehen auf Kalksteinverwitterungsböden. Aufgrund des hohen Tonmergelanteils ist es ein kalter und nährstoffarmer Boden, der zu einem späten Austrieb führt und die Reben tief wurzeln lässt. Die Lage ist im Westen und Norden durch eine Hügelkette vor kalten Winden geschützt und besitzt eine gute Wasserspeicherkapazität. Der begeisterte Süßweinliebhaber Groebe hat im Laufe der vergangenen Jahre seinen eigenen Stil gefunden: »Ich setze auf langlebige Rieslinge mit betont mineralischem Charakter, die bestens reifen können, aber auch Ecken und Kanten haben dürfen.«

Ökologischer Weinbau ist Friedrich Groebe eine Herzensangelegenheit. »Weil ich meine Weinberge liebe, betreiben wir ökologischen Weinbau. Aber der Schutz der Rebe vor echtem und falschem Mehltau kann mit den Mitteln, die der Ökoweinbau zulässt, nicht mit einer positiven Ökobilanz durchgeführt werden. Deshalb gehen wir im Pflanzenschutz den integrierten Weg und setzen synthetische Mittel ein. Dadurch müssen wir sehr viel seltener den Weinberg befahren, sparen Material und Treibstoff und schonen den Boden.« Davon ist Friedrich Groebe zutiefst überzeugt, wenngleich die Meinungen in dieser Frage weit auseinandergehen.

Weitere Groebe-Weine
- Westhofener Riesling trocken (6,50 Euro), Westhofener Riesling Spätlese trocken (12 Euro), Westhofener Aulerde Riesling trocken Großes Gewächs (22 Euro), Westhofener Kirchspiel Riesling trocken Großes Gewächs (22 Euro)

Kontakt
- Bahnhofstraße 68–70, 64584 Biebesheim
  Tel. (06258) 6721, www.weingut-k-f-groebe.de

Empfehlenswerte Weinbaubetriebe in der Umgebung
- Keller (Flörsheim-Dalsheim), Battenfeld-Spanier (Hohen-Sülzen), Dreißigacker (Bechtheim), Seehof (Westhofen), Winter (Dittelsheim-Hessloch)

Restaurants und Hotels in der Nähe
- Landgasthof Zum Schwanen, Friedrich-Ebert-Straße 40, 67574 Osthofen
  Tel. (06242) 9140, www.zum-schwanen-osthofen.de

- Restaurant Buchholz, Klosterstraße 27, 55124 Mainz
  Tel. (06131) 9712890, www.frank-buchholz.de
- Stöckbauers Weinkastell, Auf dem Kloppberg 1,
  67596 Dittelsheim-Heßloch
  Tel. (06244) 57111, www.stoeckbauers-weinkastell.de

19 Piesporter Goldtröpfchen Riesling Auslese

Weingut Reinhold Haart, Mosel

Da sich die Römer im dritten Jahrhundert n. Chr. außerstande sahen, die nötigen Mengen Wein nach Trier zu schaffen, um den Durst ihrer Legionäre und Milizen zu stillen, fingen sie an, im Moseltal Wein herzustellen. Dabei haben sie ihre Rebstöcke keineswegs dort gepflanzt, wo sie leicht zu bewirtschaften gewesen wären, sondern sie haben sich die steilsten Lagen direkt am Fluss ausgesucht, weil diese für den Weinbau vielversprechender waren. Einer dieser mikroklimatisch privilegierten Orte war schon damals die Piesporter Spitzenlage Goldtröpfchen. Bei Wegebauarbeiten am Fuße dieses Hanges (mit zum Teil 90 Prozent Gefälle) wurden im Jahre 1985 Reste einer römischen Kelteranlage aus dem vierten Jahrhundert entdeckt, die solche Ausmaße gehabt haben muss, dass während eines Herbstes Erträge von mehr als 5000 Hektolitern Most zu Wein verarbeitet werden konnten.

Über alle Jahrgangsunterschiede hinweg unterscheiden sich die Weine aus dem Goldtröpfchen durch ihre im Mosel-Kontext besonders ausladende, üppige und expressive Art. Verglichen mit den filigranen, zart nuancierten Gewächsen der Wehlener oder Zeltinger Sonnenuhr besitzen sie eine fast schon barock zu nennende Pracht. Kein anderer Wein im Hause Haart verkörpert diese Lagen-Stilistik so idealtypisch wie die Riesling Auslese.

Spätestens nach drei bis vier Jahren Flaschenreife, die dringend zu empfehlen sind, sprüht dieser Wein förmlich vor Fruchtintensität. Neben den Aromen dunkler roter Früchte finden sich Noten reifer Pfirsiche, Aprikosen, Zitrusfrüchte und Ananas, aber auch Mango und Maracuja; mit weiterer Reifezeit gesellen sich Dörrobst-, Honig- und Karamellnoten hinzu. Der Gaumenauftritt ist ungemein dicht, zugleich aber straff und klar strukturiert. Fruchtsüße, Säure und Mineralität spielen großes Orchester, rhythmisch und beswingt, abgrundtief und unendlich lang. Erst im allerletzten Moment gibt die Süße die Bühne frei für einen beeindruckenden Schlussakkord: ein klassisches Solo der Mineralität, die diese Auslese plötzlich fast trocken erscheinen lässt. Wer bereit ist für einen außergewöhnlichen Dialog, findet in diesem Wein einen interessanten Gesprächspartner.

Theo Haart produziert jährlich rund 2000 Flaschen von der Goldtröpfchen Auslese und verkauft sie für 24,90 Euro. »Es ist noch immer schwer«, ergänzt er seine Information zum Preis, »hochwertige Auslesen hierzulande zu verkaufen. Die Deutschen haben kein aufgeklärtes, souveränes Verhältnis zu Süßweinen. Viele denken, nur trocken sei seriös, andere wissen nicht, zu welchen Trinkanlässen sich diese Gewächse empfehlen. Im Ausland gestaltet sich der Absatz leichter.« Und die wenigsten ahnen, dass es sich lohnt, auf die optimale Trinkreife eines großen Süßweins mindestens genauso lang zu warten, wie man das im Falle großer Rotweine längst zu akzeptieren gewohnt ist. Die Auslese von Theo Haart hat eine Lebenserwartung von mindestens 50 Jahren, wieso sollte sie da bereits nach ein bis zwei Jahren ihren ganzen Liebreiz preisgeben?

Die Trauben für diese außergewöhnliche Auslese wachsen in einer der spektakulärsten Weinbergslagen Deutschlands. Wie ein Amphitheater schmiegt sich der Hang des Goldtröpfchens postkartentauglich an die Mosel, die hier bei Piesport eine ihrer größten Schleifen dreht. Die Lage ist nach Süden offen und steigt direkt vom nördlichen Flussufer steil nach oben auf etwa 200 Meter Höhe. Die Rebstöcke sind vor kalten West- und Ostwinden gut geschützt, während die Wasserfläche der aufgestauten Mosel für einen Temperaturausgleich sorgt und zusätzlich die Sonneneinstrahlung reflektiert. Die entscheidende Rolle für die Qualität und Stilistik der Weine spielt jedoch der weiche, tiefgründige und zum großen Teil sehr kleinsplittrige Schieferverwitterungsboden mit hohem Tonanteil. Er prägt die beiden charakteristischen Säulen: Fruchtintensität auf der einen, Mineralität auf der anderen Seite.

Theo Haart wirkt auf den ersten Blick ganz anders als seine Weine aus dem Goldtröpfchen. Er präsentiert sich zurückhaltend, introvertiert und abwartend, fast ein wenig scheu, während seine Geschöpfe zunächst eher laut und extrovertiert daherkommen. Doch so wie seine Weine beim näheren Kennenlernen ein zweites Gesicht – nämlich Vielschichtigkeit und Tiefe – offenbaren, zeigt auch Theo Haart seine lauten und extrovertierten Seiten erst, wenn er sein Gegenüber besser kennt. Dann gibt er seine ungemein lebensfrohe, warme, humorvolle und geistreiche Persönlichkeit zu erkennen. So tragen beide, Winzer und Wein, bemerkenswerte Gegensätze in sich, die jedoch in dem einen wie dem anderen Falle dazu beitragen, eine Spannung zu erzeugen, die ungemein sympathisch ist und einen so schnell nicht wieder loslässt – ganz so wie die 1971er Goldtröpfchen Auslese, die ich gerade im Glas habe.

Weitere Haart-Weine
- Piesporter Goldtröpfchen Riesling trocken Großes Gewächs (18 Euro), Piesporter Goldtröpfchen Riesling Spätlese (16,40 Euro), Wintricher Ohligsberg Riesling trocken Großes Gewächs (18 Euro)

Kontakt
- Ausoniusufer 18, 54498 Piesport
  Tel. (06507) 2015, www.haart.de

Empfehlenswerte Weinbaubetriebe in der Umgebung
- Kurt Hain (Piesport), Fritz Haag (Brauneberg), Willi Haag (Brauneberg), Clüsserath-Eifel (Trittenheim), Clüsserath-Weiler (Trittenheim), Loewen (Leiwen), St. Urbans-Hof (Leiwen), Ludes (Thörnich), Hoffman-Simon (Piesport)

Restaurants und Hotels in der Nähe
- Wein- und Tafelhaus, Moselpromenade 4, 54349 Trittenheim
  Tel. (06507) 702803, www.wein-tafelhaus.de
- Richtershof, Hauptstraße 81–83, 54468 Mühlheim
  Tel. (06534) 9480, www.weinromantikhotel.de
- Landhaus St. Urban, Büdlicherbrück 1, 54426 Naurath/Wald
  Tel. (06509) 91400, www.landhaus-st-urban.de
- Zur Malerklause, Im Hofecken 2, 54413 Bescheid
  Tel. (06509) 558, www.malerklause.de
- Waldhotel Sonnora, Auf'm Eichelfeld, 54518 Dreis
  Tel. (06578) 406, www.hotel-sonora.de

Silvaner –
Wie Phönix aus der Asche

20 *Escherndorfer Lump Silvaner Spätlese trocken »L«*

Weingut Rainer Sauer, Franken

Rainer Sauer ist unter den Spitzenwinzern in Deutschland einer der leisen und zurückhaltenden. Wer mit ihm in Kontakt kommt, spürt schon nach wenigen Minuten seine warmherzige und zugewandte Persönlichkeit. Sprache und Gesten wirken sanft, behutsam und einnehmend und man ahnt, dass es sich um einen feinsinnigen, zartfühlenden und tiefgründigen Menschen handeln muss. Und genau so sind auch seine Weine: einerseits erfrischend direkt, unkompliziert und freundlich, anderseits feinnervig, substanziell und beseelt.

Kein anderer Wein in einer Jahr für Jahr starken Kollektion verkörpert das, was Rainer Sauer seinen Geschöpfen mit auf den Weg gibt, eindringlicher als seine Escherndorfer Lump Silvaner Spätlese trocken »L«. Der ungewöhnliche Zusatz »L« steht nicht, wie man vielleicht vermuten könnte, für die Lage, aus der er kommt, sondern für die Erfüllung einer großen Leidenschaft, für Liebe, Lust und Lebensfreude, aber auch für die Leiden, die mit der Herstellung eines besonderen Weines verbunden sind.

Die Rebstöcke, an denen die Trauben für den »L« wachsen, stehen in einer der weltweit besten und zugleich topographisch beeindruckendsten Silvaner-Lagen überhaupt, im Escherndorfer Lump (siehe auch Kapitel 22). Der wie ein ungemein mächtiges und extrem steiles Amphitheater von Südosten bis Südwesten zum Main hin ausgerichtete Weinberg liegt in 190 bis 270 Metern Höhe und verfügt über eine Hangneigung zwischen 40 und stellenweise sogar über 80 Prozent. Jeder Schritt in diesem Weinberg fällt schwer und verlangt den Winzern mitunter sportliche Höchstleitungen ab. Die mikroklimatischen Bedingungen für den Weinbau sind jedoch optimal und garantieren beste Reifegrade.

Wichtiger für die Stilistik des »L« ist allerdings der tiefgründige Muschelkalkboden. Er bringt jene exotische Fruchtaromatik, mundwässernde Saftigkeit und abgerundete Säure, die für den Wein so typisch sind. Am Gaumen zeigt sich der »L« zunächst mühelos und unkompliziert, fast ein wenig vergnügt, sodass man geneigt ist, ihn zu unterschätzen. Erst mit einer gewissen Flaschenreife generiert er jene Tiefe und Komplexität, die sich der Weinliebhaber wünscht. Dann geht er aus sich heraus und zeigt bei allem geschmacklichen Reichtum, Anmut, Feinheit und Grazie, die ihn wie ein großer Zauber umgeben.

1999 hat Rainer Sauer seinen »L« zum ersten Mal aus den besten Parzellen des Lump vinifiziert und auf die Flasche gefüllt. Wer einmal die Gelegenheit hat, Jahrgänge zurück bis zum 1999er zu verkosten, wird nicht nur von der Güte, sondern auch von der ungeheuren Langlebigkeit beeindruckt sein. Bereits zwei, in manchen Jahren drei Jahre nach der Flaschenfüllung beginnt der »L« seine Klasse zu zeigen, entwickelt sich dann über ein ganzes Jahrzehnt weiter und entfaltet seinen ganzen Reichtum. Rund 4000 Flaschen stehen jährlich zur Verfügung und werden für je 14 Euro überwiegend ab Hof vermarktet.

Bei aller Güte, die der »L« mittlerweile Jahr für Jahr erreicht, und bei aller Wertschätzung, die er sowohl von Experten als auch von Konsumenten regelmäßig erfährt, sieht Rainer Sauer noch unausgeschöpfte Qualitätspotenziale. »Im Keller haben wir sicherlich keine allzu großen Qualitätsreserven mehr. Wir wollen allerdings die alkoholische Gärung in den nächsten Jahren vollständig ohne die Zugabe von Reinzuchthefen abwickeln und versprechen uns davon noch originellere und komplexere Weine.« Wie Sauer weiter erläutert, sei ein unproblematischer Gärverlauf ohne Reinzuchthefen allerdings nur dann zu erwarten, wenn sich der Weinberg in einem ökologischen Gleichgewicht befinde, da die Gärhefen zu einem guten Teil hier ihre Heimat haben. »Zurzeit dürfte die Pilzflora im Weinberg nicht optimal sein, da wir noch konventionelle Pflanzenschutzmittel einsetzen. Wir befassen uns jedoch gerade sehr intensiv mit den Chancen und Risiken, die eine Umstellung auf ökologische Bewirtschaftung mit sich bringen würde.«

Sein Sohn Daniel, der den Betrieb in den nächsten Jahren übernehmen wird, bewirtschaftet bereits eine kleine Anlage nach biodynamischen Prinzipien und keltert aus seinem Lesegut den famosen Silvaner »Freiraum«. »Ich habe Glück mit meinen Eltern«, sagt er, »sie lassen mir Freiraum zu experimentieren und neue Wege zu gehen. Zudem haben sie immer ein offenes Ohr, wenn ich Gesprächsbedarf habe. Ich denke, wir haben ein liebevolles und konstruktives Verhältnis.« Vater Rainer gibt zu, dass er sich bereits von den neuen Ideen seines Sohnes hat anstecken lassen. Auch ihn hat die Begeisterung für die Welt der Biodynamie längst gepackt: »Je mehr ich mich damit beschäftige, desto sensibler und demütiger werde ich. Ich spüre, dass ich mich in diesem Prozess auch selbst als Mensch verändere, spüre eine Sehnsucht nach einem Leben im Einklang mit der

Natur. Ich strebe nach einem gesunden und intakten Ökosystem Weinberg, an dem auch zukünftige Generationen noch ihre Freude haben.«

Weitere Sauer-Weine
- Silvaner Kabinett trocken (7 Euro), Escherndorfer Lump Spätlese trocken (9,50 Euro), Silvaner »Freiraum« trocken (9,30 Euro), Escherndorfer Lump Riesling Spätlese trocken (14 Euro)

Kontakt
- Bocksbeutelstraße 15, 97332 Escherndorf
  Tel. (09381) 2527, www.weingut-rainer-sauer.de

Empfehlenswerte Weinbaubetriebe in der Umgebung
- Fröhlich (Escherndorf), Max Müller I (Volkach), Zur Schwane (Volkach), Graf von Schönborn (Volkach), Divino Nordheim (Nordheim), Rudloff (Nordheim), Roth (Wiesenbronn)

Restaurants und Hotels in der Nähe
- Zur Krone, Bocksbeutelstraße 1, 97332 Escherndorf
  Tel. (09381) 2850
- Schwab's Landgasthof, Bamberger Straße 4, 97359 Schwarzach
  Tel. (09324) 1251, www.landgasthof-schwab.de
- Reisers am Stein, Mittlerer Steinbergweg 5, 97080 Würzburg
  Tel. (0931) 286901, www.der-reiser.de
- Restaurant Philipp, Hauptstraße 11, 97286 Sommerhausen
  Tel. (09333) 1406, www.restaurant-philipp.de

21 Schlossberg Silvaner »Großes Gewächs«

Fürstlich Castell'sches Domänenamt, Franken

In Franken ist es mit dem Silvaner gelungen, eine Rebsorte mit den lokalen Bedingungen des Bodens und des Mikroklimas langfristig so zu kombinieren, dass ein gebietstypischer, unverwechselbarer Weinstil entstehen konnte. Nun ist Gebietstypizität kein Wert an sich, und schon gar nicht meint es das unkritische Festhalten am Gewohnten. Wertvoll ist Typizität nur in der sinnvollen Verknüpfung von hohen Qualitätsstandards mit stilistischer Originalität und Ursprungsidentität. Daraus resultieren dann Weine auf hohem Qualitätsniveau, die in Aussehen, Duft und Geschmack einen Weinstil auf der Basis regionaler Gemeinsamkeiten (Rebsorte, Terroir) unverkennbar ausdrücken. Das macht ihre Einmaligkeit und Unverwechselbarkeit aus. Und gleichwohl ist Typizität nichts Statisches oder Unveränderliches, sondern immer in Bewegung und von sich verändernden Faktoren beeinflusst.

Im besten Wortsinne typisch ist der Schlossberg Silvaner Großes Gewächs des Fürstlich Castell'schen Domänenamtes. Der nach Süden, Südwesten und Westen ausgerichtete kesselförmige Weinberg, der sich im Alleinbesitz des Fürstlich Castell'schen Domänenamtes befindet, liegt in 300 bis 390 Metern Seehöhe, ist mit einer Hangneigung von 40 bis stellenweise über 70 Prozent ungemein steil und umfasst insgesamt 4,5 Hektar Rebfläche. Die Böden bestehen aus Gipskeuper, kalkhaltigem Mergel und Ton mit Einlagerungen von Alabaster. Die Auflage mit humusreichem Mutterboden ist im Schlossberg sehr gering, sodass der Boden den Reben alles abverlangt und sie zwingt, ihre Wurzeln in das Urgestein zu treiben. »Auf diese Weise werden die Weine unverfälscht vom Gipskeuper und Alabaster geprägt und lassen die trockene Mineralität des Bodens auf der Zunge wiederauferstehen«, erläutert der Weingutsleiter Karl-Heinz Rebitzer.

Wie kein anderer deutscher Silvaner verkörpert der Schlossberg die ganze Geschichte dieser traditionsreichen Rebsorte. Auf der Grundlage modernster weinbaulicher Erkenntnisse und exquisiter Kellertechnik entstehen im Schlossberg, der ältesten Silvaner-Lage Deutschlands, Jahr für Jahr Weine auf höchstem Qualitätsniveau. Doch es ist nicht allein die Qualität, die die Identität des Schlossbergs ausmacht. Sowohl seinem geschmacklichen Profil wie seiner äußeren Erscheinung im Bocksbeutel – jener traditionellen bauchigen Flaschenform für fränkische Qualitätsweine – merkt man mit allen Sinnen an, dass es sich um einen Franken-Silvaner handelt. Es ist ein Wein, der eine Geschichte hat und in einem besonderen soziokulturellen Kontext wurzelt. Diese Ursprungsidentität macht den Schlossberg zu etwas Einmaligem. Er bietet nicht nur vorzüglichen Trinkgenuss, sondern weckt Emotionen und Erinnerungen an eine unverwechselbare Wein- und Kulturlandschaft. In ihm erfüllt sich die Sehnsucht nach Regionalität und Typizität, eine Sehnsucht, die in unserer globalisierten, scheinbar grenzenlos gewordenen Welt auf besondere Art und Weise wieder zunimmt.

Stilistische Originalität und Ursprungsidentität sind so starke Alleinstellungsmerkmale, dass demgegenüber das sensorische Profil zweitrangig wird. Aber auch hier zeigt der Schlossberg Klasse. Er präsentiert sich in der Jugend zurückhaltend, meist kräuterwürzig und mineralisch. Je nach Jahrgang gesellen sich Noten reifer oder getrockneter Früchte hinzu. Der Gaumenauftritt ist reichhaltig, tief und ungemein saftig. Eine reife, mundwässernde Säure balanciert viel reife Frucht und eine ungemein cremige Textur, bevor salzige Mineralität zum großen Finale aufspielt. Das ist ein Wein mit Tiefgang, der meist drei bis vier Jahre Flaschenreife benötigt, um noch mehr Feinheit und Komplexität zu gewinnen. Es empfiehlt sich, insbesondere jüngere Jahrgänge zu dekantieren oder aus einem ausreichend großen Kelch zu genießen. Die Trinktemperatur kann mit 13° Celsius durchaus über dem für Weißwein gewohnten Niveau liegen.

Mit dem Schlossberg konnte Castell in den vergangenen Jahren einen Ausnahme-Silvaner präsentieren, der sich klammheimlich in die Oberliga zunächst der fränkischen und jüngst auch der deutschen Weißweinszene geschlichen hat. Leider ist das Image dieser Sorte noch immer angestaubt, sodass selbst Weininteressierte einen großen Bogen um sie machen. Dabei verdienten die aktuellen Qualitäten sehr viel mehr Beachtung.

Der 26 Euro teure Schlossberg gefällt als Solist, seine eigentliche Stärke ist jedoch die Partnerschaft zu passenden Gerichten. Er ist ein perfekter Speisenbegleiter und passt unter anderem vorzüglich zu frittiertem Gemüse, Geflügelragout, Gemüseauflauf, Lasagne, gebratenen Meeresfischen, Spargel mit Sauce Hollandaise, Tafelspitz oder gebratenen Wachteln. Selbst zu Rindfleisch- und Pilzgerichten macht er eine ausgezeichnete Figur. Zudem sind Silvanerweine wegen ihrer moderaten Säure überaus bekömmlich.

Ferdinand Erbgraf zu Castell-Castell, der das Fürstlich Castell'sche Domänenamt heute in der 26. Generation leitet und von einem tüchtigen Team um den erfahrenen Karl-Heinz Rebitzer unterstützt wird, will die hohen Qualitäten der vergangenen Jahre zukünftig weiter steigern; zwei Eckpfeiler sollen dabei helfen: »Einerseits werden wir in den nächsten Jahren die Arbeitsabläufe von der Ernte bis zum Keltern optimieren und mit Hilfe der Schwerkraft die Trauben so schonend wie möglich in die Presse bringen. Durch die Vermeidung von mechanischer Belastung versprechen wir uns eine noch größere Geschmacksintensität der Weine bei gleichzeitig zunehmender Komplexität. Zum anderen werden wir den Einsatz von Holzfässern weiter forcieren. Das gibt den Weinen mehr Feinschliff und Nuancenreichtum.« Castell scheint also bestens gerüstet für die Zukunft.

Weitere Castell-Weine
- Casteller Kugelspiel Silvaner trocken (9,90 Euro), Casteller Trautberg Silvaner Spätlese trocken (13,90 Euro), Casteller Schlossberg Auslese (25 Euro)

Kontakt
- Schlossplatz 5, 97355 Castell
  Tel. (09325) 60160, www.castell.de

Empfehlenswerte Weinbaubetriebe in der Umgebung
- Wirsching (Iphofen), Ruck (Iphofen), Roth (Wiesenbronn), Brügel (Castell), Weltner (Rödelsee)

Restaurants und Hotels in der Nähe
- Weinstall Castell, Schlossplatz 3, 97355 Castell
  Tel. (09325) 902561, www.weinstall-castell.de
- Gasthaus zum Schwanen, Birklinger Straße 2, 97355 Castell
  Tel. (09325) 90133, www.schwan-castell.de
- Hotel Garni Zur Linde, Ebracher Gasse 2, 97355 Abtswind
  Tel. (09383) 1858, www.abtswind.de
- Hotel Zum Rödelseer Schwan, Am Buck 1, 97348 Rödelsee
  Tel. (09323) 87140, www.landhotelschwan.de

22 Escherndorfer Lump Silvaner Trockenbeerenauslese

Weingut Horst Sauer, Franken

Die großen Dinge im Leben sind sehr oft das Resultat großer Leidenschaft, beharrlicher Willenskraft und unerschrockenen Mutes und verlangen die Überwindung scheinbar unüberwindlicher Grenzen. Nur wer sich diese Dinge vorstellen kann, wer von ihnen zu träumen wagt und beharrlich an ihrer Verwirklichung arbeitet, der wird sie eines Tages auch realisieren.

Leidenschaftlich war Horst Sauer schon in jungen Jahren. Um ein Haar wäre er Profifußballer geworden, doch die Liebe und tiefe Verbundenheit zu seiner fränkischen Heimat waren ihm eine unüberwindliche Grenze und haben die Träume vom großen Fußballgeschäft platzen lassen. Stattdessen hat er im Jahre 1977 mit bescheidenen zwei Hektar Rebland ein Leben als Winzer begonnen. Die Weine, die er in den ersten zehn bis 15 Jahren erzeugte, waren selten bemerkenswert. Erst über die intensive Beschäftigung mit den Großen Gewächsen Frankreichs, Italiens und Österreichs entstand allmählich die Sehnsucht, auch im heimatlichen Escherndorf Weine zu keltern, die sich mit den besten der Welt auf Augenhöhe treffen können.

Seit dieser Zeit brennt er vor Leidenschaft und Ehrgeiz und verfolgt seine Vision vom perfekten Wein mit einer Mischung aus Herzblut und starkem Willen. »Ich weiß, dass ich den perfekten Wein niemals erreichen kann, aber ich werde nicht aufhören, danach zu streben«, illustriert er sein Selbstverständnis. Die Begeisterung, die er dabei immer wieder aufs Neue erfährt, scheint ihm als fortwährende Kraftquelle zu dienen. Der energische und stark gefühlsbetonte Sauer verfügt zugleich auch über einen ungemein wachen und scharfsinnigen Geist, der ihn in die Lage versetzt, Geschehen detailgenau zu planen und Geschehenes kritisch zu reflektieren. »Nur mit einem gesunden Verhältnis von Herz und Verstand lassen sich Disziplin, Hartnäckigkeit und Feuer erzeugen, die zur Verwirklichung meiner Träume vonnöten sind.«

Viele seiner Träume sind mittlerweile in Erfüllung gegangen, und er selbst ist ein richtiger Winzerstar geworden. Mit großem Engagement und unverkennbarem Hang zum Perfektionismus strebt er nach immer neuen Zielen, und sein Ehrgeiz durchbricht dabei nicht selten Tabus und Denkverbote.

Den vermeintlich extremsten Ausdruck der ganzen Leidenschaft und Sehnsucht von Horst Sauer finden wir in seiner Silvaner Trockenbeerenauslese aus dem Escherndorfer Lump. Dieser Wein wäre undenkbar ohne den Ehrgeiz, den unbedingten Willen zur Qualität und den Perfektionismus seines Schöpfers. »Es ist schöner, etwas ausprobiert zu haben, auch wenn es nicht funktioniert, als es nicht ausprobiert zu haben und dann niemals zu wissen, ob es vielleicht geklappt hätte«, erläutert er seine Haltung.

Damit die Vision seiner Trockenbeerenauslese Jahr für Jahr Wirklichkeit wird, geht er mit Plan und Liebe vom Rebschnitt im Winter bis zur hochgradig selektiven Lese im Spätherbst zu Werke – und entlockt so regelmäßig der Natur eines ihrer wunderbarsten Geheimnisse. Doch alle Pläne und jede noch so große Liebe treffen dort auf ihre Grenzen, wo sie die Natur zu etwas zwingen wollen. Dessen ist sich Horst Sauer wohl bewusst: »Ich kann alles Menschenmögliche tun, um die bestmöglichen Trauben zu ernten, aber die Natur geht letztlich ihre eigenen Wege. Das muss ich als Winzer in aller Demut anerkennen.«

Die Heimat dieses Ausnahmeweins ist der Escherndorfer Lump, eine der herausragenden Weinbergslagen in Franken. Die Kombination von extremer Hangneigung, optimaler Sonneneinstrahlung und Muschelkalkböden schafft beste Voraussetzungen für Weine mit konzentrierter Frucht, fantastischem Mundgefühl und hoher Lebensdauer. »Lange Zeit fühlte ich mich der Macht dieses Berges gegenüber klein und ohnmächtig. Erst als ich wusste, was ich von ihm wollte, weil ich die Stilistik meiner Weine definiert hatte, war ich seiner Macht nicht mehr ausgeliefert, konnte ich ihm selbstbewusster begegnen und in einen gleichberechtigten, herrschaftsfreien Dialog mit ihm eintreten.«

Edelsüße Rieslinge werden in vielen deutschen Anbaugebieten produziert, auch in Franken. Horst Sauer war jedoch einer der ersten, die sich systematisch daran gemacht haben, aus Silvaner-Trauben edelsüße Weine zu keltern. Die letzten Jahrgänge zählen zum Feinsten, was in Deutschland in dieser Kategorie produziert wurde.

Die Nase dieser Trockenbeerenauslese brilliert mit einem tiefen, einnehmenden Duft nach Zimt und Karamell, eingemachten Aprikosen, kandierten Südfrüchten, Mango sowie einem Hauch Kräuter und dezenter Mineralität. Der Gaumenauftritt wirkt trotz der hohen Süße fast ein wenig kühl. Alles passt perfekt zueinander, vor allem weil die lebhafte Säure ein faszinierendes Gegengewicht zur Süße schafft. Im Mundraum macht sich barocke Fülle mit einer zartcremigen Textur breit, während sich die klare, feinwürzige Frucht mit Noten von Ananas, Mango und kandierten Äpfeln fast verschwenderisch entfaltet. Alle Komponenten scheinen miteinander zu sprechen und wie in ein anregendes Spiel verwickelt. Noch beim Abschied scheinen sie sich zu necken und Nettigkeiten zuzurufen, die vielstimmig und unendlich lange nachklingen.

»Wenn ich die Augen schließe und an diesen Wein denke, sehe ich ihn in zart leuchtendes Apricot gebettet, während Barclay James Harvest der romantischen Stimmung mit ›Hymn‹ einen würdigen musikalischen Rahmen beschert«, schwärmt Horst Sauer. Und an anderer Stelle formuliert er das so: »Die 2008er TBA ist ein grenzwertiger Wein. Mit ihm sind wir sehr dicht an die Grenze dessen herangekommen, was an Qualität machbar ist. Auch sind die Grenzen des Wortschatzes, ihn zu beschreiben, erreicht. Das ist schwer zu toppen, ist sehr nahe am Ideal. Kann danach noch was kommen?« Für einen Moment kehrt Stille ein, und wir sitzen ehrfürchtig und gebannt vor diesem Wein. Dann unterbricht Sauer die Stille und erinnert sich an einen Kunden, der diesen Wein probiert habe: »Der rief plötzlich aus: ›Das darf ein Silvaner nicht können.‹« In diesem Moment wünschte ich sehr, ich könnte dieser Trockenbeerenauslese, die Sauer für 55 Euro pro Flasche verkauft, noch viele Male begegnen – am liebsten zu einem gereiften Beaufort mit Quittensenf.

Meistens würde ich sie als Solist genießen wollen. Das genügte mir bei so viel geschmacklichem Reichtum völlig. Hin und wieder jedoch würde ich mir ein kleines Gläschen entweder zu einem herbstlichen Dessert mit Karamell, Zimt und dunkler Schokolade oder zu einem gereiften Beaufort mit Quittensenf einschenken. Dann würde ich mich dem Himmel ganz nah fühlen…

Weitere Sauer-Weine
- Escherndorfer Lump Silvaner Kabinett trocken (7,50 Euro), Escherndorfer Lump Silvaner Spätlese trocken (9,90 Euro),

Escherndorfer Lump Riesling Spätlese trocken (11,90 Euro),
Silvaner »Sehnsucht« trocken (17 Euro), Escherndorfer
Lump Silvaner trocken Großes Gewächs (17 Euro)

Kontakt
- Bocksbeutelstraße 14, 97332 Escherndorf
  Tel. (09381) 4364, www.weingut-horst-sauer.de

Empfehlenswerte Weinbaubetriebe in der Umgebung
- Fröhlich (Escherndorf), Max Müller I (Volkach), Zur
  Schwane (Volkach), Graf von Schönborn (Volkach), Divino
  Nordheim (Nordheim), Rudloff (Nordheim)

Restaurants und Hotels in der Nähe
- Vier Jahreszeiten, Hauptstraße 31, 97332 Volkach
  Tel. (09381) 84840, www.vier-jahreszeiten-volkach.de
- Backöfele, Ursulinergasse 2, 97070 Würzburg
  Tel. (0931) 59059, www.backoefele.de
- Hotel Rebstock, Neubaustraße 7, 97070 Würzburg
  Tel. (0931) 30930, www.rebstock.com
- Alter Esel, Marktstraße 10, 97340 Marktbreit
  Tel. (09332) 590314, www.restaurant-alteresel.de
- Hotel Victoria, Poststraße 2–4, 97980 Bad Mergentheim
  Tel. (07931) 5930, www.victoria-weinkeller.de

Die weißen Burgunder – Weißburgunder, Grauburgunder und Chardonnay

23 Sulzfelder Cyriakusberg Weißburgunder Spätlese trocken ***

Weingut Zehnthof, Franken

Gute Weißburgunder bieten so vorzüglichen Trinkgenuss und strahlen so viel Heiterkeit aus, dass sie es verdienen, einem größeren Publikum vorgestellt zu werden. Mit ihrem blumig-frischen, birnen-fruchtigen Aroma, dem feinen Honigton und den zarten Hefenoten strahlen sie eine so vergnügte Leichtigkeit und Wärme aus, dass man gar nicht anders kann, als sie ins Herz zu schließen. Am Gaumen sind die Besten stets zart und wundervoll ausbalanciert, meist mittelgewichtig, mit feiner Säure und angenehm cremiger Textur.

Einer der beeindruckendsten deutschen Weißburgunder entsteht in Sulzfeld auf dem Weingut Zehnthof. Die Brüder Wolfgang und Ulrich Luckert verfügen zwar nicht über ausgesprochene Renommierlagen, aber ihre präzisen Vorstellungen von einem hochkarätigen Weißburgunder und ihr unbedingter

Wille, diesem stilistischen Ideal Jahr für Jahr möglichst nahezukommen, versetzen Berge. Sie haben den weinbaulichen Aufwand in den vergangenen Jahren stark erhöht, betreiben mittlerweile ökologischen Weinbau und reduzieren die Erträge auf ein Niveau, das höchste Qualitäten möglich werden lässt.

Ihr Drei-Sterne-Weißburgunder ist ein markantes, ungemein spannungsreiches Gewächs. Auf der einen Seite präsentiert er sich frisch, saftig und ungemein trinkig und wirkt dabei so freundlich und verspielt, so entgegenkommend und gefällig, dass es eine Freude ist, ihm zu begegnen. Erst auf den zweiten Blick spürt man seine große Tiefe und Kraft, sein Volumen und seine geschmackliche Intensität. Doch nichts wirkt zu viel, alles passt und wird getragen von einer wundervoll lebhaften Säure, die im Finale von feinster, salziger Muschelkalkmineralität begleitet wird. Dieser Weißburgunder ist elegant, komplex und anspruchsvoll, zugleich aber auch leichtfüßig, charmant und unwiderstehlich verlockend. Er verzaubert Kenner und Laien gleichermaßen.

Der Sulzfelder Cyriakusberg Weißburgunder erinnert an hochwertigen Chablis und verfügt auch sicherlich über dessen Alterungspotenzial. Drei Jahre Flaschenreife sind in der Regel erforderlich, bevor er in seine schönste Trinkphase eintritt und diese dann für etwa ein ganzes Jahrzehnt beibehält. Der Zehnthof verlangt 26 Euro für die Flasche und erzeugt jährlich etwa 3000 Exemplare, die zu 75 Prozent an Privatkunden ab Hof verkauft werden.

Im Hause Luckert – in dem bis heute Luitgard, die Frau des 1993 allzu früh verstorbenen Gründers des Weingutes Theo Luckert, mit viel Herzblut für die Familien von Wolfgang und Ulrich kocht – wird dieser Weißburgunder am liebsten zu geschmorter Kalbshaxe in Kräutersauce gereicht, aber auch zu weißem Fisch, Austern, Muscheln und pochiertem Lachs macht er eine tolle Figur.

Die Trauben wachsen in der kleinen Parzelle Sonnenberg, ein besonders wertvolles Teilstück der Sulzfelder Ortslage Cyriakusberg. Der Rebhang liegt westlich des Ortes mit einem spektakulären Blick ins Maintal. Die Neigung beträgt zwischen 15 und 30 Prozent, die Böden befinden sich auf der Grenzlinie zwischen oberem Muschelkalk und beginnendem Keuper. Die Muschelkalkanteile im Boden verleihen dem Wein Kraft, Tiefe und aromatische Komplexität, während der Keuper für Feinheit und Eleganz sorgt. »Das ist ein ausgesprochener Terroir-Wein. Er zeigt über mehrere Jahrgänge hinweg immer die gleiche Grundstilistik, jene spannungsreiche Beziehung zwischen geschmacklicher Intensität auf der einen und subtiler, finessenreicher Noblesse auf der anderen Seite. Hinzu kommt immer eine salzige Note im Finale«, bringt Wolfgang Luckert es auf den Punkt.

Die Rebstöcke wurden Mitte der 1980er Jahre gepflanzt und bringen heute – auch dank der Erziehung nach dem Cordon-System – mit 30 bis 35 Hektolitern einen extrem niedrigen Hektarertrag, ohne dass im Laufe der Vegetationsperiode reduzierend eingegriffen werden muss. Die Lese der Weißburgundertrauben erfolgt ausschließlich per Hand. Wichtig ist den beiden Brüdern, dass nur optimal gereifte, aber niemals überreife Trauben geerntet werden – in der Regel mit etwa 100 bis 105 Grad Öchsle. Mit Blick in die Zukunft sagt Wolfgang Luckert: »Mit zunehmendem Alter der Rebstöcke werden die Weine noch fordernder, ihre innere Spannung und Intensität wird zunehmen. Das wird diesem Wein einen weiteren Schub geben.«

Bei der Weiterverarbeitung im Keller wird nach dem Prinzip des »kontrollierten Nichtstuns« verfahren. Die Brüder akzeptieren die Weine so, wie die Trauben gewachsen sind. »Bei uns wird nichts manipuliert, wir dulden keine Kosmetik. Wir suchen im Gegenteil den authentischen Ausdruck von Weinberg, Rebsorte und Jahrgang«, fasst Wolfgang Luckert den Kern seiner Betriebsphilosophie zusammen.

Für den Keller ist mittlerweile Ulrich, der jüngere der beiden Brüder, verantwortlich. Auf seine Initiative hin wurden im Zehnthof in den vergangenen Jahren tiefgreifende Veränderungen eingeführt, zunächst nicht immer mit der Zustimmung des älteren Bruders. »Dem Ulrich geht noch lange was gerade, wo sich mir die Haare sträuben«, bringt Wolfgang Luckert die Charakterunterschiede auf den Punkt. Mittlerweile ist Frieden eingekehrt, nicht zuletzt weil die Erfolge der vergangenen Jahrgänge für sich sprechen. Mittels Spontangärung, Holzfasseinsatz und später Schwefelung geht Ulrich Luckert größere Risiken ein und erzielt dadurch Weine, die an Ausdruck und Individualität deutlich gewonnen haben. Das kann und muss Wolfgang Luckert heute bewundernd anerkennen: »Der Ulrich hat ein sensationell gutes Gespür für Wein, er macht einen wirklich fantastischen Job.«

Nach der tiefen Sinn- und Absatzkrise unter den fränkischen Winzern in den 1980er Jahren sind Menschen wie Wolfgang und Ulrich Luckert ein Glücksfall für die Region. Ihrer Kreativität und Weitsicht ist es zu verdanken, dass das Gebiet heute wieder zu den feinsten Adressen in der Welt der Weißweine gerechnet wird. Junior Luckert sitzt bereits hoch motiviert in den Startlöchern, um in den nächsten Jahren neue Akzente auf dem eingeschlagenen Kurs zu setzen.

Weitere Zehnthof-Weine
- Maustal Blauer Silvaner Kabinett trocken (8 Euro), Cyriakusberg Chardonnay Kabinett trocken (9 Euro), Cyriakus-

berg Sauvignon blanc Kabinett trocken (9 Euro), Cyriakusberg Weißburgunder Spätlese trocken »Terrassen« (13 Euro), Silvaner Spätlese trocken *** (17 Euro), Chardonnay Spätlese trocken *** (17 Euro)

Kontakt
- Kettengasse, 97320 Sulzfeld 3–5
  Tel. (09321) 23778, www.weingut-zehnthof.de

Empfehlenswerte Weinbaubetriebe in der Umgebung
- Brennfleck (Sulzfeld), Bickel-Stumpf (Frickenhausen), Schloss Sommerhausen (Sommerhausen), Schmitt's Kinder (Randersacker), Knoll (Würzburg), Juliusspital (Würzburg)

Restaurants und Hotels in der Nähe
- Gasthof zum Stern, Peuntgasse 5, 97320 Sulzfeld
  Tel. (09321) 13350, www.stern-sulzfeld.de
- Restaurant Philipp, Hauptstraße 12, 97286 Sommerhausen
  Tel. (09333) 1406, www.restaurant-philipp.de
- Reisers am Stein, Mittlerer Steinbergweg 5, 97080 Würzburg
  Tel. (0931) 286901, www.der-reiser.de
- Hotel Meintzinger, Babenbergplatz 2–4, 97252 Frickenhausen
  Tel. (09331) 87110, www.weingut-meintzinger.de
- Vinotel Augustin, Matthias-Schlestl-Straße 4,
  97320 Sulzfeld am Main
  Tel. (09321) 2672960, www.vinotel-augustin.de
- Radfahren, Kanufahren, Camping, Schifffahrten
- Wanderungen rund um Sulzfeld mit tollem Rhönblick

24 Birkweiler Mandelberg Weißer Burgunder »Großes Gewächs«

Weingut Dr. Wehrheim, Pfalz

Aus dem Birkweiler Mandelberg zaubert Karl-Heinz Wehrheim, studierter Agrarwissenschaftler und Autodidakt in Sachen Wein, Jahr für Jahr wahrhaft geniale Weißburgunder. Sie zählen zum Originellsten und Spannendsten, was weltweit aus dieser Rebsorte gekeltert wird, und sie können ohne jeden Zweifel Referenzcharakter für sich beanspruchen. Wer allerdings von diesen Weinen jene Heiterkeit und Leichtigkeit erwartet, wie sie für das Gros der Weißburgunder-Abfüllungen typisch sind, sollte die Finger von Wehrheims Version lassen. Es ist aber auch kein Vertreter der Barrique-Stilistik, die in Anlehnung an burgundischen Chardonnay immer wieder allzu fette, überladene Versionen dieser im Grunde subtilen Rebsorte hervorgebracht hat.

Weder intensiver Neuholzkontakt noch ausgelassener Frohsinn sind die Sache von Charakterkopf und Winzer-Urgestein Wehrheim. »Meine Weine müssen Ecken und Kanten haben, sonst sind es nicht meine Weine. Ich lasse sie so, wie die Natur sie mir anvertraut hat. Ich manipuliere nicht an ihnen rum, bügele nichts glatt und passe ihre Stilistik nicht gängigen Moden oder dem geschmacklichen Mainstream an. Ihr Wert und ihre Schönheit ergeben sich für mich in erster Linie durch ihre Authentizität, ihren ungeschminkten Herkunftscharakter. Ein Wein, der nicht nach seinem Ursprung schmeckt, ist für mich kein großer Wein«, so bringt Karl-Heinz Wehrheim seine Grundüberzeugungen als Winzer auf den Punkt.

Sein Weißburgunder aus dem Mandelberg ist solch ein Wein mit Ecken und Kanten. Er wirkt ungemein zupackend, fest gebaut und ist mit viel fordernder Säure und mineralischem Gerüst ausgestattet. In seiner Jugend kommt er gelegentlich ungelenk und holprig daher, wirkt mal allzu wild und unbändig, mal launisch und rastlos. Insbesondere in den ersten Monaten nach der Flaschenfüllung ist es nicht leicht, seine versteckten Qualitäten zu erkennen. Wehrheim ist jedoch überzeugt, dass das intrinsische Qualitätspotenzial des Weißburgunders über dem des Chardonnay liegt.

In der Nase dominieren zunächst zart-fruchtige Birnen-, Apfel- und Melonennoten, die mit zunehmendem Luftkontakt von floralen, kräuterigen und nussigen Aromen ergänzt werden. Am Gaumen herrscht eine gewaltige Spannung. Die Wärme und Fülle des Auftakts schlägt plötzlich um in nervöse Hast und fahrige Ungeduld, alles scheint sich zu überschlagen und in ratloser Erregtheit zu enden. Doch im Finale zeigt bereits der junge Mandelberg, aus welchem Holz er geschnitzt ist. Wie alle großen Weine, die auf Kalkböden gewachsen sind, werden am Ende alle Gegensätze gebündelt und so schön fokussiert, dass ein bewegender Eindruck von Tiefe und Größe entsteht.

Verlangt der junge Wein noch nach wirklicher Begegnungsarbeit, präsentieren sich gereifte Vertreter so hinreißend charmant und einnehmend, dass so mancher Verkoster diese Verwandlung nur ungläubig und irritiert zur Kenntnis nehmen kann. Dem Glas entsteigt nun ein prachtvoll duftender Strauß mit Noten reifer gelber Früchte, gerösteter Nüsse und allerlei Kräuter. Dramatischer jedoch erscheint die Metamorphose am Gaumen: Hier ist Frieden eingekehrt. Zunächst beherrscht mundfüllender Schmelz die Szenerie, alles erscheint vollkommen und abgerundet, wohlproportioniert und abgestimmt, ein großer Zauber scheint von diesem Weißburgunder auszugehen. Erst in der finalen Trinkphase macht sich der energische und zupackende Charakter des Bodens wieder bemerkbar, melden sich Säure und Mineralität zu Wort, und aus Einklang wird noch einmal Sturm und Drang.

Die Trauben für diesen außergewöhnlichen Weißburgunder wachsen in der Lage Mandelberg bei Birkweiler in der Pfalz. Der Mandelberg ist ein Süd-Südosthang mit optimaler Sonneneinstrahlung. Er liegt auf etwa 250 bis 280 Metern Höhe und ist zwischen 15 und 20 Prozent geneigt. Der Boden im Mandelberg ist im Kern vom Muschelkalk geprägt und mit vielen kleinen, weißen Kalksteinen übersät, die tagsüber die Wärme der Sonne speichern und diese in der Nacht an Erde und Rebstöcke abgeben.

Doch nicht allein Kalk prägt den Boden im Mandelberg. Hinzu kommt eine sehr schwere Mischung aus Lehm und Ton, die einerseits als perfekter Wasserspeicher dient, andererseits jedoch gelegentlich für Staunässe sorgt.»Dann entstehen reduktive Horizonte mit schlechter Sauerstoffversorgung, die für die Rebenwurzeln ein Problem darstellen. Dem begegnen wir mit der Pflanzung tief wurzelnder Kräuter, die helfen, den Boden aufzulockern und zu durchlüften.«

Der Betrieb befindet sich aktuell in der Umstellungsphase von der konventionellen hin zur ökologischen beziehungsweise biodynamischen Bewirtschaftungsweise.»Ich bin durch und durch ein Naturmensch«, sagt der leidenschaftliche Jäger und Fischer von sich.»Die Umstellung ist da nur konsequent. Ich ziehe keine Jesusschlappen an, aber ich möchte keine Chemie mehr im Weinberg haben, denn das ist der Lebens- und Arbeitsraum von mir, meinen Mitarbeitern und den nachfolgenden Generationen. Die Weinerzeugung muss insgesamt umweltfreundlicher und die Weine selbst müssen besser und gesünder werden.«

Im Keller des Weingutes Dr. Wehrheim geht es zu wie nahezu überall, wo gesunde und optimal gereifte Trauben aus einer Spitzenlage geerntet werden konnten: »Die beste Behandlung im Keller ist keine Behandlung«, formuliert Karl-Heinz Wehrheim seine Position. Nach dem schonenden Transport werden die Trauben abgebeert, aber nicht gequetscht und über Nacht auf der Maische stehengelassen. »Die Maischestandzeit unterstützt die enzymatische Aufspaltung von Aromen und Aromavorstufen und steigert die Dichte und Komplexität des Weins«, begründet Wehrheim sein Vorgehen.

Nachdem dann die Trauben schonend gepresst wurden, wird der Most durch Absetzenlassen geklärt und dann bei Temperaturen von 18 bis 20 Grad langsam im Edelstahltank vergoren. »Nach dem Gärende lasse ich den durchgegorenen Wein noch mehrere Wochen ohne vorherigen Abstich auf der Vollhefe liegen, denn die Hefe ist die Mutter des Weines. Sie fördert seinen geschmacklichen Reichtum, verbessert die Textur und macht ihn oxidationsunempfindlicher und deshalb haltbarer.«

Wehrheim produziert jährlich etwa 3000 Exemplare seines Weißburgunder Großen Gewächses und verlangt 24,50 Euro für die Flasche. Wegen der enormen Nachfrage erfolgt der Verkauf in Subskription, also auf Vertrauensbasis. Es wird blind bestellt, ohne den Wein vorher kosten zu können – eine schöne Honorierung der ungeheuren Zuverlässigkeit der Qualität des Großen Gewächses aus dem Mandelberg.

Weitere Dr.-Wehrheim-Weine
- Weißer Burgunder »Muschelkalk« trocken »S« (13,80 Euro),
  Riesling »Rotliegend« trocken »S« (13,50 Euro),
  Birkweiler Kastanienbusch Riesling trocken »Großes

Gewächs« (25,50 Euro), Chardonnay »Keuper« trocken »S«
(14,90 Euro)

Kontakt
- Weinstraße 8, 76831 Birkweiler
  Tel. (06345) 3542, www.weingut-wehrheim.de

Empfehlenswerte Weinbaubetriebe in der Umgebung
- Gies-Düppel (Birkweiler), Kranz (Ilbesheim), Münzberg (Godramstein), Siener (Birkweiler), Wilhelmshof (Siebeldingen), Ökonomierat Kleinmann (Birkweiler)

Restaurants und Hotels in der Nähe
- Restaurant Schneider, Hauptstraße 88, 76857 Dernbach
  Tel. (06345) 8348 und 95440, www.schneider-dernbachtal.de
- Fünf Bäuerlein, Theaterstraße 2, 67829 Landau
  Tel. (06341) 20746, www.fuenf-winzer.de
- Weinstube Brand, Weinstraße 19, 76833 Frankweiler
  Tel. (06345) 959490
- Sonnenhof, Mühlweg 2, 76833 Siebeldingen
  Tel. (06345) 3311, www.soho-siebeldingen.de

25 Schlatter Maltesergarten Weißburgunder »SW« trocken

Weingut Martin Waßmer, Baden

Martin Waßmer hat sich binnen weniger Jahre an die Spitze der Badener Weinszene katapultiert. Nicht nur das Tempo dieses Aufstiegs ist erstaunlich, überraschender ist vielmehr die Tatsache, dass sich dieser Erfolg in einer Region ereignete, die bislang kaum mit bemerkenswerten Weinen auf sich aufmerksam gemacht hat. Somit ist der Fall Waßmer ein Lehrstück dafür, dass es nicht ein Privileg allein der historisch ausgewiesenen Weinbergslagen ist, hochkarätige Gewächse hervorzubringen, sondern dass Leidenschaft, Engagement und qualitätsversessener Perfektionismus große Weine an Stellen entstehen lassen können, wo es niemand für möglich gehalten hätte. Damit rücken nicht nur die Markgräfler Weine auf neue Weise in den Fokus der Aufmerksamkeit, sondern es gibt Anlass, den menschlichen Faktor als wichtigen Bestandteil des Terroir-Konzepts zu diskutieren.

»Animierend statt schwer«, so fasst Martin Waßmer sein stilistisches Credo prägnant zusammen. Das steht in wohltuendem Kontrast zu einer nicht nur in Baden verbreiteten Tendenz, allzu überladene, voluminöse Weine zu keltern, die mal mit einem übermäßigen Schuss Eichenholzwürze, mal mit allzu merklicher Restsüße daherkommen. »Ich orientiere mich stilistisch an den großen weißen und roten Burgundern, nicht an Kalifornien oder Australien. Meine Weine sollen durchaus Kraft haben, aber diese muss durch Mineralität und Säure angemessen in Szene gesetzt werden.«

Im Jahr 1998 lieferte der gelernte Koch seine Trauben zum letzten Mal an die Genossenschaft, um sich fortan selbst mit dem Ausbau der Weine zu befassen. In den Jahren zuvor hatte er sich systematisch auf diesen Schritt vorbereitet, nicht zuletzt durch den Besuch von Seminaren, Aufenthalte im Ausland und die Lektüre einschlägiger Literatur. Die Kollektionen der vergangenen Jahre demonstrieren nachdrücklich, dass es nicht immer einer weinbaulichen Ausbildung oder gar eines Studiums in Geisenheim bedarf, um exzellente Weine auf die Flasche zu füllen.

Sein Weißburgunder »SW« (Selection Waßmer) ist ein Wein, der ungemein viel Trinkfreude bereitet. Aristokratische Noblesse ist seine Sache nicht, vielmehr präsentiert er sich generös und offenherzig mit einer fast verschwenderischen Freizügigkeit. In der Nase kommt er mit einem relativ dichten, würzigen Duft nach Honigmelonen, Mirabellen und Aprikosen sowie Anklängen an exotische Früchte und kandierte Nüsse daher. Am Gaumen wirkt er fest und kräftig und ist mit einer harmonischen Säure und einer herb-mineralischen Würze ausgestattet. Vor allem im langen Abgang mit guter Tiefe und kühlender Mineralität offenbart er seine ganze Klasse.

Die Trauben für den 14,50 Euro teuren Weißburgunder SW wachsen an einem mäßig steilen Hang auf tiefgründigen Lehm-Löss-Böden mit hohem Kalkgehalt und guter Wasser- und Nährstoffversorgung. Damit in dieser wenig spektakulären Lage Trauben von hoher Güte wachsen können, wird der Pflege der Weinberge im Hause Waßmer höchste Priorität beigemessen. »Nur wenn sich der Weinberg und jeder einzelne Rebstock im Gleichgewicht befinden, können gehaltvolle, geschmacksintensive Weine entstehen.« Deshalb werden alle Arbeiten im Weinberg sehr zeitgerecht und gewissenhaft durchgeführt.

Weingut Martin Waßmer

Großes Augenmerk gilt der Laubpflege. »Einerseits braucht es eine bestimmte Menge Laub, damit die Photosynthese ihren Job machen und die Trauben zur Reife kommen können. Wir streben pro Trieb eine Traube mit zwölf bis 18 Blättern an. Andererseits müssen wir darauf achten, dass nicht zu viel Laub am Stock wächst, weil das die Verbreitung von Pilzkrankheiten begünstigt. Deshalb entfernen wir immer wieder Laub, um so eine bessere Durchlüftung zu erreichen. Das ist sehr arbeitsintensiv.«

Seitdem Martin Waßmer die Erträge deutlich reduziert hat, ist der Bedarf an Stickstoff geringer geworden und kann jetzt fast ausschließlich durch organische Substanzen befriedigt werden. Trotzdem wachsen immer noch zu viele Trauben am Stock. »Im August schneiden wir deshalb weniger gut aussehende Trauben ab. Das begünstigt den weiteren Reifeverlauf, ohne dass die Rebe das kompensieren kann, indem sie die einzelnen Beeren aufbläst.«

Wenn die Trauben reif sind, kommt es darauf an, sie möglichst unverletzt, schnell und ohne Oxidationseinfluss auf die Kelter zu bringen. Die Ernte erfolgt deshalb bei Martin Waßmer in den frühen Morgenstunden, wenn es noch kühl ist. Damit die Trauben bei der Lese unverletzt bleiben, werden sie in kleine Plastikbehälter gelesen. Der Vorteil der schonenden Handlese wäre dahin, wenn die Trauben hoch auf der Ladefläche des Kippers gestapelt würden und das hohe Gewicht die untenliegenden Beeren verletzte. Das könnte zur Extraktion unerwünschter Phenole aus den Stielen führen oder – schlimmer – ein frühzeitiges Angären auslösen. »Für die Weiterverarbeitung, so wie ich sie mir vorstelle, benötige ich hundertprozentig gesundes, unbeschädigtes Lesegut. Nur dann hat auch die angestrebte Maischestandzeit Sinn.«

Ein Teil der Trauben wird entrappt, der andere Teil gequetscht und anschließend vergoren. Nur mit dem entrappten Teil erfolgt anschließend eine mehrstündige Maischestandzeit.»Diese Zeit bringt zusätzliche aromatische und geschmackliche Komplexität und einen Zugewinn an Fülle. Die Dauer sollte aber nicht zu lange sein, denn dadurch können die Weine zu breit werden, und es geht wertvolle Säure verloren, die wir in unserem Weißburgunder so sehr schätzen.«

Martin Waßmer beweist bei all dem sehr viel Fingerspitzengefühl und scheint beim Weinmachen mit derselben Sorgfalt vorzugehen, die ihn früher als mehrfach prämierten Koch ausgezeichnet hat. Er wird in den nächsten Jahren sicherlich noch die eine oder andere Überraschung für uns bereithalten.

Weitere Waßmer-Weine
- Grauer Burgunder »SW« (16,50 Euro), Sauvignon Spätlese trocken (16,50 Euro), Muskateller Kabinett (10 Euro), Spätburgunder trocken (8,50 Euro), Spätburgunder trocken »SW« (25 Euro)

Kontakt
- Am Sportplatz 3, 79189 Bad Krozingen-Schlatt
  Tel. (07633) 15292, www.weingut-wassmer.de

Empfehlenswerte Weinbaubetriebe in der Umgebung
- Heinemann (Ehrenkirchen-Scherzingen), Schlumberger (Laufen), Zotz (Heitersheim)

Restaurants und Hotels in der Nähe
- Spielweg, Spielweg 61, 79244 Münstertal
  Tel. (07636) 7090, www.spielweg.com

- Storchen, Felix und Nabor Straße 2,
  79189 Bad Krozingen-Schmidhofen
  Tel. (07633) 5329, www.storchen-schmidhofen.de
- Die Krone, Hauptstraße 30, 79219 Staufen
  Tel. (07633) 5840, www.die-krone.de
- Ambiente, Ballrechterstraße 8, 79219 Staufen-Grunern
  Tel. (07633) 802442, www.restaurant-ambiente.com
- Hotel Ott, Thürachstraße 3, 79189 Bad Krozingen
  Tel. (07633) 40060, www.hotel-ott.de

26 Ortenauer Grauburgunder QbA trocken

Weingut Von der Mark Walter, Baden

Die badischen Grauburgunder der 1960er und 1970er Jahre waren in jeder Hinsicht barock. Sie hatten ein intensives, beinahe aufdringliches Rosinenaroma, wirkten alkoholisch, und ihre Bitterkeit war durch Süße überdeckt. Für viele junge Konsumenten verkörperten sie den Muff und die verstaubten Traditionen der deutschen Nachkriegsgesellschaft. Auch die Spitzengastronomie, die gerade von der neuen, leichteren Nouvelle Cuisine aus Frankreich stark beeinflusst war, konnte mit der Schwere und Überladenheit dieser Weine nichts mehr anfangen. Die fetten Dinosaurier waren zum Aussterben verurteilt.

Einer der Vorreiter für eine trockenere und weniger mächtige Grauburgunderstilistik war Franz Keller aus Oberbergen am Kaiserstuhl, der sich früher als andere an der französischen Küche und ihren Weinen orientierte. Seine Kampagne gegen gesüßte Weine traf damals den Nerv vieler Weinfreunde und fortschrittlicher Gastronomen und hat binnen weniger Jahre entscheidend dazu beigetragen, dass Grauburgunder und andere trockene badische Weine zu den beliebtesten in der Republik zählten.

Heute hat man leider den Eindruck, als sei man in Baden – zumindest partiell – wieder in die Zeit vor diesen rebellischen Tagen des Aufbruchs zurückgefallen. Zu viele Grauburgunder sind vom Alkohol geprägt, ihre Fruchtaromatik wirkt kitschig, und mit deutlich schmeckbarer Restsüße scheint man den Faktoren Gefälligkeit und geschmacklicher Mainstream größere Bedeutung beizumessen als den Faktoren Charakter und Ursprungsidentität. Auf der Basis modernster önologischer Verfahren und Techniken entstehen in den großen Kellereigenossenschaften der Region zwar tadellose, technisch korrekt gemachte Weine, die jedoch im Preissegment zwischen 5 und 8 Euro stilistisch oftmals austauschbar wirken.

Es verlangt erheblichen Mut, quasi als Quereinsteiger ein »Weingut ohne eigene Reben« zu gründen und eine Weinmarke in eben diesem Marktsegment aufzubauen. Ebendies haben Jürgen von der Mark und Guido Walter gewagt und 2007 der Öffentlichkeit ihren ersten Jahrgang vorgestellt. Unter beider Namen haben sie in Kooperation mit der Winzergenossenschaft in Oberkirsch (Ortenau) unter anderem auch 10 000 Flaschen eines Grauburgunders abgefüllt und in enger Zusammenarbeit mit Kaufhof für 7,99 Euro vermarktet.

»Wir suchen geeignete Weinberge aus, sprechen die Bewirtschaftung mit den Verantwortlichen ab und setzen den Zeitpunkt der Lese fest. Anschließend werden die Trauben nach unseren Vorstellungen in den Kellern ausgebaut«, erläutert Jürgen von der Mark die Grundprinzipien der Kooperation mit der

Winzergenossenschaft und fügt an anderer Stelle hinzu: »Alle beteiligten Partner eint der große Respekt vor Rebe und Boden. Ihnen gilt unsere ganze Aufmerksamkeit. So können Trauben heranreifen, die authentische Weine ergeben, welche Herkunft und Charakter zeigen und auf einfache und ehrliche Art überzeugen.«

Dieser Grauburgunder präsentiert sich in strahlendem Goldgelb. Die Nase zeigt sich aromatisch dicht mit Noten reifer gelber Früchte, während der Gaumenauftritt von einer herbfruchtigen Art geprägt ist. Die Säure ist weich und rund und in der Lage, die üppige Fülle dieses Grauburgunders angenehm zu begrenzen. Im Finale macht sich eine leicht salzige Note bemerkbar, die, so Jürgen von der Mark, auf einen kleinen Anteil spontan vergorener Trauben zurückzuführen ist. Das ist ein gehobener Alltagswein, der jede Menge Trinkspaß bereitet – oder wie die Autoren es nennen: ein »Kulturwein des Alltags«.

Als ästhetisches Ideal schwebt von der Mark und Walter ein Grauburgunder vor, der weniger auf typisch badische Wucht und vordergründige Fruchtintensität setzt, sondern auf eine Verbindung von gezügelter Kraft, säuregeprägter Schlankheit und mineralitätsbasierter Nachhaltigkeit. Die wesentlichen Voraussetzungen dafür bieten die Ortenauer Terroirs. Die Urgesteinsböden aus Granit, Gneis und Porphyr unterstützen Säure und Mineralität im Wein, während die fruchtbare Lössauflage für Kraft und Fruchtintensität sorgt.

Wenn die Kelterkapazitäten es erlauben, werden die per Hand gelesenen Trauben weder abgebeert noch gequetscht, sondern im Ganzen an den Stielen in die Presse gegeben. Die Ganztraubenpressung verkörpert das schonendste Verfahren der Mostgewinnung. Diese Methode wird vor allem bei der Erzeugung von Schaumweinen, aber auch zur Kelterung überreifer und edelfauler Trauben eingesetzt. Die Weine, die auf der Basis dieses Verfahrens entstehen, sind im allgemeinen schlanker und weniger aromatisch als die Ergebnisse mit anderen Presstechniken. »Grauburgundertrauben, die mit mehr als 100 Grad Öchsle geerntet werden, laufen Gefahr, allzu breite, schwerfällige Weine zu ergeben. Da wir einen schlankeren Typ anstreben, ist die Ganztraubenpressung für uns die Methode der Wahl«, so die leicht nachvollziehbare Auffassung von Jürgen von der Mark, der auf seinem eigenen Weingut einen ungemein spannenden, sehr puristischen Pinot Noir von Trauben keltert, die am Tuniberg auf einem biologisch bewirtschafteten Weinberg gewachsen sind.

Weitere Von-der-Mark-Walter-Weine
- Spätburgunder trocken (7,99 Euro), Riesling trocken (7,99 Euro)

Kontakt
- Neuweg 4, 79415 Bad Bellingen
  Tel. (07635) 823224, www.vondermarkwalter.de

Empfehlenswerte Weinbaubetriebe in der Umgebung
- Blankenhorn (Schliengen), Zimmermann (Schliengen), Harteneck (Schliengen), Brenneisen (Egringen), Schloss Neuweier (Baden-Baden), Laible (Durbach), Dütsch (Neuweier)

Restaurants und Hotels in der Nähe
- Berghofstüble, An der Römerstraße,
  79415 Bad Bellingen
  Tel. (07635) 1293, www.berghofstueble-bad-bellingen.de

- Gasthof Traube, Alemannenstraße 19,
  79588 Efringen-Kirchen
  Tel. (07628) 942378-0, www.traube-blansingen.de
- Landgasthof Schwanen, Rheinstraße 50,
  79415 Bad Bellingen
  Tel. (07635) 811811, www.schwanen-bad-bellingen.de

27 *Ruländer Auslese trocken *** »R«*

Weingut Reinhold und Cornelia Schneider, Baden

Reinhold Schneider aus Endingen am Kaiserstuhl gehört zur aussterbenden Spezies jener Winzer, die noch immer die alte Sortenbezeichnung »Ruländer« verwenden, während die ganze Welt diesen Namen längst vergessen zu haben scheint und nur noch den vermeintlich moderneren, aus dem Französischen hergeleiteten Terminus »Grauburgunder« verwendet. Vielleicht wären die hierzulande produzierten Grauburgunder in der Publikumsgunst noch ein wenig erfolgreicher, würde man sie mit ihrem italienischen Namen »Pinot Grigio« ansprechen.

Was sich mit der Verwendung dieser Vokabel im Kleinen andeutet, ist im Weingut Schneider Programm im Großen. Mit sturer Entschlossenheit geht der heute 58-jährige Reinhold Schneider seinen ganz eigenen Weg durchs Leben. Er hat ganz präzise Vorstellungen, wie seine Weine schmecken sollen, und lässt sich weder von vorübergehenden Moden noch von den Meinungen der Fachpresse beirren. Ob er das verbreitet positive Medienecho auf seine Weine in den vergangenen Jahren überhaupt zur

Kenntnis genommen hat? Wenn ja, dann dürfte es ihn nicht sonderlich beeindruckt haben.

Die Schneiders haben ihre Weine gutsintern nach Bodentypen klassifiziert. »A« steht für Weine, die auf Lehmböden gewachsen sind, »C«-Weine kommen vom Löss und »R« deutet die Herkunft von vulkanischen Böden an. Wenn alle drei Bodenformationen beteiligt sind, spricht Schneider vom »Trio«. Wer einmal erfahren hat, welch immensen Einfluss der Boden und Unterboden auf die Stilistik eines Weines hat, der wird diese wertvolle Zusatzinformation dankbar zur Kenntnis nehmen. Die besten Gewächse des Betriebes werden überdies mit drei Sternen ausgezeichnet, während auf Lagenangaben – mit der Ausnahme »Parzelle Schönenberg« – gänzlich verzichtet wird. Und im Gegensatz zur Strategie des VDP hält Schneider auch im Falle seiner trockenen Weine an den traditionellen Prädikaten Kabinett, Spätlese und Auslese, wie sie im deutschen Weingesetz fixiert sind, fest.

Einer der weltweit bemerkenswertesten und stilistisch eigenständigsten Grauburgunder ist die Ruländer Auslese trocken *** »R« von Reinhold und Cornelia Schneider. Wie so manch anderer großer deutscher Weißwein ist auch diese Auslese entwicklungs- und reifungsbedürftig. Im ersten Jahr nach der Abfüllung wirkt die Nase noch ungemein verschlossen, und es fällt schwer, die versteckten Anlagen angemessen zu deuten. Ganz anders der Eindruck am Gaumen: Hier herrscht heillose Anarchie. Ein polyphones Stimmengewirr setzt sich tumultartig in Szene, mit viel Kraft ringen Frucht, Alkohol, Säure und Mineralität scheinbar regellos und völlig undiszipliniert um Vorherrschaft. Doch vom ganzen Lärm, den sie veranstalten, bleibt am Ende nur ein dumpfes Rauschen.

Die Entwicklung dieses Ruländers zu verfolgen heißt, ihn

auf seinem Weg vom Chaos in einen Zustand zunehmender Ordnung, Ausgewogenheit und Selbstzufriedenheit zu begleiten. Erst diese Harmonie bereitet die Bühne, um Größe und Schönheit zur Schau stellen zu können. Allmählich spielen die Elemente einträchtig zusammen, zunächst wie ein kleines Ensemble, zuletzt wie ein großes Orchester.

Dann präsentiert sich dieser gigantische Ruländer mit einer sensationellen Aromenfülle. Es zeigt sich ein tiefer, feinwürziger Duft nach Honigmelone, Mirabelle, getrockneter Aprikose, kandierten Äpfeln, gerösteten Nüssen und süßen Gewürzen. Der Gaumenauftritt ist ungemein dicht und füllig, zugleich knochentrocken und doch herzhaft saftig. Eine große geschmackliche Tiefe ist in eine zartcremige Textur gebettet und wirkt bei aller Kraft dank einer wunderbar eingebundenen Säure superfein und elegant, fast ein wenig verspielt. Erst im langen Ausklang zeigt sich noch einmal die Kraft und das Feuer der erloschenen Vulkanerde: Mineralität pur!

Der Kaiserstuhl bietet dem Rebstock eine optimale Heimat. Das 560 Meter hohe Mittelgebirge ist vulkanischen Ursprungs und befindet sich unweit von Freiburg in der Oberrheinischen Tiefebene, quasi auf halber Strecke zwischen Schwarzwald und Vogesen. Die klimatischen Bedingungen sind hier so günstig, dass beinahe auf allen Flächen, die nicht bewaldet oder erschlossen sind, Reben gedeihen. Es ist eine der wärmsten und trockensten Gegenden Deutschlands. Körper, Fülle und Konzentration sind die starken Seiten der Grauburgunder-Weine vom Kaiserstuhl.

Die Trauben für diesen Drei-Sterne-Wein, den Schneider für 20 Euro vermarktet, wachsen in einer kleinen Parzelle des Endinger Engelsbergs, die vor dem Weingesetz von 1971 den Namen »Summberg« führte. »Der Berg liegt da wie ein Fußball, er fällt nach allen Seiten ab und ist deshalb recht schwierig zu bewirtschaften«, erklärt mir Reinhold Schneider. Der Boden besteht hier – wie fast überall am Kaiserstuhl – aus einer quartären Lössschicht, die vor vielen Jahrtausenden durch den Wind aus Zentralasien hierher getragen wurde. Die Lössböden gelten als sehr fruchtbar und bieten bei guter Belüftung eine hohe Wasserspeicherfähigkeit. Darunter befindet sich vulkanisches Tephritgestein.

Die Weine fallen im Summberg deshalb so fein aus, weil die Lössauflage vergleichsweise dünn ist und die Reben im Fels wurzeln. Dann nämlich erst kann sich jene unverkennbare, vom Boden herrührende mineralische Würze und zupackende Saftigkeit entwickeln, die den Weinen, die auf reinem Löss gewachsen sind, abgeht. Letztere wirken in der Regel mit 14 Volumenprozent Alkohol fett und massig, während ein Wein gleichen Alkoholgehalts von einer Lage mit vulkanischem Boden reich, saftig und geschmeidig schmeckt. Auch das Kleinklima im Summberg wirkt sich günstig aus. »Der Austrieb ist hier immer etwas später, der Reifeverlauf langsamer und die Lese später als in benachbarten Lagen. Deshalb fallen die Weine von hier schlanker und finessenreicher aus.«

An den 30 Jahre alten Rebstöcken wachsen sehr klein- und lockerbeerige Trauben mit einem Hektarertrag zwischen 50 und 60 Hektolitern. »Da müssen wir nur in Ausnahmejahren regulierend eingreifen, was eine große Arbeitserleichterung bedeutet.« Mit der Qualität des aktuell auf dem Markt verfügbaren Pflanzmaterials beim Grauburgunder ist Reinhold Schneider allerdings überhaupt nicht zufrieden. Deshalb hat er sich in seinen eigenen Weinbergen, zum Teil auch in denjenigen seiner Nachbarn auf die Suche nach besonders wertvollen lokalen Klonen gemacht. Das Reisig lässt er dann im Rahmen eines Kooperationsprojektes mit der Fachhochschule Geisenheim untersuchen, veredeln und vermehren. Wenn alles gutgeht, kann er dieses Pflanzmaterial demnächst für eine neue Anlage verwenden.

Weitere Schneider-Weine
- Chardonnay Spätlese trocken *** (10 Euro), Weißer Burgunder Spätlese trocken *** (12 Euro), Weißer Burgunder Spätlese »trio« trocken (13 Euro), Weißer Burgunder Auslese trocken *** »R« (20 Euro), Spätburgunder trocken (11 Euro)

Kontakt
- Königschaffhauser Straße 2, 79346 Endingen, Tel. (06742) 5278, www.weingutschneider.com

Empfehlenswerte Weinbaubetriebe in der Umgebung
- Knab (Endingen), Schätzle (Endingen), WG Königschaffhausen, Hofgut Consequence (Bischoffingen), Johner (Bischoffingen)

Restaurants und Hotels in der Nähe
- Merkles Rebstock, Hauptstraße 2, 79346 Endingen, Tel. (07642) 7900, www.merkles-rebstock.de
- Schwarzer Adler, Badbergstraße 23, 79235 Oberbergen Tel. (07662) 933010, www.franz-keller.de
- Rebstock, Badbergstraße 22, 79235 Oberbergen Tel. (07662) 933011, www.franz-keller.de
- Dutters Stube, Winterstraße 28, 79346 Endingen-Kiechlinsbergen Tel. (07642) 1786, www.dutters-stube.de

28 Chardonnay Sur Lie trocken

Weingut Siegrist, Pfalz

Als Thomas Siegrist Anfang der 1990er Jahre während einer Burgundreise mit seinen Pfälzer Kollegen des Kreises »Fünf Freunde« den Weinen von Comtes Lafon begegnete, spürte er in sich die Sehnsucht wachsen, in seiner Leinsweiler Heimat Weine im Stile dieser burgundischen Vorbilder zu keltern. Etwas Chardonnay hatte er bereits in den Jahren zuvor gepflanzt, fehlten also nur noch ein paar Barriquefässer, und es konnte losgehen – so zumindest die Vorstellungen von Thomas Siegrist in dieser Zeit.

Der Leinsweiler musste jedoch schon sehr bald feststellen, dass sich die Sache schwieriger gestaltete, als er das erwartet hatte. Er hatte zwar schon erste Erfahrungen mit dem Rotweinausbau im Barrique gesammelt, die Bereitung weißer Barriqueweine erforderte jedoch für Siegrist ein Umdenken. Anders als Rotweine, die erst nach der alkoholischen Gärung zum weiteren Ausbau in Barriquefässer gegeben werden, erfolgt der Einsatz dieser kleinen 225-Liter-Fässer in der Weißweinproduktion bereits einen Schritt früher. Schon der Most wird in sie eingelagert, um dort ohne Zugabe von Reinzuchthefen zu vergären. »Damit verfolgen wir das Ziel, frühzeitig eine positive Wechselwirkung zwischen neuem Eichenholz, Hefe und Sauerstoff herzustellen, um einer einseitigen Dominanz von Holzaromen zu begegnen«, erklärt Thomas Siegrist.

»Die Anwesenheit der Hefe im Wein ist ein weiterer Faktor, mit dem ich erst lernen musste umzugehen, denn sie führt zu grundlegenden geschmacklichen Veränderungen.« Die wichtigste davon ist die Intensivierung der Mundfülle als Folge der Autolyse, also der enzymatischen Aufspaltung der Hefe. Da jedoch die am Fassboden abgesetzte Depothefe in dieser Sache wenig hilfreich ist, kommt dem periodischen Aufrühren der Hefe, der sogenannten »bâtonnage«, eine erhebliche Bedeutung zu.

»Wir lassen unseren Chardonnay Sur Lie meist bis in den Sommer nach der Lese auf der Hefe (›sur lie‹) liegen, denn so lange ist sie in einem hervorragenden Zustand und kann den Wein ernähren und geschmacklich anreichern. In dieser Zeit findet auch der biologische Säureabbau statt, den wir für einen weißen Barriquewein als obligatorisch erachten«, ergänzt Siegrist diesen Zusammenhang um einen weiteren Aspekt.

Um überhaupt so intensiv mit der Hefe arbeiten zu können, muss zuvor der Most sauber vorgeklärt werden. »Wir entrappen die Beeren, lassen die Maische zwischen zwölf und 16 Stunden stehen und keltern dann im Anschluss sehr schonend in einer Niederdruckmembranpresse. Den Most lassen wir über Nacht stehen, damit sich möglichst alle Trubpartikel absetzen können und ein hoher Klärungsgrad erreicht wird.«

Weiße Barriqueweine unterscheiden sich von anderen Weißweinen im wesentlichen durch ihre zurückhaltendere Säure, eine betontere Mundfülle und ein Aromaprofil, in dem die primären Fruchtnoten weitgehend durch sekundäre Komponenten der Hefe, Eiche und Reifung ersetzt sind. Der für die geschmackliche Harmonie erforderliche Mindestalkoholgehalt beträgt 13 Volumenprozent.

Der Chardonnay Sur Lie aus dem Hause Siegrist präsentiert sich in einem strahlenden und intensiven Goldgelb. In der Nase dominieren weniger Fruchtaromen, sondern deutliche Anklänge an Haselnüsse und Honig, Butter und Mandeln, Karamell und Toast. Nur am Rande gesellen sich Noten reifer gelber Früchte, vor allem Melonen und Pfirsiche, hinzu. Am Gaumen präsentiert sich dieser Wein trocken, mit feiner Säure, ungemein kraftvoll, alkoholreich und voll, ohne jedoch schwer oder überladen zu wirken. Hier finden sich Noten von Hefegebäck und Brioche, Akazienblüten und frischem Heu. Betörend ist sein ungemein generöses Mundgefühl, seine runde und cremige Textur. Er verabschiedet sich in einem langen, eleganten Finish und erweist sich als wahrlich großer Weißwein mit einem Alterungspotenzial von mehr als einem Jahrzehnt.

Thomas Siegrist produziert jährlich etwa 3000 Flaschen seines Chardonnay Sur Lie und verkauft ihn für 18 Euro ab Hof, hauptsächlich an Privatkunden. Wegen seiner guten Eigenschaften als Speisenbegleiter geht ein relevanter Anteil in die qualifizierten Restaurants innerhalb Deutschlands. Er hat eine wunderschöne Affinität zur asiatischen Küche und verträgt sich insbesondere mit Ingwer ganz vorzüglich. Wegen seiner intensiven und kraftvollen Art kann er aber auch fast überall dort eingesetzt werden, wo man normalerweise zu einem Rotwein greifen würde.

Seine Herkunft ist der Sonnenberg in Leinsweiler, eine von den Gesteinsformationen des Triaszeitalters (Roter Buntsandstein, Muschelkalk, Keuper) geprägte Lage. Bei der sehr warmen und nach Süden ausgerichteten Teilparzelle (»Kindseck«), in der die Chardonnay-Trauben wachsen, handelt es sich um einen stark mit Kalk durchsetzten Tonboden, der sehr tiefgründig und nicht leicht erwärmbar ist. Der hohe Feinerdeanteil sichert einen guten Nährstoffhaushalt und eine optimale Wasserversorgung, obwohl die Wurzeln der Rebstöcke bereits nach etwa 40 bis 60 Zentimetern auf Kalkfelsen treffen.

Den wahrscheinlich nachhaltigsten Einfluss auf die Stilistik des Chardonnay Sur Lie dürfte allerdings Thomas Siegrist selbst haben. Sein unbeirrbares Festhalten an dem Ziel, einen Chardonnay nach burgundischem Vorbild zu keltern, seine

Charakterstärke, sich nicht von immer wieder geäußerter Kritik von außen entmutigen zu lassen, sowie seine Fähigkeit, selbstkritisch zu bilanzieren und aus Fehlern zu lernen, haben ganz entscheidend dazu beigetragen, dass ein so überaus charaktervolles, nonkonformes Gewächs entstehen konnte. Nun bleibt abzuwarten, auf welchen Bahnen das Weingut nach der Übergabe an Tochter Kerstin und ihren Gatten Bruno Schimpf weitersegeln wird.

Weitere Siegrist-Weine
- Pinot Blanc Spätlese ** trocken (9 Euro), »Eigensinn« Riesling Spätlese ** trocken »S« (11 Euro), Leinsweiler Sonnenberg Riesling trocken »Großes Gewächs« (18 Euro), Pinot Noir trocken Barrique **** (45 Euro)

Kontakt
- Am Hasensprung 4, 76829 Leinsweiler
  Tel. (06345) 1309, www.weingut-siegrist.de

Empfehlenswerte Weinbaubetriebe in der Umgebung
- Gies-Düppel (Birkweiler), Kranz (Ilbesheim), Münzberg (Godramstein), Siener (Birkweiler), Wilhelmshof (Siebeldingen), Ökonomierat Kleinmann (Birkweiler)

Restaurants und Hotels in der Nähe
- Restaurant Schneider, Hauptstraße 88, 76857 Dernbach
  Tel. (06345) 8348 und 95440, www.schneider-dernbachtal.de
- Fünf Bäuerlein, Theaterstraße 2, 67829 Landau
  Tel. (06341) 20746, www.fuenf-winzer.de
- Beat Lutz, Bahnhofstraße 28, 76829 Landau
  Tel. (06341) 60333, www.beatlutz.de

Chardonnay Sur Lie trocken

- Weinstube Brand, Weinstraße 19, 76833 Frankweiler
Tel. (06345) 959490,
www.rieslingdorf.de/brand-weinstube.html

29 *Chardonnay A trocken*

Weingut Franz Keller Schwarzer Adler, Baden

Die Stimmung bei Fritz Keller ist im Mai 2010 bestens, aber nicht etwa als Ausdruck seiner Freude über einen überaus gelungenen Jahrgang 2009 – sie ist vielmehr dem Klassenerhalt des SC Freiburg in der ersten Fußball-Bundesliga geschuldet. Es ist sein Verein, an ihm und am Fußball hängt sein Herz. Und wahrscheinlich wird ihm in Kürze das Präsidentenamt, das er bereits seit Anfang 2010 kommissarisch übernommen hat, offiziell übertragen werden. »Mein Engagement für den Verein ist groß, aber das Kernbusiness ist und bleibt der Wein.«

Fritz Keller hat – wie einst sein legendärer Vater, der in Deutschland der wohl wichtigste Vorkämpfer für trockene, durchgegorene Weine und den Ausbau im Barriquefass war – das Zepter in seinem kleinen Imperium fest in der Hand. Er kümmert sich mit Weitsicht, Akribie und Innovationssinn um die Geschicke der drei Abteilungen seines Unternehmens: Weingut, Hotel, Gourmetrestaurant und Weinhandel.

Wein war bei den Kellers von Anfang an nie Selbstzweck, sondern wurde immer gastronomisch gedacht. Auch bei den eigenen Weinen ging es ihnen stets darum, perfekte Begleiter für gutes Essen zu erzeugen. Das erklärt vielleicht, weshalb die

Keller-Weine immer ein bisschen anders als andere deutsche Weine sind. Perfekte Solisten sind sie in den seltensten Fällen und in dieser Hinsicht ganz und gar französisch. »Es geht mir im Wein nicht um Frucht und Volumen, sondern um Eleganz und Harmonie. Vor allem aber soll ein großer Wein seine Herkunft zeigen, die Landschaft widerspiegeln, in der er gewachsen ist.« Das könnte nicht überzeugender demonstriert werden als in der Verbindung der Keller-Weine mit der bewusst konservativen, französisch-badischen Küche des »Schwarzen Adlers«. Hier verkörpern Wein und Speisen in gleichem Maße die Philosophie ihrer Urheber und spielen auf beglückende Art zusammen.

Geradezu idealtypisch repräsentiert der Chardonnay A das Bild vom hochwertigen Speisenbegleiter Kellerscher Prägung. Es ist ein fordernder Wein, bei weitem kein Schmeichler. Er vereint Gegensätze, ist stilistisch sehr originell, aber zunächst gewöhnungsbedürftig. Wer ihm mit Freude und Gewinn begegnen möchte, sollte Zeit und Muße mitbringen. Dem eiligen Konsumenten verweigert er seine besonderen Reize. Er eignet sich als Begleiter feiner Gerichte, kann aber auch mit Freude zur Musik von Béla Bártok oder Miles Davis genossen werden, so zumindest die Empfehlungen von Fritz Keller.

Dem Glas entsteigt zunächst eine kühle, zurückhaltende Aromatik, dann machen sich Würze und Feuersteinnoten breit, auch dezente Anklänge an geröstete Mandeln und Karamell, mit etwas Reife kommen Noten von Quitte und Banane hinzu; am Gaumen präsentiert er sich frisch, saftig und tief, in jeder Phase schwingt Mineralität mit; sein Finale ist lang und feinwürzig. Es handelt sich um einen Wein mit großem Lagerpotenzial, der seine optimale Trinkreife, die von großer Eleganz und Komplexität geprägt ist, oft erst nach fünf Jahren erreicht. In guten Jahrgängen kann dieser Top-Chardonnay 15 und mehr Jahre vorzüglich altern.

Stilistisch orientiert sich Fritz Keller an den großen Vorbildern aus dem Burgund, vor allem an den Weinen aus Montrachet, Meursault und Aloxe-Corton. Aus den besten Lagen dieser Gemeinden kommen ebenfalls aristokratische Weine mit Distinktion und großem Entwicklungspotenzial. Primärfrucht ist nur spärlich vorhanden, sodass Trinkfreude in der Regel erst dann aufkommt, wenn die Weine ihre jugendliche Kargheit abstreifen und ihre ganze Rasse und Finesse zur Geltung bringen. Seine Vorliebe für die zurückhaltende Eleganz solcher Weine verdeutlicht Fritz Keller in folgendem Vergleich: »Mir sind 60 Geiger lieber, die pianissimo spielen, als sechs, die fortissimo spielen.«

Die Trauben für den Chardonnay A wachsen in der Oberrotweiler Lage Kirchberg an den Südwestausläufern des Kaiserstuhls. Der Boden auf diesem ehemaligen Vulkankegel ist steinig bis felsig und mit schwarzer Vulkanasche bedeckt. Die Parzelle befindet sich im unteren Hangteil mit idealen Bedingungen für Chardonnay-Trauben: Es ist warm, jedoch nicht zu heiß, und der relativ trockene Boden zwingt die Trauben, tief zu wurzeln. Das bringt Spannkraft und Mineralität in den Wein. Die Stöcke aus französischer Massenselektion sind mindestens 20 Jahre alt, die ältesten liegen weit darüber. Die Vielfalt der Klone verhindert zwar einen homogenen Reifeverlauf im Weinberg, verleiht den Weinen jedoch geschmackliche Tiefe und Komplexität.

»Einfacher Chardonnay verlangt nicht nach einem besonderen Standort, hochwertige Vertreter entstehen jedoch ausschließlich auf anspruchsvollen, besonders geeigneten Terroirs.« Nur bei niedrigen Erträgen kann Chardonnay die Besonderheiten seines Ursprungs klar und prägnant kommunizieren. Fritz Keller strebt deshalb einen durchschnittlichen Ertrag von etwa 35 Hektolitern an. »Wir dürfen den Rebstock auf keinen Fall überlasten«, so sein Credo. Der Weg zu diesem Ziel führt nur über ertragsreduzierende Maßnahmen. Es wird größter Wert auf die Lese absolut gesunder, physiologisch reifer Trauben gelegt. Die Bedeutung des Zuckergehaltes als Reife- und Gütekriterium ist dagegen sekundär. »Die Beere soll nicht vor allem süß, sondern ihr Geschmack reich und in seiner Komplexität ausgewogen sein – wie nachher der Wein«, so die tiefe Überzeugung der Familie Keller seit Generationen.

Wenn die Trauben für den Chardonnay A nach der Lese im Keller zur Weiterverarbeitung ankommen, werden sie zunächst abgebeert und mazerieren dann für sechs bis acht Stunden auf der Presse. Nach dem Keltern erfolgt die Klärung ohne weitere technische Eingriffe – allein durch Sedimentation. Die alkoholische Gärung und der anschließende biologische Säureabbau erfolgen in kleinen, leicht getoasteten Fässern aus französischer Eiche. Nach einem ersten groben Abstich wird der Jungwein noch einige Monate auf der Feinhefe liegengelassen, auf die »bâtonnage« wird jedoch in der Regel verzichtet. »Das würde unseren Wein zu breit machen, Feingliedrigkeit und Eleganz könnten verlorengehen«, ist Fritz Keller überzeugt.

In einem normalen Jahr werden vom Chardonnay A ungefähr 2000 Flaschen produziert und für 32 Euro ab Hof vermarktet. Es ist ein Wein für private Liebhaber und die gehobene Gastronomie. Besonders gut passt er zu Steinbutt mit Beurre blanc, Kalbsbraten, Poularde in der Salzkruste und kräftigen mediterranen Fischen. Reifere Exemplare fühlen sich wohl in Begleitung von Geflügelterrinen mit nussigen Komponenten, Krusten- und Schalentieren mit buttriger Sauce und gut gereiftem Bergkäse.

Weitere Keller-Weine
- Oberbergener Bassgeige Weißburgunder trocken (10,20 Euro), Achkarrer Schlossberg Grauburgunder

Spätlese trocken (14,30 Euro), Spätburgunder »Franz
Anton« (23 Euro)

Kontakt
- Badbergstraße 23, 79235 Vogtsburg-Oberbergen
  Tel. (06762) 93300, www.franz-keller.de

Empfehlenswerte Weinbaubetriebe in der Umgebung
- Freiherr von Gleichenstein (Oberrotweil), Dr. Heger (Ihringen), Salway (Oberrotweil), Bercher (Vogtsburg-Burkheim), Holger Koch (Bickensohl)

Restaurants und Hotels in der Nähe
- Merkles Rebstock, Hauptstraße 2, 79346 Endingen
  Tel. (07642) 7900, www.merkles-rebstock.de
- Dutters Stube, Winterstraße 28,
  79346 Endingen-Kiechlinsbergen
  Tel. (07642) 1786, www.dutters-stube.de
- Gasthaus zum Ochsen, Altweg 2, 79356 Eichstetten
  Tel. (07663) 15 16, www.ochsen-eichstetten.de
- Hotel Krone, Schloßbergstraße 15–17,
  79235 Vogtsburg-Achkarren im Kaiserstuhl
  Tel. (07662) 93130, www.hotel-krone-achkarren.de

Kurioses in Weiß

30 Sauvignon blanc Auslese trocken

Weingut Heid, Württemberg

Wer von einem Sauvignon blanc erwartet, dass er vor knisternder Frische, wild-herber Aromatik und knochentrockenem Geschmack nur so strotzt, sollte die Finger von Markus Heids Version dieser urfranzösischen Rebsorte lassen. Es ist aber auch kein Vertreter der Barrique-Stilistik, wie sie etwa in Kalifornien als Fumé blanc oder in Südtirol vermarktet werden. Weder intensiver Neuholzkontakt noch säurebetonte Schlankheit sind die Sache von Fellbachs Jungwinzer. Dennoch entsteht im Hause Heid einer der schönsten Sauvignons Deutschlands. Sein Bouquet ist buchstäblich explosiv mit Aromen reifer schwarzer Johannisbeeren, untermalt von delikaten blumigen und pflanzlichen Noten. Es finden sich Spuren von Tomatenblättern und Salbei, frischen Brennesseln und Holunderblüten.

Am Gaumen zeigt er sich kraftvoll und intensiv. Sein geschmeidiger Körper überzeugt mit einer feinen Säure, eleganter Fülle und ausgezeichneter Persistenz. Das ist ein Wein, der viel Trinkfreude verbreitet, egal ob Sie ihn jung oder nach einigen Jahren Flaschenreifung genießen. Stilistisch passt er in keine Schublade, was dem einen gefallen mag, liegt einem anderen weniger. Ein originelles Nischenprodukt ist er allemal!

Markus Heid hat seine Sauvignon-Anlage im Jahr 1997 in einer hitzigen Südparzelle auf Keuperboden der Fellbacher Lage Lämmler gepflanzt. Das haben zu diesem Zeitpunkt noch andere Winzer im Remstal getan und damit an eine alte Tradition angeknüpft. Denn in der Spanne zwischen dem späten 19. Jahrhundert und der NS-Zeit war die Sorte hier unter dem Namen Muskat-Silvaner weit verbreitet und genoss unter den Winzern den Ruf, hervorragend zu den Bedingungen der Region zu passen. Wegen ihrer französischen Herkunft wurde sie dann jedoch von der nationalsozialistischen Ideologie binnen weniger Jahre aus den Weinbergen des Remstals hinweggefegt.

Erfahrungen mit nunmehr rund zehn Jahrgängen Sauvignon blanc haben Markus Heid gezeigt, dass es gar nicht so einfach ist, rundum zufriedenstellende Weine in die Flasche zu füllen. Sind beim Sauvignon blanc die Erträge zu hoch oder verpasst man den optimalen Lesezeitpunkt, geht leicht der ganze Charme der Sorte verloren. Die Rebe ist überaus wuchskräftig und neigt zu Übererträgen. Ist der Ertrag jedoch zu hoch, erreichen die Trauben nicht mehr ihre optimale Reife, und der resultierende Wein nimmt aggressive, krautige und scharfe Züge an. Dann entsteht ein allzu dünnes, säuerliches Produkt mit unreifen Aromen. Bei Überreife hingegen gehen schnell Frische, Festigkeit und aromatische Intensität verloren.

Dem Boden misst Markus Heid im Falle des Sauvignon blanc keine allzu große Bedeutung bei. Wichtiger sind für ihn das Kleinklima, ein möglichst optimaler, das heißt langsamer und langer Reifeverlauf, und niedrige Erträge. »Bei dieser Sorte erreicht die aromatische Reife ihr Optimum kurz bevor das Verhältnis von Zucker und Säure seinen günstigsten Punkt erreicht hat, sodass die Wahl des Lesezeitpunktes stets auf einen Kompromiss hinausläuft«, klärt er mich auf.

Damit dieser Kompromiss gelingt, kommt intensiver und qualitätsorientierter Weinbergspflege allergrößte Bedeutung zu. In der Sprache von Markus Heid: »Sauvignon ist kein Wein für faule Wengerter. Man muss viel tun, um den Reifeverlauf in die Länge zu ziehen und am Ende gesunde, aromatische Trauben zu ernten.« Neben entschiedener Ertragsreduzierung kommt vor allem intensiver Laubarbeit allergrößte Bedeutung zu.

Im Keller wird extrem schonend und reduktiv gearbeitet. Die abgebeerten Trauben werden mit Trockeneis verpackt, dann im Kühlraum kalt mazerieren gelassen und schließlich bei etwa 15 Grad Celsius in offenen Bottichen vergoren. Bis um Ostern herum liegt der Wein dann auf der Feinhefe, bevor er filtriert und in Flaschen gefüllt wird.

Vieles hat sich Heid bei den Neuseeländern abgeschaut, die seit vielen Jahren ein sehr geschicktes Händchen im Umgang mit Sauvignon blanc bewiesen haben. So erntet auch er den Weinberg nicht dann, wenn alle Trauben ihren optimalen Reifepunkt erreicht haben, sondern in mehreren Etappen. Dadurch werden zunächst relativ unreife Trauben mit vergleichsweise »grünen« Aromen gelesen, bevor dann nach circa zehn Tagen die hochreifen Früchte eingebracht werden. So findet auf der Basis unterschiedlicher Reifegrade eine Komposition verschiedener Aromenelemente zu einem komplexen Ganzen statt.

Aber nicht nur von den Neuseeländern hat Markus Heid viel gelernt. Er hat sich in den vergangenen Jahren in der ganzen Welt umgeschaut, hat immer wieder mit erfahrenen Winzern gesprochen und sich wiederholt die Frage gestellt, was er verändern beziehungsweise verbessern kann. Im kritischen Rückblick sieht er auch Fehler und Versäumnisse. Man habe sich zu lange vom Strom der Zeit hin- und hertreiben lassen, ohne über eine gefestigte Identität und langfristige Ziele verfügt zu haben.

So habe er zum Beispiel den Empfehlungen »institutioneller Autoritäten« im Weinbau zu lange unkritisch vertraut und es in der Folge versäumt, eine für seine Bedingungen optimale, langfristige Rebsortenwahl zu treffen. Mittlerweile ist Markus Heid kritischer und selbstbewusster geworden und durchdrungen von der Überzeugung, selbst Verantwortung zu übernehmen und für seinen Betrieb eine zukunftsfähige Strategie zu finden.

Eine grundlegende Neupositionierung markiert die aktuelle Umstellung des Betriebes in Richtung Bioweinbau. Wenn er darüber spricht, spürt man seine lebhafte Begeisterung, und man ahnt, zu welchen ganz besonderen Anstrengungen er in Zukunft in der Lage sein wird. Es scheint neue, erfrischende Kraft und Klarheit in das Winzerdasein von Markus Heid gekommen zu sein, wovon kein anderer Wein lebhafteres Zeugnis abzulegen vermag als sein Sauvignon blanc. Dieser 14,50 Euro teure Wein verkörpert den neuen Weinstil des Hauses, einerseits bodenständig und verwurzelt in den Traditionen der Region, andererseits der lokalen Begrenztheit längst entwachsen und erfüllt von der Kraft grenzüberschreitender Zukunftsvisionen.

Weitere Heid-Weine
- Stettener Pulvermännchen Riesling (14 Euro), alle Rotweine der »Goldberg«-Linie, Lämmler Syrah (12 Euro)

Kontakt
- Cannstatter Straße 13/2, 70734 Fellbach
  Tel. (0711) 584112, www.weingut-heid.de

Empfehlenswerte Weinbaubetriebe in der Umgebung
- Beurer (Stetten), Medinger (Kernen-Stetten), Heidle (Kernen-Stetten)

Restaurants und Hotels in der Nähe
- Weinstube Mack, Hintere Straße 47, 70734 Fellbach
Tel. (0711) 581751, www.weinstubemack.de
- Zum Hirschen, Hirschstraße 1, 70734 Fellbach
Tel. (0711) 957937-0, www.zumhirschen-fellbach.de
- Goldberg Restaurant & Winelounge, Tainer Straße 7, 70734 Fellbach
Tel. (0711) 575 61 666, www.goldberg-restaurant.de
- Rathausweinstube, Marktplatz 6, 70734 Fellbach
Tel. (0711) 579330

31 Gewürztraminer Edition Rosenduft

Weingut Minges, Pfalz

Gewürztraminer sind Exoten. Ihre mal pink- und mal goldfarbene Beerenhaut ergibt meist tiefgelbe Weine, deren Aroma eine ungewöhnliche Mischung aus blumigen, fruchtigen und würzigen Noten ist. Auf der Basis niedriger Säure, hoher Alkoholwerte und etwas Restsüße entsteht ein angenehm mundfüllender Geschmackseindruck, der gelegentlich als prekäre Gratwanderung zwischen verführerischer Geschmeidigkeit und abstoßender Schwerfälligkeit empfunden wird. Wenn die Balance jedoch stimmt, ist ein unvergleichlich sinnliches, ja bewegendes Trinkerlebnis garantiert.

Diese abgefahrenen, zutiefst weiblichen Weine setzen ihre extrovertierte Persönlichkeit offen und selbstbewusst in Szene. Sie duften so ungeheuer verführerisch und verlockend und berühren uns am Gaumen mit ihren üppigen Hüften und weichen, satten Rundungen so leidenschaftlich und unwiderstehlich, dass bereits der bloße Gedanke an eine Begegnung zur Sünde wird. So viel Anmut und sinnlicher Zauber scheint vielen Menschen heutzutage ungeheuerlich, sie wirken irritiert und rennen um ihr Leben, wenn ein Gewürztraminer seine betörenden Lockrufe auszusenden beginnt.

Jahr für Jahr kommt aus dem Hause Minges in Flemlingen/Pfalz eines der schönsten Exemplare dieser vom Aussterben bedrohten Spezies. Trotz aller Aromenpracht und Intensität bewahrt sich dieser Gewürztraminer etwas Subtiles, Feines und Elegantes, wirkt nicht wie eine aufgemotzte Diva, sondern farben- und lebensfroh wie die Atmosphäre beim Karneval in Rio. Dem Glase entsteigen die Aromen tropischer Früchte wie Ananas, Mango und Banane. Zimt, Nelke, Lebkuchen, Bergamotte und schwarzer Pfeffer erinnern an orientalische Gewürzbasare, während hin und wieder ein Hauch Rose und Veilchen, eine Nuance Litschi und Orange den Aromenstrauß komplettieren.

Am Gaumen zeigt er sich erstaunlich erfrischend, klar und strahlend. Bei aller Fülle und Konzentration beweist er ungeheuer viel Drive und Spannkraft, Temperament und Heiterkeit, sodass die Lust auf ein zweites Glas wie selbstverständlich scheint. Es ist ein enorm saftiger und energetischer Wein, dessen beeindruckende Mineralität für ein langes Leben sorgen wird. Beherzt und zupackend wie nur wenige andere Gewürztraminer verabschiedet er sich und bleibt doch noch ganz lange sensorisch präsent. Alltäglich oder gar gewöhnlich ist die Begegnung mit ihm auf gar keinen Fall. Schaffen Sie also ungewöhnliche Anlässe für ihn und genießen Sie seinen zauberhaften Charme!

Doch nicht nur die Begegnung im Glas, sondern der gesamte Entstehungsprozess dieses Weines ist anspruchsvoll. »Die Rebe stellt hohe Anforderungen, und es ist keineswegs leicht, aus ihr schmackhafte und gut balancierte Weine zu keltern. Ihr von Natur aus hoher Alkoholgehalt bei gleichzeitig niedriger Säure lässt allzu oft breite, fett wirkende Weine entstehen. Die Rebsorte ist deshalb ausschließlich für kühle Klimazonen geeignet, wo die Beeren ausreichend Zeit zur Reife und Aromabildung haben und am Ende immer noch über genügend Säure verfügen«, erläutert Theo Minges, der heutige Inhaber des Weingutes, die Problematik.

Neben dem Standort und der Höhe der Erträge kommt der Pflege von Boden und Rebe eine entscheidende Bedeutung zu. »Trauben sind wie Kinder, sie brauchen im Wachstumsprozess eine gute Kinderstube. Deshalb muss man die Reben gut behandeln und darf sie weder unter- noch überfordern. Je länger die Trauben am Stock verweilen, umso besser. Selbstverständlich ist deshalb für uns die möglichst späte Handlese und der schonende Transport ins Kelterhaus.«

So wie man mit viel Liebe und Zuwendung erzogenen Kindern im weiteren Verlauf ihrer Entwicklung viele Freiräume gewähren kann, so lässt Theo Minges auch seinen Weinen in den verschiedenen Phasen ihres Werdens möglichst viel Freiheit. »Ich habe großes Vertrauen darin, dass die guten Grundlagen, die ich im Weinberg geschaffen habe, zu einem guten Ende, sprich zu einem guten Wein führen. Ich lasse meinen Weinen viel Zeit, sich selbst zu finden und erwachsen zu werden. Je höher die Qualität, umso mehr Zeit lasse ich ihnen.«

Zeit gewährt Theo Minges seinen Weinen auf ganz verschiedenen Ebenen: Zunächst werden die Trauben möglichst spät geerntet, dann erfolgt eine sehr lange Maischestandzeit, anschließend wird langsam und schonend gepresst, bevor der Most in aller Ruhe gären und zu Wein werden kann. Auch nach

dem Ende der alkoholischen Gärung gibt er dem fertigen Wein Gelegenheit, noch lange mit seiner Mutter, der Hefe, Kontakt zu haben, um im Ergebnis immer stabiler und kompletter zu werden und seine ganz individuelle Persönlichkeit auszubilden. »Hat man einem Wein im Entstehungsprozess viel Zeit gelassen, hat er die besten Voraussetzungen für ein langes Leben.«
Einem Wein Zeit lassen bedeutet für Theo Minges auch, auf alle beschleunigenden beziehungsweise entschleunigenden Eingriffe zu verzichten – also keine Enzyme, keine Reinzuchthefe, keine Beeinflussung der Gärtemperatur, möglichst späte Schwefelung. »Nicht eingreifen, sondern gewähren lassen, lautet meine Devise. Nur so kommt die ganze Energie, die in den Trauben steckt, zum Fließen.« Und an anderer Stelle: »Wein machen lernt man in der Ausbildung, gute Weine macht man aus dem Bauch heraus, große Weine macht man einfach nur, das geschieht wie im Rausch und nur, wenn die beteiligten Energien fließen können. Dabei entstehen intensive Glücksgefühle, die so stark sind, dass ich nicht einmal mehr schlafen möchte.« Die Art, wie Theo Minges über seine Weine spricht, ist wie eine spannende Lehrstunde über die Grundprinzipien des Lebens.

Weitere Minges-Weine

- Burrweiler Schlossgarten Muskateller Regine Spätlese trocken (9,20 Euro), Burrweiler Schlossgarten Rieslaner Spätlese (10,40 Euro), Gleisweiler Hölle Riesling Spätlese trocken (10 Euro), Froschkönig Riesling Spätlese (16 Euro), Spätburgunder »ZE« Auslese trocken (22 Euro)

Kontakt

- Bachstraße 11, 76835 Flemlingen
Tel. (06323) 93351, www.weingut-minges.de

Empfehlenswerte Weinbaubetriebe in der Umgebung
- Krieger (Rhodt), Messmer (Burrweiler), Bergdolt (Duttweiler), Lidy (Frankweiler), Pfaffmann (Frankweiler),

Restaurants und Hotels in der Nähe
- Weinstube Hahn, Hauptstraße 50, 76829 Landau
  Tel. (06341) 33144
- Restaurant Schneider, Hauptstraße 88, 76857 Dernbach
  Tel. (06345) 8348 und 95440, www.schneider-dernbachtal.de
- Weinstube »Zur Blum«, Kaufhausgasse 9, 76829 Landau
  Tel. (06341) 897641
- Sonnenhof, Mühlweg 2, 76833 Siebeldingen
  Tel. (06345) 3311, www.soho-siebeldingen.de
- Landhaus Hirschhorn, Am Hirschhorn 12–14,
  76848 Wilgartswiesen
  Tel. (06392) 581, www.landhausamhirschhorn.de

32 Schloss Proschwitz Scheurebe Kabinett trocken

Schloss Proschwitz, Sachsen

Was wäre der gegenwärtige Weinbau in Sachsen ohne Schloss Proschwitz? Und was wäre Schloss Proschwitz ohne seine wundervolle Scheurebe? Wie kann ein Wein so wunderschön und verführerisch daherkommen? In der Nase ist er so liebreizend und attraktiv, dass sich alle nach ihm umdrehen. Was dem einen wie eine Provokation erscheinen mag, wirkt auf den anderen wie ein himmlischer Zauber. Dem Glase entsteigt ein ätherisch märchenhafter Duft nach allerlei Gewürzen, Holunderblüten und Äpfeln, dann folgt ein Potpourri aus Grapefruit, schwarzen Johannisbeeren und Stachelbeere. Am Gaumen kommen reifere Cassis-Noten hinzu, viel Frische, abgerundete Säure und animierende Mineralität machen sich breit, alles wirkt beschwingt, fröhlich und so ansteckend wie gute Laune. An dieser leichten bis mittelschweren, perfekt balancierten Scheurebe hätte Georg Scheu, der die Sorte 1916 in Alzey aus Silvaner und Riesling gekreuzt hat, seine wahre Freude gehabt.

»Wenn unsere Scheurebe ein Sportler wäre«, sagt mir Peter Bohn vom Weingut Schloss Proschwitz, »sie wäre ein dynamischer Mittelstreckenläufer, der enorm Fahrt aufnehmen kann und dabei fast in die Nähe eines Sprinters gerät, diese Geschwindigkeit jedoch über einen bemerkenswert langen Zeitraum halten kann.« Das jugendliche Temperament der Scheurebe scheint ihm ebenso Recht zu geben wie ihr mehrjähriges Alterungspotenzial. »Und wenn sie eine Frau wäre, wäre sie eine wunderschön anzuschauende Österreicherin, mit zum Teil italienischem und zum Teil deutschem Temperament, eine charaktervolle Blondine, die mehr als bloße Schönheit zu bieten hat.«

Es ist in der Tat ein unkomplizierter, aber charaktervoller Wein für ein breites Publikum, der Kenner und Laien gleichermaßen begeistern kann. Umso besser, dass jährlich etwa 25 000 Flaschen entstehen und die Flasche für 11,50 Euro zu haben ist. Als Speisenbegleiter entfaltet er besondere Stärken zur asiatischen Küche, zu gerösteten Hühnchengerichten und mediterranen Fischgerichten. Er mag Koriander, Melone und Parmaschinken, Antipastiplatten, Parmigiano Reggiano, Manchego und Pecorino. Aber auch als Solist bei einem guten Gespräch oder bei der Lektüre eines spannenden Buches auf der Terrasse macht er eine gute Figur.

Die aktuelle Stilistik der Scheurebe ist nicht zuletzt infolge der engen Kooperation mit der Residenz Bülow, einer der besten Gourmetadressen in Sachsen, entstanden. Hier ist der Wein immer wieder zum Einsatz gekommen, mal zu Gerichten der Fusion-Küche, mal zu fernöstlichen Spezialitäten. Zu den Erfahrungen hat es einen regen Austausch gegeben, sodass sich die stilistische Performance der Scheurebe an den Bedürfnissen der Restaurant-Praxis entwickelt hat.

Diese Scheurebe entsteht in der Lage Schloss Proschwitz vom gleichnamigen Weingut. Von hier hat man einen wunderschönen Blick auf die nahe Porzellanstadt Meißen, die Altstadt und die prächtige Albrechtsburg. Es handelt sich um eine absolut privilegierte Lage hoch über der Elbe mit einer Hangneigung zwischen 20 und 25 Prozent. Die Trauben wachsen hier am 51. Breitengrad unter schwierigen Bedingungen. Es herrscht kontinentales Klima mit zum Teil extrem kalten Wintern. Doch der Sommer kommt schnell und dynamisch, daher muss im Schnitt der Jahre zumindest im Falle der Scheurebe nicht mit Ausreifungsproblemen gerechnet werden. Starke Aufwinde sorgen für eine sehr gute Durchlüftung. Der Boden besteht aus einer dicken Lehm-Löss-Schicht mit bestem Wasserhaltevermögen und guter Fruchtbarkeit, darunter liegt Granitfels. Insbesondere Weine aus älteren Rebstöcken können somit ihre Fruchtintensität aus den Lehm-Löss-Bestandteilen und ihre quirlige Mineralität und Eleganz aus dem Granit speisen.

Das Weingut Schloss Proschwitz/Prinz zur Lippe ist das größte private Weingut in Ostdeutschland und das älteste noch existierende in Sachsen. Während der DDR-Ära wurden die Weinberge von der damaligen Landwirtschaftlichen Produktionsgenossenschaft bewirtschaftet. Die Weine gab es allerdings nur als sogenannte »Bückware« unter dem Ladentisch. Nachdem die Familie zur Lippe von den russischen Besatzern nach dem Zweiten Weltkrieg enteignet worden war, kaufte Dr. Georg Prinz zur Lippe nach der Wiedervereinigung große Teile des Weingutes sowie das in unmittelbarer Nähe zu den Weinbergen gelegene Familienschloss zurück. Schließlich zog das Weingut im Jahre 2000 in den aufwendig restaurierten, 300 Jahre alten Vierseithof in Zadel über Meißen um.

Nach schwierigen Wiederaufbaujahren ist das Weingut heute bestens aufgestellt, und es ist nicht nur der Wille, sondern es sind auch genügend Mittel vorhanden, um die Pflege der Weinberge und der Rebstöcke optimal zu gestalten. Denn es sind die Hanglagen an der Elbe mit ihrem ganz besonderen Kleinklima und ihren ganz besonderen Böden, die in der Summe die stilistische Identität der Weine von Schloss Proschwitz ausmachen. Wenn im nächsten Jahr in Sachsen 850 Jahre Weinbau gefeiert werden, dann haben vor allem Dr. Georg Prinz zur Lippe und Schloss Proschwitz gute Gründe, auf das Erreichte stolz zu sein und die Festtage mit viel Zukunftsoptimismus zu begehen.

Weitere Schloss-Proschwitz-Weine
- Schloss Proschwitz Grauburgunder trocken Barrique (15 Euro), Schloss Proschwitz Traminer Spätlese trocken (15 Euro), Schloss Proschwitz Spätburgunder trocken Barrique (22 Euro)

Kontakt
- Dorfanger 19, 01665 Zadel über Meißen
Tel. (03521) 76760, www.schloss-proschwitz.de

Empfehlenswerte Weinbaubetriebe in der Umgebung
- Zimmerling (Pillnitz), Schwarz (Dresden), Lützkendorf (Bad Kösen), Pawis (Freyburg-Zscheiplitz)

Restaurants und Hotels in der Nähe
- Bülow Residenz, Rähnitzgasse 19, 01097 Dresden
  Tel. (0351) 80030, www.buelow-residenz.de
- bean & beluga, Bautzner Landstraße 32, 01324 Dresden
  Tel. (0351) 44008800, www.bean-and-beluga.de
- Villa Marie, Fährgässchen 1, 01309 Dresden
  Tel. (0351) 315440, www.villa-marie.de
- Villandry, Jordanstraße 8, 01099 Dresden
  Tel. (0351) 8996724, www.villandry.de
- Landgasthof Bärwalde, Kalkreuther Straße 10a, 01471 Bärwalde
  Tel. (035208) 342901
- Charlotte K., Coswiger Straße 23, 01445 Radebeul
  Tel. (0351) 8336876, www.charlotte-radebeul.de

33 Monsheimer Silberberg Rieslaner Beerenauslese

Weingut Keller, Rheinhessen

Die Rieslaner Beerenauslese vom Weingut Keller im rheinhessischen Flörsheim-Dalsheim überzeugt in der Nase mit überschwänglicher Fruchtkomplexität und dezenten Botrytisnoten. Es finden sich Anklänge an Mango, Passionsfrucht, Ananas und

Weinbergpfirsich. Hinzu gesellen sich Noten getrockneter und kandierter Früchte sowie ein wenig Honig. Der üppige, überaus cremige Gaumenauftritt ist ausgestattet mit einem explosiven Frucht-Säure-Spiel und einem durchschnittlichen Alkoholgehalt von rund acht Volumenprozent. Trotz der fulminanten Süße wirkt dieser Rieslaner herrlich rassig und temperamentvoll, vereint barocke Fülle mit tänzerischer Eleganz und Leichtigkeit. Klaus-Peter Keller, der Macher dieses Weins, vergleicht seine Beerenauslese mit einem temperamentvollen »Rubensweib«: »Da würden die Fetzen fliegen.«

Wie aufregend dieser Wein in seiner Jugend auch immer sein mag, seine volle Pracht wird er nicht entfalten, bevor er nicht eine gewisse Reife erlangt hat. Eine Rieslaner Beerenauslese aus dem Hause Keller aus einem vollkommenen Jahr erreicht ihren ersten Höhepunkt mit etwa zehn bis 15 Jahren; sie entwickelt sich jedoch weiter und zeigt sich mit 30 bis 40 Jahren im vollreifen Zustand, schmeckt dann aber noch immer taufrisch und ungemein vital – wie für alle Ewigkeit gemacht. Anders als im Falle trockener Weine variiert die Produktionsmenge bei edelsüßen Weinen von Jahr zu Jahr erheblich, und in manchen Jahren können überhaupt keine entsprechenden Trauben geerntet werden. Im Jahr 2009 gelang es den Kellers jedoch, rund 1000 halbe Flaschen abzufüllen und binnen weniger Wochen für je 30 Euro zu verkaufen.

Die Trauben für diese Beerenauslese wachsen im Monsheimer Silberberg im Regenschatten der nahen Erhebung Donnersberg. Der Weinberg ist windoffen, sodass die Trauben nach Regenfällen gut abtrocknen und im Falle von Botrytisbefall gut eintrocknen können. Es handelt sich um eine um zehn Prozent geneigte Südlage mit schwerem Lehmboden und rotem Kies im eisenhaltigen Unterboden. Dieser Boden ist gut erwärmbar und lässt sich leicht von den Reben durchwurzeln.

Die Rieslanertraube ist eine Diva, die vor allem im Weinberg eine Reihe ernsthafter Probleme aufwirft. Sie mag keinen Kalkgehalt, neigt zum Verrieseln, also zum Blütenabfall, und erweist sich im Herbst als wenig stielfest. Auf ungünstige Umwelteinflüsse reagiert die Sorte extrem: »Drei Tage Regen in der Blüte können den Ertrag leicht um ein Drittel reduzieren; eine Woche Regen im Herbst, und die Trauben liegen auf dem Boden.« Aus diesen Gründen ist die Rebsorte nicht besonders populär. Den meisten Winzern ist sie zu unberechenbar, das Risiko von Missernten zu groß, um sich dieser launischen Diva in größerem Umfang anzunehmen. Oder wie Klaus-Peter Keller es formuliert: »Man braucht sehr viel Liebe und Enthusiasmus, um mit den Frustrationen, die der Rieslaner verursacht, leben zu können. Dann aber kann man in den Genuss ganz außerordentlicher Resultate gelangen.«

Für die hohe Weinqualität der Rieslaner im Hause Keller ist neben dem großen Potenzial von Sorte und Lage vor allem das hohe Alter der Rebstöcke verantwortlich. Die Anlage wurde im Jahr 1958 gepflanzt und ist mittlerweile in bester Balance, sodass den Ertrag begrenzende Maßnahmen nicht mehr notwendig sind. Trotzdem muss auch eine alte Rieslaneranlage intensiv gepflegt werden: kurzer Anschnitt im Winter, aufwändige Boden- und Laubarbeiten in Frühjahr und Sommer sowie eine selektive Traubenlese.

Wenn im Herbst Morgennebel die Weinlagen des Wonnegau bedecken und in den Mittagsstunden die wärmenden Sonnenstrahlen auf die noch taufrischen Weingärten treffen, entsteht jenes Mikroklima, das die Entstehung des Edelpilzes Botrytis cinerea fördert. Dieser perforiert die Beerenhaut und lässt dabei den Wasseranteil verdunsten, sodass die Beeren am Stock einschrumpfen. Durch diesen Flüssigkeitsverlust kommt es in den Beeren zu der gewünschten Konzentration von Zucker und Säure.

Da der Pilz nicht auf allen Trauben gleichermaßen ideale Wachstumsbedingungen vorfindet, müssen die Trauben manuell in insgesamt fünf bis sieben Durchgängen selektiv gelesen werden. Die Auslese erfolgt am Stock, eine Maschinenernte wäre unmöglich. Ein geübter Leser erntet pro Tag zwischen 60 und 80 Kilogramm Trauben einer Beerenauslese, die Saftausbeute beträgt nur etwa 20 Prozent, manchmal weniger.

Wenn die mit den Trauben gefüllten Bütten dann ausgeleert werden, staubt es. Braune oder graue verschimmelte Beerchen kommen zum Vorschein, und es fällt schwer zu glauben, dass dies das Ausgangsmaterial für einen großen Wein sein soll. Nun muss nochmals sortiert werden, denn nur die verschimmelten und eingeschrumpften Beeren kommen für eine Beerenauslese in Frage.

Wenn alles gutgegangen ist, ist ein einzigartiges Geschmackserlebnis entstanden, ein Wein, der komplexe Fruchtdesserts ebenso perfekt begleiten kann wie Gänsestopfleber mit geröstetem Weißbrot, Blauschimmelkäse mit Rosinen-Nussbrot, Marillenknödel oder Gugelhupf. Und es gibt einen weiteren Vorteil: Sie können eine Flasche über mehrere Wochen trinken, ohne dass es zu Qualitätseinbußen kommt.

Weitere Keller-Weine

- Riesling »von der Fels« trocken (15,50 Euro), Dalsheimer Hubacker Riesling Großes Gewächs (31,50 Euro), Westhofener Kirchspiel Riesling Großes Gewächs (29,50 Euro), Dalsheimer Bürgel Spätburgunder Großes Gewächs (35 Euro)

Kontakt
- Bahnhofstraße 1, 67592 Flörsheim-Dalsheim
  Tel. (06243) 456, www.keller-wein.de

Empfehlenswerte Weinbaubetriebe in der Umgebung
- Dreißigacker (Bechtheim), Seehof (Westhofen), Winter (Dittelsheim-Hessloch), Manz (Weinolsheim), Hirschhof (Westhofen), Spohr (Worms), Werner (Ingelheim)

Restaurants und Hotels in der Nähe
- Rotisserie Dubs, Kirchstraße 6, 67550 Worms-Rheindürkheim
  Tel. (06242) 2023, www.dubs.de
- Restaurant Weingewölbe, Alzeyer Straße 2,
  67593 Bermersheim
  Tel. (06244) 5242, www.weingewoelbe.com
- Villa Wolf, Osthofener Straße 24, 67593 Westhofen
  Tel. (06244) 579660, www.villawolf.eu
- Gästehaus Jost, Am Obertor 18, 67592 Flörsheim-Dalsheim
  Tel. (96243) 911800, www.hotel-jost.de

Spätburgunder – Samt und Seide für den Gaumen

34 Spätburgunder No. 1 trocken

Weingut J. J. Adeneuer, Ahr

Die sympathischen und trotz der Erfolge der jüngeren Vergangenheit sehr bodenständig gebliebenen Brüder Frank und Marc Adeneuer aus Ahrweiler verkörpern wie vielleicht kein anderer Betrieb den dramatischen Aufstieg der Ahr als ernstzunehmende Quelle hochwertiger Rotweine. Als die beiden vor nunmehr 26 Jahren den maroden und hoch verschuldeten Betrieb von ihrer Tante übernahmen, konnte niemand vorhersehen, wohin die Mühen und Entbehrungen der ersten Jahre einmal führen würden.

Eine der ersten Maßnahmen der beiden Adeneuer-Brüder nach ihrer Betriebsübernahme im Jahr 1984 war die komplette Umstellung der Produktion auf trockene Weine. »Das war zu einem Zeitpunkt, als man mit dem roten Ahrwein vor allem süß und billig verband, ein riesiger Schritt und natürlich zunächst nicht einfach, denn viele Stammkunden gingen verloren. Aber wir dachten damals langfristig und wussten, wo wir hin wollten.« Dennoch begann die konsequente Qualitätsorientierung erst mit dem Jahr 1993. »Wir haben 1992 so unvorstellbar große

Mengen geerntet und die Weine waren so blass und dünn, dass wir uns gesagt haben: Das kann es nicht sein, das ist nicht das, was wir wollen.«

Das war der Startschuss für eine gänzlich neue Ära im Hause Adeneuer. Seither wurde die Qualität von Jahr zu Jahr kontinuierlich verbessert, und spätestens seit der Jahrtausendwende glänzt das komplette Sortiment vom Gutswein bis zum Großen Gewächs mit ungemein harmonischen und charaktervollen Tropfen.

Einer der spannendsten Weine der Adeneuers ist der Spätburgunder No. 1, der von alten, zum Teil noch wurzelechten Rebstöcken aus unterschiedlichen Kleinstparzellen stammt. Die Bezeichnung No. 1 entstand während einer Verkostung, zu der die Brüder ihre Kollegen Werner Näkel, Thomas Nelles und Wolfgang Hehle eingeladen hatten. »Wir stellten damals unsere Jungweine vor, die noch in den Fässern lagen, und waren sehr auf die kritischen Kommentare der Kollegen gespannt. Der Inhalt eines Fasses gefiel allen ganz besonders, und weil es noch keinen Namen hatte, nannten wir es einfach No. 1.«

Den Spätburgunder No. 1 charakterisiert eine wundervoll verführerische Verbindung von verlockender Duftigkeit, Fruchtsüße, seidiger Textur und delikatem Geschmack. Äußerlich präsentiert er sich rebsortentypisch hell und wenig farbintensiv. Die Aromenpalette ist breit gefächert und gar nicht leicht greifbar. Die Art, wie er seinen Duft versprüht, hat etwas Flüchtiges, schwer Fassbares, und immer, wenn man glaubt, ein Aromamerkmal identifiziert zu haben, wechselt es zum nächsten. Es finden sich Kräuter- und Gewürznoten, Anis und Dörrobst, aber auch rote und schwarze Beeren mit pflanzlichen und mineralisch-erdigen Anklängen. Mit etwas Reife gesellen sich Noten von Leder, getrocknetem Herbstlaub, Pilzen und Wildaromen hinzu. Am Gaumen zeigt er sich kraftvoll, körperreich und doch zugleich ungemein zärtlich. Er verfügt über eine milde Säure und ein überaus attraktives Mundgefühl mit einer sehr feinkörnigen, samtig-seidigen, aber gar nicht vordergründigen Tanninstruktur. Am Ende verabschiedet sich ein ungeheuer sinnlicher Wein, der nicht mehr, aber auch nicht weniger zu wollen scheint, als Emotionen zu erzeugen, zu begeistern, an Abgründe zu führen – also pures Vergnügen zu bereiten. Etwa 4000 Flaschen werden im Jahr produziert und für 22 Euro vor allem ab Hof verkauft.

Der No. 1 strahlt die Fülle und Wärme eines mediterranen Weines aus, präsentiert sich jedoch zugleich erfrischend kühl und zärtlich verspielt. Diese Stilistik geht auf das Konto der Ahr, wo die kühlere, nördliche Lage auf ein erstaunlich mediterranes Mikroklima trifft. Windgeschützte, nach Süden ausgerichtete Steillagen, eine die Sonnenstrahlen reflektierende Wasseroberfläche und wärmespeichernde Schiefer- und Grauwackeböden ergeben kraftvolle Weine mit zartem Aroma und filigraner Eleganz.

Einige Winzer schießen allerdings bisweilen über das Ziel hinaus und versuchen durch Wucht und Kraft, südliche Fülle zu imitieren. Für Frank Adeneuer sind überreife Trauben genauso wenig erstrebenswert wie wuchtiger Holzeinsatz: »Noch bis vor wenigen Jahren haben wir hier alle im Gebiet zu spät gelesen und zu sehr auf das Mostgewicht geschaut. Wir glaubten, unsere Weine aufmotzen zu müssen und vergaßen dabei, wie wichtig gerade beim Spätburgunder die Säure und ein gewisses Maß an innerer Spannung ist.« Und er ist der Meinung, dass man nicht nur den Charakter der Rebsorte, sondern auch die Herkunft schmecken soll: »Spätburgunder von der Ahr müssen sich von ihren Brüdern vom Kaiserstuhl oder der Pfalz unterscheiden, sie müssen mehr das Seidige, Zarte und Elegante betonen, weniger die Kraft und Fülle.«

Um die Herkunft im Wein zu kommunizieren, werden auf der Basis niedriger Erträge (35 Hektoliter pro Hektar) nur optimal gereifte Trauben verwendet und so schonend wie möglich weiterverarbeitet. Dazu gehört für Adeneuer die Spontangärung ebenso wie eine lange Standzeit im Fermenter nach der Gärung, der Ausbau im Barriquefass mit dezenter Toastung sowie die unfiltrierte Abfüllung.

Weitere Adeneuer-Weine
- Ahrweiler Spätburgunder trocken (8,60 Euro), Spätburgunder No. 2 trocken (14,50 Euro), Walporzheimer Gärkammer Spätburgunder trocken (22,70 Euro), Ahrweiler Rosenthal Spätburgunder Großes Gewächs (33,70 Euro)

Kontakt
- Max-Planck-Straße 8, 53474 Ahrweiler
  Tel. (02641) 34473, www.adeneuer.de

Empfehlenswerte Weinbaubetriebe in der Umgebung
- Meyer-Näkel (Dernau), Stodden (Rech), Kreuzberg (Dernau), Brogsitter (Grafschaft-Gelsdorf), Nelles (Heimersheim)

Restaurants und Hotels in der Nähe
- Steinheuers Restaurant, Landskroner Straße 110, 53474 Ahrweiler
  Tel. (02641) 94860, www.steinheuers.de
- Hohenzollern, Am Silberberg 50, 53474 Ahrweiler
  Tel. (02641) 9730, www.hotelhohenzollern.com
- Prümer Gang, Niederhutstraße 58, 53474 Ahrweiler
  Tel. (02641) 4757, www.pruemergang.de

- Brogsitters Sanct Peter, Walporzheimer Straße 134, 53474 Ahrweiler
  Tel. (02641) 97750, www.sanct-peter.de
- Lanz, Walporzheimer Straße 19, 53474 Ahrweiler
  Tel. (02641) 2082552, www.lanz-lecker.de

35 Spätburgunder trocken XXL

Weingut Fritz Waßmer, Baden

Fritz Waßmer begann seine Karriere als Weinmacher zwar erst 1999, aber von Anfang an hatte er sehr genaue Vorstellungen, wie die Weine, die er einmal produzieren würde, schmecken sollten. Seine Liebe gilt vor allem den roten Burgundern, und unter all den großen Weinen, die dort Jahr für Jahr entstehen, verehrt er die Gewächse der Domaine de la Romanée-Conti ganz besonders. So war es naheliegend, die Arbeit in Weinberg und Keller in seiner badischen Heimat weitestgehend auf die rote Burgundersorte, den Spätburgunder oder auch Pinot Noir, zu konzentrieren.

Beim Spätburgunder zielt Fritz Waßmers stilistisches Ideal auf geschmeidige und aromatische Weine mit großer Eleganz. Er hat zwar eine Schwäche für körperreiche, kraftvolle Weine, aber beim Spätburgunder strebt er nach einer optimalen Balance zwischen Körper und Frucht, Zartheit und Langlebigkeit. »Mehr als im Falle jeder anderen Rebsorte braucht es beim Pinot Feingefühl, Geduld und Frustrationstoleranz. Der geht seinen eigenen Weg, den kannst du nicht zwingen. Das Ideal wäre, überhaupt nichts zu tun – das aber ist unmöglich.«

XXL nennt Fritz Waßmer sein Spätburgunder-Flaggschiff, das er 2005 zum ersten Mal auf die Flasche gefüllt hat. Das ist ein fest gewirkter Wein, der sich im ersten Jahr nach der Flaschenfüllung meist mit einem noch etwas unruhigen, dabei aber straffen, tiefen und präsenten Duft nach roten Früchten, vor allem nach Kirschen und Himbeeren, präsentiert. Hinzu gesellen sich feine kräuter- und holzwürzige Noten, Anklänge an Tabak und Geräuchertes und eine deutliche Mineralik. Der Gaumenauftritt ist klar und wiederum von roter Frucht und erdig-mineralischer Würze geprägt. Der mächtige, füllige Körper wird getragen von einer sehr feinen, aber festen Tanninstruktur, einer abgerundeten Säure und sehr viel quirliger Mineralik. Der Wein hat guten Zug, beachtliche Tiefe, einen langen Abgang und zeigt eine wunderschöne Verbindung aus Feinheit und Kraft.

Die letzten Jahrgänge dieses Ausnahmeweins präsentieren sich durch die Bank sehr harmonisch und fein abgestimmt, aber sie sind dennoch nicht für eine frühe Genussreife gemacht. Erst nach mehreren Jahren in der Flasche kommen sie voll zur Geltung. Mit dem XXL nähert sich Fritz Waßmer seinem erklärten Ziel, Spätburgunder hervorzubringen, in denen sich Kraft und Finesse vereinen und die das Typische ihrer Herkunft zu erkennen geben, mit großen Schritten. Aber noch bleibt Luft nach oben. Jährlich entstehen etwa 3000 Flaschen, die für je 30 Euro ab Hof verkauft werden.

Die Trauben wachsen in der Lage Kenzinger Roter Berg auf einem tiefgründigen und fruchtbaren Muschelkalkboden mit roter, stark eisenhaltiger Tonauflage. Die Wasserversorgung ist in dieser Lage perfekt, weil der Boden Feuchtigkeit gut halten kann, aber in Regenzeiten das Wasser auch gut nach unten abtransportiert. Hohe ph-Werte puffern den Säureeindruck im

Wein deutlich ab. Die Rebanlagen sind zwischen acht und 30 Jahre alt; zuletzt hat Fritz Waßmer den kleinbeerigen französischen Klon 777 mit der schwachwüchsigen Unterlage 161/49 gepflanzt. »Das bringt niedrige Erträge, aber sehr geschmacksintensive Trauben, also gerade die Eigenschaften, die man braucht, um einen Premium-Wein zu erzeugen«, erklärt er. Zusätzlich hat Waßmer sich für eine extrem hohe Pflanzdichte und die Erziehung der Reben nach dem Cordon-System entschieden – zwei weitere Maßnahmen zur Qualitätssicherung.

Nach der Blüte im Juni werden am Stock die unteren Blätter entfernt, um Verrieselungseffekte herbeizuführen. Fritz Waßmer erklärt das folgendermaßen: »Nach neueren Erkenntnissen wird durch eine kleinere aktive Assimilationsfläche das Blüteergebnis negativ beeinflusst, die Traube verrieselt. Der geringere Fruchtansatz begrenzt den Ertrag und wirkt sich positiv auf die Qualität aus. Die Verrieselung führt dann im weiteren Reifeverlauf zu lockerbeerigeren Trauben und beugt deshalb möglichen Botrytisinfektionen vor, die bei sehr kompakten Trauben entstehen können, wenn die Beeren immer dicker werden und einander abquetschen.«

Noch vor der Färbung der Beeren, wenn das Größenwachstum beendet ist, geht Waßmer ein weiteres Mal durch den Weinberg und halbiert in einem sehr arbeitsaufwendigen Verfahren die Traubenzahl. Diese Maßnahme begünstigt ebenfalls die Lockerbeerigkeit und begrenzt wiederum den potenziellen Ertrag. Auch zur Traubenernte hat er eine klare Position: »Wir haben in den letzten Jahren die Erfahrung gemacht, dass es besser ist, nicht zu lange mit der Lese zu warten. So bekommen wir kerngesunde Trauben mit etwas mehr Säure und einer insgesamt frischeren Aromatik. Das wirkt sich günstig auf die Haltbarkeit der Weine aus.« Die Trauben werden im Hause Waßmer – wie rohe

Eier – in kleine Kisten gelesen und so schonend wie möglich ins Weingut transportiert.

Im Falle des XXL findet ein zehnprozentiger Saftabzug statt, um den Most zu konzentrieren. Nach Abschluss der Gärung verbleibt der fertige Wein noch ein paar Tage auf der Maische, bevor er abgepresst und zum biologischen Säureabbau und weiteren Reifen in neue Barriquefässer gegeben wird.

Die Weine von Fritz Waßmer haben es verdient, noch sehr viel bekannter zu werden. Noch vor zehn oder fünfzehn Jahren hätten seine Qualitäten in der Fachpresse für großes Aufsehen gesorgt, und er wäre als Shooting Star gefeiert worden. Nun haben sich die Zeiten geändert. Es sind heute nicht mehr einzelne Produzenten, sondern viele, die Jahr für Jahr mit zum Teil herausragenden Qualitäten am Markt auftauchen, ohne dass ihnen die gebührende Aufmerksamkeit zuteil werden kann. Da hatten es die »Aufsteiger« früherer Zeiten doch deutlich leichter.

Weitere Waßmer-Weine
- Grauer Burgunder trocken »R« (12,50 Euro), Sauvignon blanc trocken (7,50 Euro), Chardonnay trocken Barrique (12,50 Euro), Spätburgunder trocken Barrique (10,80 Euro), Spätburgunder trocken Barrique »M« (14,50 Euro), Syrah trocken Barrique (27,50 Euro)

Kontakt
- Lazariterstraße 2, 79189 Bad Krozingen-Schlatt
  Tel. (07633) 3965, www.weingutfritzwassmer.de

Empfehlenswerte Weinbaubetriebe in der Umgebung
- Heinemann (Ehrenkirchen-Scherzingen), Schlumberger (Laufen), Zotz (Heitersheim)

Restaurants und Hotels in der Nähe
- Spielweg, Spielweg 61, 79244 Münstertal
  Tel. (07636) 7090, www.spielweg.com
- Storchen, Felix-und-Nabor-Straße 2, 79189 Bad Krozingen-Schmidhofen
  Tel. (07633) 5329, www.storchen-schmidhofen.de
- Krone, Hauptstraße 30, 79219 Staufen
  Tel. (07633) 9580390, www.die-krone.de
- Ambiente, Ballrechterstraße 8, 79219 Staufen-Grunern
  Tel. (07633) 802442, www.restaurant-ambiente.de
- Hotel Ott, Thürachstraße 3, 79189 Bad Krozingen
  Tel. (07633) 40060, www.hotel-ott.de

36 *Spätburgunder Rhini trocken*

Weingut Ziereisen, Baden

Hanspeter Ziereisen ist ein ungemein liebenswürdiger Weinfanatiker und ein Markgräfler Dickschädel im besten Sinne. In seinem Streben nach Qualität geht der gelernte Schreiner keine Kompromisse ein. Für ihn liegt der Schlüssel in niedrigen Erträgen, alten Rebstöcken, dem perfekten Erntezeitpunkt und einer Kellerwirtschaft, die nach dem Prinzip der Nichteinmischung verfährt. »Ein großer Spätburgunder muss vor allem originell sein und darf Ecken und Kanten haben. Den Typ ›Everybody's Darling‹ strebe ich nicht an. Meine Weine polarisieren, das weiß ich und das tue ich ja auch. Deshalb freue ich mich sehr, wenn man in einer Blindprobe feststellt: Das ist ein Ziereisen!«

Die Qualität, so wie Ziereisen sie versteht, wird jedoch längst nicht von allen geteilt. So hat die regionale Prüfungskommission für Qualitätsweine seine Weine mit der Begründung abgelehnt, sie seien fehlerhaft beziehungsweise untypisch für Sorte und Region. »Anscheinend hat man mir übelgenommen, dass ich keine Mainstream-Weine mache, mehr auf Mineralität als auf Primärfrucht setze und unfiltriert abfülle«, vermutet Ziereisen. Da seine Weine nicht ins gängige Geschmacksbild passten, musste er sie als Tafelweine deklarieren und vermarkten. Dies hat ihm allerdings mehr genützt als geschadet – die Kundschaft hat sie ihm förmlich aus den Händen gerissen.

Sein Spätburgunder aus der Parzelle Rhini bringt allerbeste Lagenvoraussetzungen mit, die den berühmten Standorten im Burgund sehr nahe kommen. Ganz ähnlich wie zum Beispiel in Pommard stehen die Reben in der Hanglage Rhini auf Kalkstein mit einer eisenhaltigen Lehmauflage. Dieser Boden versorgt die Reben nahezu optimal sowohl mit Wasser und Nährstoffen als auch mit Mineralien. »Soll der Wein, der dort wächst, diese Einzigartigkeit zum Ausdruck bringen, dann muss sich die Rebe nicht etwa aus der künstlich angereicherten Krume, sondern aus tieferen Schichten ernähren, wo die Spurenelemente in das Grundwasser gelangen. Deshalb muss das Wachstum der reichlich sprießenden seitlichen Wurzeln eingeschränkt werden, sodass die Hauptwurzeln dazu gezwungen sind, Nährstoffe in den tieferen Schichten zu suchen«, erläutert Ziereisen die Zusammenhänge.

Ziereisen hat in den vergangenen Jahren unterschiedliche Spätburgunder-Klone gepflanzt, von denen er sich geringe Wuchskraft, Lockerbeerigkeit und eine gewisse genetische Vielfalt in seinen Weinbergen verspricht. Wichtiger ist jedoch aus seiner Sicht das Alter der Stöcke: »Ideal ist es, wenn die Reben zur Ruhe kommen, wenn sie ein Alter erreicht haben, in dem sie sich von selbst auf einen niedrigen Ertrag um die 35 Hektoliter pro Hektar einpendeln.«

Als besonders kritisch erweist sich beim Spätburgunder immer wieder der Lesezeitpunkt. Vorzugsweise wird der Termin spät angesetzt, um möglichst volle Konzentration und Reife zu gewährleisten. Andererseits ist überkonzentriertes und überreifes Lesegut auch nicht erwünscht. Auch darf bei später Lese der Säurelevel nicht zu stark nach unten gehen – eine Gefahr, die vor allem im Falle junger Reben droht. »Ich hole meine Spätburgundertrauben, bevor die Kerne braun geworden sind und solange die Schale noch dick und fest ist. Sie muss angenehm bitter schmecken und darf sich nicht gleich auflösen, wenn ich sie im Mund zerkaue.«

Was dann folgt, ist schnell gesagt: selektive Handlese, schonender Traubentransport, vollständiges Abbeeren, nochmalige Selektion auf dem Sortiertisch, um unreife Beeren zu entfernen, dann Kaltmazeration und Warten, bis die Gärung ohne Zugabe von Reinzuchthefen startet. Zwei- bis dreimal täglich wird der Tresterhut mit einem luftdruckbetriebenen Edelstahlpaddel aufgebrochen. Nach dem Keltern in einer alten Korbpresse finden in regional gefertigten Barriques der biologische Säureabbau und der 18-monatige Ausbau statt.

Das Ergebnis ist ein ganz außergewöhnlicher Wein. Bis noch vor wenigen Jahren war der Rhini ein ungemein mächtiges, ja opulentes Gewächs, das in manchen Jahren einem Wein von der südlichen Rhône stilistisch näher schien als einem deutschen Spätburgunder. »Mit diesen alkoholreichen Kraftprotzen habe ich die größten Erfolge gehabt und viele vordere Plätze bei nationalen und internationalen Wettbewerben belegt. Mit meinem heutigen Bekanntheitsgrad kann ich es mir leisten, einen

Schritt zurückzugehen und weniger vom Alkohol dominierte Spätburgunder abzufüllen. In der Jugend glättet Alkohol und lässt einen Wein geschmeidiger wirken, mit ein paar Jahren Flaschenreife präsentieren sich die etwas alkoholärmeren Vertreter jedoch sehr viel animierender, frischer und trinkfreudiger. Das liegt daran, dass im Alter der Alkohol stärker hervortritt«.

Zum Glück hat Hanspeter Ziereisen zurückgefunden zu einer geradlinigeren, schlankeren Stilistik. Die letzten Jahrgänge besitzen zwar immer noch die für ihn typische feste Tanninstruktur und kraftvolle Gangart, aber sie haben mehr Frische und innere Spannkraft, sie wirken fokussierter und weniger hitzig. Und auch ihre Neuholz- und Toastungsprägung sind deutlich abgeschwächt. »Spätburgunder ist Riesling in Rot, beide leben von ihrer Vitalität und Frische«, formuliert er heute selbstbewusst.

Der Rhini hat eine für die Sorte sehr charakteristische Nase mit einer sehr klaren, aber unaufdringlichen Aromatik: satte schwarze Kirschfrucht, dunkle Beeren mit reifer Cassisnote, leicht rauchig, feine Kräuternuancen. Aber im Vergleich zum nun folgenden Gaumenauftritt wirkt die Nase dezent und zurückhaltend. Im Mundraum ist die Hölle los. Mit seiner sehr nachhaltigen, kraftvollen und extrem fleischigen Art, seiner markanten Tanninstruktur und seiner integrierten Säure ist dieser Spätburgunder eine Herausforderung. Im sehr langen Abgang findet sich – neben schönen Kaffee- und Kakaonoten – eine fest zupackende Mineralität. Gefühlvoller Barriqueeinsatz, feinkörnige Gerbstoffe und griffige Kalksteinmineralik bieten der beeindruckenden Fruchtkomplexität einen passenden Rahmen.

Das Ergebnis ist ein betont burgundischer Spätburgunder, der dem Markgräflerland und seinen Winzern völlig ungeahnte

Perspektiven für die Rotweinproduktion eröffnet. Seine optimale Trinkreife beginnt nicht vor seinem vierten oder fünften Geburtstag, aber auch nach zehn bis zwölf Jahren wird dieser Wein noch enorm viel Spaß machen. Hanspeter Ziereisen stellt jährlich zwischen 3000 und 4000 Flaschen davon her und verkauft die Flasche für 22 Euro. Vor allem zu kräftigen Fleisch-, Wild- und Pilzgerichten ist der Rhini eine besondere Empfehlung.

Weitere Ziereisen-Weine
- Gutedel Tafelwein Heugumber trocken (4,80 Euro), Grauer Burgunder Tafelwein »Musbrugger« trocken (18 Euro), Chardonnay Tafelwein »Hord« trocken Barrique (18 Euro), Spätburgunder Tafel »Tschuppen« trocken Barrique (12 Euro), Spätburgunder Tafelwein »Jaspis« trocken Barrique (35 Euro)

Kontakt
- Markgrafenstraße 17, 79588 Efringen-Kirchen
  Tel. (07628) 2848, www.ziereisen.de

Empfehlenswerte Weinbaubetriebe in der Umgebung
- Blankenhorn (Schliengen), Lämmlin-Schindler (Mauchen), Schneider (Weil am Rhein)

Restaurants und Hotels in der Nähe
- Walsers Landhotel und Restaurant, Bahnhofstraße 34, 79588 Efringen-Kirchen
  Tel. (07628) 8055244, www.walsers-hotel.de
- Rebstock, Kanderner Straße 21, 79588 Efringen-Kirchen
  Tel. (07628) 90370, www.rebstock-egringen.de

- Traube, Alemannenstraße 19, 79588 Efringen-Kirchen,
  Tel. (07628) 9423780, www.traube-blansingen.de
- Rollerhof, Münsterplatz 21, 4051 Basel
  Tel. +41 (61) 2630484, www.rollerhof.ch

37 Laumersheimer Steinbuckel Spätburgunder »Großes Gewächs«

Weingut Philipp Kuhn, Pfalz

Mit seinen Weinen aus den Jahrgängen 2003 und 2004 rückte der zurückhaltende, sympathische Philipp Kuhn in die erste Liga der deutschen Rotweinproduzenten auf. Seine besten 2007er sind richtige Glanzstücke, nicht zuletzt sein Laumersheimer Steinbuckel Spätburgunder »Großes Gewächs«. Er beginnt recht leise, überwältigt dann aber im Nu alle Sinne und steigert sich zu einem gewaltigen Crescendo. Er besitzt alle Attribute, die ein großer Spätburgunder zu bieten hat: viel Frucht und der Eindruck von Süße aus perfekt gereiften Trauben, eine vitale Säure und fest zupackende, aber zugleich ungemein feinkörnige Tannine. Alles findet sich vereint und gut aufgehoben in einem enormen Körper.

Für einen Spätburgunder erscheint der Steinbuckel fast monumental, so gewaltig sind seine Ausmaße. »Das darf ein deutscher Spätburgunder nicht können«, hörte ich einen völlig überraschten Teilnehmer einer Verkostung ausrufen. Und doch präsentiert sich dieser Wein bei aller Imposanz ohne jede Spur unangemessener Unnahbarkeit. Härte und Zärtlichkeit scheinen perfekt aufeinander abgestimmt zu sein, nur wird es ein wenig Geduld erfordern, bis seine Feinheit in gleichem Maße wie seine Stärke zur Geltung kommen kann.

Der Erzeuger dieses beeindruckenden Weines ist weniger ein Feingeist als vielmehr ein gewissenhafter Handwerker, ein fleißiger Tüftler. Wie kommt er dazu, solch hinreißende Weine zu machen? Philipp Kuhn klärt mich auf, dass dies nicht immer so war: »Ich arbeite mehr oder weniger seit Mitte der 1990er Jahre auf dieselbe Weise, aber es ist ein langer, steter Entwicklungsprozess bis zu den Weinen von heute. Dieser Prozess verlangt sehr viel Feinabstimmung und Geduld, vor allem aber ein sehr intimes Verständnis der Terroirs, die man bewirtschaftet.«

Die Fruchtaromen reifer Pinot-Trauben – schwarze Kirschen, Brombeeren und Waldbeeren – stehen zwar auch beim Steinbuckel im Vordergrund, aber immer, wenn man danach sucht, scheinen sie sich zu verbergen, und man trifft auf die Kalksteinmineralität von Laumersheim. Das verleiht dem Wein eine Geschmacksnote, die entfernt an Unterholz und nasse Steine, an Kräuterwürze und Salz erinnert. Nichts am Wein ist schwieriger zu beschreiben als seine mineralische Dimension, die ihren Ursprung im Boden hat. Die theoretische Erklärung mag fehlen, aber empirische Beweise für ihre geschmackliche Präsenz gibt es zuhauf.

Um diesen geheimnisvollen Spätburgunder wirklich zu verstehen, muss man seinen Spuren folgen, die ebenso in die Vergangenheit wie auch in die Zukunft weisen. Dann erfährt man, wo dieser Wein herkommt, wo er seine Kindheit und Jugend verbracht hat und welche Zukunftspotenziale in ihm angelegt sind. Die Herkunft des Steinbuckel ist ein für die Weinproduktion privilegierter Raum. Das Gebiet um die sanfte Hügellandschaft von Laumersheim zählt zu den niederschlagsärmsten und mit jährlich rund 1800 Sonnenstunden wärmsten Gebieten in ganz Deutschland. Die geologische Entwicklung wurde maßgeblich durch den Einbruch des Rheingrabens beeinflusst, als sich das Haardtgebirge im Westen emporhob und an den Bruchrändern zahlreiche Verwerfungen und Verschiebungen auftraten. Diesen Geschehnissen verdanken die Laumersheimer Lagen ihre Bodenunterlage aus massivem Kalkstein, die vor allem dann eine enorme Tiefe, Mineralität und Haltbarkeit in die Weine bringt, wenn – wie im Falle der Lage Steinbuckel – die darüber liegende Lössauflage nicht sehr dick ist.

Fester Bestandteil der Weinbauarbeiten im Hause Kuhn ist die Ertragsregulierung. »Wir versuchen, die Reben zu beständigem, vernünftigem Fruchtwachstum zu erziehen, damit weitere Maßnahmen überflüssig werden. Aber dafür sind unsere Anlagen noch nicht alt genug.« Bis es soweit ist, werden die Trauben im Juni nach der Blüte, wenn die Beeren gerade schrotkorngroß sind, halbiert, und wenige Wochen später wird der Behang weiter ausgedünnt. »Ebenso wichtig sind die Vitalität von Boden und Laubwand. Dafür leisten wir über das Jahr verteilt einen großen Arbeitseinsatz. Und aus diesem Grund verzichten wir auch auf die Chemiekeule im Weinberg.«

Im Keller von Philipp Kuhn gibt es keine Standardrezepte. Entschieden wird von Fall zu Fall, immer orientiert an den konkreten Bedingungen des Jahrgangs. »Nur wenn ich mich von Schul- und Lehrbuchweisheiten löse, bin ich im Kopf frei, aus den gegebenen Bedingungen die richtigen Schlussfolgerungen zu ziehen.«

Die positiven Wirkungen der Reifung im Barriquefass stehen für Philipp Kuhn außer Frage: »Am Anfang ist der geschmackliche Neuholzeinfluss sicher sehr groß. Aber durch den zusätzlichen Gerbstoffeintrag und den Luftkontakt während der Fasslagerzeit werden wertvolle Effekte für die Haltbarkeit des Weines erzielt. Gleichzeitig kommt es zu einer Polymerisation der Tannine, die in der Folge runder und geschmeidiger werden. Nach einigen Jahren Flaschenreife verliert sich allmählich der geschmackliche Eindruck des Neuholzes, und die Frucht tritt stärker hervor.« Das ist ein wichtiger Grund, den Steinbuckel nicht zu früh zu öffnen, es könnte angesichts des Flaschenpreises von 30 Euro eine enttäuschende Erfahrung sein.

Weitere Kuhn-Weine
- Viognier trocken (12,80 Euro), Großkarlbacher Burgweg Riesling trocken (11,20 Euro), Laumersheimer Steinbuckel Riesling trocken Großes Gewächs (20 Euro), Laumersheimer Kirschgarten Spätburgunder Großes Gewächs (30 Euro), St. Laurent trocken (19 Euro)

Kontakt
- Großkarlbacher Straße 20, 67229 Laumersheim
Tel. (06238) 656, www.weingut-philipp-kuhn.de

Empfehlenswerte Weinbaubetriebe in der Umgebung
- Schumacher (Herxheim am Berg), Petri (Herxheim am Berg), Kissel (Freinsheim), Zelt (Laumersheim)

Restaurants und Hotels in der Nähe
- Weißes Lamm, Hauptstraße 38, 67229 Laumersheim
Tel. (06238) 929143, www.lamm-laumersheim.de
- Roosmarin, Schlossgasse 15, 67246 Dirmstein
Tel. (06238) 926970, www.roosmarin.de
- Weinkastell, Weinstraße 80/82, 67169 Kallstadt
Tel. (06322) 5033, www.weinkastell-kohnke.de

- Luther, Hauptstraße 29, 67251 Freinsheim
  Tel. (06353) 93480, www.luther-freinsheim.de
- Meurer, Hauptstraße 67, 67229 Großkarlbach
  Tel. (06238) 678, www.restaurant-meurer.de

38 Schweigener Sonnenberg »Sankt Paul« Spätburgunder »Großes Gewächs«

Weingut Friedrich Becker, Pfalz

Im Glas haben wir den Traum eines Spätburgunders, den der Schweigener Grenzgänger Friedrich Becker aus kostbaren Parzellen im Elsass vinifiziert. Er zeigt die Paradoxien der größten Weine der Welt, ist zugleich elegant und rassig, seidig und opulent, unglaublich reichhaltig und fein und betört mit seinem reifen Bukett von Gewürzen und Veilchen, mit Anklängen an Schattenmorellen, Cassis, Himbeeren, Rosen und Anis. Mit etwas Luft gesellen sich leicht speckige, rauchige und würzige Noten hinzu.

Am Gaumen fasziniert der Sankt Paul mit einer fulminanten Fruchtsüße und feinen, seidenen Tanninen. Er präsentiert sich dicht und zupackend, gleichzeitig schwebend und filigran. Alles wirkt ungemein präzise und transparent. Bei aller inneren Fülle ist das ein geradezu zärtlicher, ein leiser, traumhaft geschliffener Wein, der das harmonische Zusammenspiel von Reinheit und Kraft, Finesse und Länge mit scheinbar schlafwandlerischer Sicherheit beherrscht – einem großen Sinfonieorchester gleich, dessen Musiker zu vollkommener Harmonie ihrer Instrumente finden.

Der Sankt Paul hat etwas von einer ausdrucksstarken Tänzerin, deren Reiz in der Kombination von Zartheit und Kraft liegt. Dieses Spannungsverhältnis zeichnet große Spätburgunder mehr als alle anderen Rotweine in der Welt aus, sodass selbst außerordentlich reiche und konzentrierte Vertreter nicht opulent erscheinen. Seine ganze Pracht offenbart der Sankt Paul jedoch selten vor seinem vierten oder fünften Lebensjahr, wenn die Holzprägung in den Hintergrund tritt und die Bühne frei macht für eine herrliche Fruchtkomplexität. Gleichzeitig präsentiert sich das Mundgefühl noch ein wenig frischer und fokussierter, die Textur wirkt einen Tick zärtlicher, und die tiefe Mineralität und der edle Ausklang zeigen sich mit großem Nachdruck.

Dieser Spätburgunder, der in einer gut durchlüfteten, steilen Südlage auf reinem Kalksteingrund wächst, bewahrt lange die Eigenschaften der Jugend und ist mit einem Alterungspotenzial von 15 bis 20 Jahren ausgestattet. Becker füllt jährlich etwa 3000 Flaschen und verkauft sie für 45 Euro – zum großen Teil an Endverbraucher, viel geht jedoch auch in die gehobene Gastronomie und ins Ausland, vor allem nach Japan. Meist ist die Nachfrage größer als das Angebot.

Für Friedrich Becker ist es ein langer Weg gewesen von den ersten Gehversuchen als selbstständiger Winzer im Jahre 1973 bis zu seinen Weltklasseweinen von heute. Als junger Mann hat er es gewagt, mit der elterlichen Tradition des Genossenschaftsbetriebes zu brechen und eigene Weine zu füllen. Erste Erfolge erzielte er bereits in den 1980er Jahren mit frischen, durchgegorenen Weißweinen, so richtig in Fahrt kam er jedoch erst in den 1990er Jahren, nicht zuletzt aufgrund des ungemein fruchtbaren Austauschs und vieler lehrreicher Reisen mit der südpfälzer Winzergruppe »Fünf Freunde«. »Gemeinsam haben wir alle bedeutenden Weinbaugebiete Europas bereist und die besten Gewächse dieser Regionen kennengelernt. Im Nachhinein weiß ich, dass man die großen Weine dieser Welt kennen muss, sie immer wieder im Glas gehabt haben muss, um selbst große Weine machen zu können.«

In dieser Zeit ist seine große Liebe für die Rotweine aus dem Burgund entstanden. »Es ist einfach«, sagt er, »einen eleganten oder einen kraftvollen Wein zu machen, aber es ist sehr schwierig, diese beiden Extreme in einem Wein zu vereinen, eine Ausgewogenheit zwischen beidem herzustellen. In den großen Burgundern spielen diese Extreme wie von selbst zusammen, so ganz unangestrengt und ausgewogen.«

In der Folge hat er akribisch die Bedingungen studiert, unter denen im Burgund die besten Rotweine entstehen und dann verblüfft festgestellt, dass er in seiner Pfälzer Heimat über ganz ähnliche natürliche Voraussetzungen verfügt: Klima, Kleinklima, Topografie und Böden sind – mit einigen Abstrichen – durchaus vergleichbar. Aber er bemerkte bald auch, dass man in Deutschland nicht wusste, wie man große Rotweine macht, wie man erstklassige Lagenpotenziale in erstklassige Weine umsetzt. Immer deutlicher sah er die Vorteile des Burgund: vertiefte Lagenkenntnisse, besseres Pflanzgut, höheres Alter der Rebanlagen, niedrigere Erträge, hochwertige Fässer, mehr Erfahrungen in Weinberg und Keller und – bei den besten Domänen – der unbedingte Wille zur Qualität. »Ich befürchtete, es könnte Jahrzehnte dauern, wenn es überhaupt jemals gelingen sollte, diesen immensen Vorsprung aufzuholen.«

Die ersten Spätburgunder, die Friedrich Becker bereits Ende der 1960er Jahre pflanzte, waren Kaiserstühler und Wädenswiler Klone. Beide weisen dank ihres lockeren Traubengerüsts eine gute Botrytisresistenz auf und bringen gute Mostgewichte, sie sind jedoch starkwüchsiger als die klassischen Spätburgunderklone. Als man sich in den 1990er Jahren in Deutschland daran machte, hochwertige und international konkurrenzfähige Spätburgunder zu erzeugen, stieß man mit diesen Klonen an Grenzen. Auch Friedrich Becker pflanzte in der Folge aus dem Burgund stammende, kleinbeerige Klone, die nur geringe, höchstens aber mittlere Erträge zuließen. Aufgrund ihrer frühen Reife und der sehr guten Weinbeurteilungen wurden sie vorwiegend zur Herstellung von qualitativ sehr hochwertigen Rotweinen – auch mit Barriqueausbau – empfohlen. Die Trauben sind jedoch sehr kompakt und deshalb enorm fäulnisanfällig.

Heute, nach über 40 Jahren Erfahrung mit der launischen Spätburgunderrebe, kommt Friedrich Becker zu einer differenzierteren Einschätzung: »Die starke Wüchsigkeit mancher Spätburgunderklone ist vor allem ein Problem, solange die Pflanzen noch jung sind. Sind die Anlagen aber erst einmal 30 Jahre oder älter und die Rebstöcke zur Ruhe gekommen, pendelt sich der Ertrag auf einem akzeptablen Niveau ein, und der Vorteil der geringeren Botrytisanfälligkeit bleibt. Deswegen wehre ich mich gegen jede Schwarz-Weiß-Malerei.«

Wahrscheinlich gibt es den besten Burgunderklon nicht, sondern nur mehr oder weniger passende, passend für bestimmte Lagen und Böden, passend für bestimmte Weinstile und passend für bestimmte Winzerpersönlichkeiten. »Was nutzt mir ein hochwertiger Klon, wenn die Trauben faulen oder die Gefahr besteht, dass sie faulen könnten und ich sie deshalb ernten muss, noch bevor sie ihre optimale Reife erreicht haben?«

Weitere Becker-Weine
- Weißer Burgunder »Enggasse« trocken (15 Euro), Chardonnay Tafelwein trocken Barrique (25 Euro), Spätburgunder

»B« trocken Barrique (15 Euro), Spätburgunder »Kalkstein« trocken Barrique (25 Euro)

Kontakt
- Hauptstraße 29, 76889 Schweigen
  Tel. (06342) 290, www.friedrichbecker.de

Empfehlenswerte Weinbaubetriebe in der Umgebung
- Scheu (Schweigen), Bernhart (Schweigen), Porzelt (Klingenmünster), Jülg (Schweigen-Rechtenbach)

Restaurants und Hotels in der Nähe
- Weinstube Jülg, Hauptstraße 1, 76889 Schweigen
  Tel. (06342) 919090, www.weingut-juelg.de
- Reuters Holzappel, Hauptstraße 11,
  76889 Pleisweiler-Oberhofen
  Tel. (06343) 4245, www.reuters-holzappel.de
- Fünf Bäuerlein, Theaterstraße 2, 67829 Landau
  Tel. (06341) 20746, www.fuenf-winzer.de
- Restaurant Schneider, Hauptstraße 88, 76857 Dernbach
  Tel. (06345) 8348 und 95440, www.schneider-dernbachtal.de

39 Westhofener Morstein Spätburgunder »Großes Gewächs«

Weingut Gutzler, Rheinhessen

Mit dem Westhofener Morstein Spätburgunder »Großes Gewächs« des Jahrgangs 2007 hat der erst 27-jährige Michael Gutzler eine bemerkenswerte Duftmarke gesetzt. Das ist Pinot vom Feinsten, stilistisch irgendwo zwischen finessenreichem Vosne-Romanée und verführerischem Carneros. Wie die Faust im Samthandschuh versteckt sich unter der charmant einschmeichelnden Oberfläche ein spannungsreicher, ungemein tiefer Wein mit mineralischer Strenge, zupackendem Biss, überbordender Länge und großem Entwicklungspotenzial. Für 29,50 Euro stehen im Jahr etwa 1500 Flaschen zur Verfügung.

Optisch präsentiert sich dieser Wein in glänzendem Kirsch- bis Rubinrot. Die Nase begeistert mit einem traumhaft delikaten Bouquet von reifen Beeren und Kirschen mit feinwürzigen Noten von Veilchen und Lakritz, Vanille, gerösteten Kaffeebohnen und Wacholder. Frucht und Würze setzen sich nach Belüftung oder beherztem Schwenken des – möglichst bauchigen – Glases weiter fort und enden schließlich mit hauchzarten Anklängen einer leichten Meeresbrise. Am Gaumen zeigt sich der Morstein abgrundtief und ungemein vielschichtig, mit ausdrucksvoller, konzentrierter Frucht, mittlerem Körper und perfekter Balance von feinkörnigem, samtweichem Tannin und frischer, eleganter Säure. Sein Finale ist lang anhaltend mit fruchtigen Noten von reifen Pflaumen, Blaubeeren und schwarzen Johannisbeeren. Dieser elegante und finessenreiche Spätburgunder ist zwar schon direkt ein Hochgenuss, dennoch empfiehlt es sich, eine nicht unbeträchtliche Partie beiseitezulegen. Es können Jahre vergehen, bevor er seine volle Pracht entfaltet.

Die Trauben wachsen im Morstein, eine reine Südlage, deren schwere Tonböden für einen optimalen Wasser- und Nährstoffhaushalt sorgen. Die darunter liegenden Kalksteinfelsen bieten die Grundlage für die geschmackliche Tiefe und den mineralischen Charakter dieses hochkarätigen Spätburgunders«, erläutert Junior Michael die Lagenbesonderheiten.

Die Parzellen für das große Gewächs liegen auf fast 300 Metern über Normalnull, wo die Trauben aufgrund der Höhenlage später ausreifen und dem Wein aufgrund der längeren Vegetationsperiode und der Temperaturunterschiede zwischen Tag und Nacht wesentlich mehr Frucht und Finesse verleihen. Entscheidend für die in den vergangenen Jahren stetig gewachsene Qualität dürfte jedoch das hohe Alter der Rebstöcke sein. »Wir haben in dieser alten Anlage den Freiburger Spätburgunderklon gepflanzt, der für hohe Erträge bekannt ist. Dieser Klon steht dem ambitionierten Qualitätsstreben jedoch nur dann entgegen, wenn das Alter der Rebstöcke noch sehr jung ist. Unsere Anlage ist jedoch schon 35 Jahre alt und bringt ohne ertragsreduzierende Maßnahmen einen Ertrag von nur 35 Hektoliter pro Hektar. Die Früchte, die dort wachsen, sind genauso wie man sie sich wünscht: Die Trauben sind lockerbeerig und die Beeren extrem klein und dickschalig.«

Vor allem die Laubarbeit an jedem einzelnen Rebstock hat für die Gutzlers zuletzt an Bedeutung gewonnen. »Wie viele Winzer haben wir die Vorteile, die eine termingerechte Teilentblätterung bringt, erkannt. Früher hat man sich darüber nicht sehr viele Gedanken gemacht, aber vor allem durch die Neuseeländer ist viel Bewegung in diese Thematik gekommen.« Den

Nachteilen einer Teilentblätterung (höhere Anfälligkeit gegenüber Hagelschlag, verstärkte Sonnenbrandgefahr, zusätzliche Arbeitszeit und höhere Kosten) setzt Michael Gutzler folgende Vorteile für die Gesunderhaltung und Qualität der Trauben entgegen: »Durch die Teilentblätterung in der Traubenzone trocknen die Trauben schneller ab und sind somit weniger botrytisgefährdet. Die Pflanzenschutzmittel gelangen besser dorthin, wo sie wirken sollen. Da wir im Morstein die Spätburgundertrauben mit Hand lesen, wird durch eine vorherige Entblätterung wiederum Arbeitszeit eingespart. Wir haben auch die Erfahrung gemacht, dass sich die aromatische Komplexität und die Phenolgehalte der Trauben in teilentblätterten Anlagen verbessern.«

Die Lese erfolgt im Hause Gutzler selektiv und ausschließlich per Hand, kritisch ist jedoch der genaue Erntezeitpunkt. »Seit ein paar Jahren müssen wir bei unserer Spätburgunder-Parzelle nicht mehr darauf achten, dass das Mostgewicht annähernd 100 Grad Öchsle erreicht. Das hohe Alter der Rebstöcke macht es möglich, schon bei etwas geringerem Mostgewicht zu lesen, ohne dass der Wein in puncto Dichte und Konzentration Einbußen erleidet. Gleichzeitig bekommen wir dadurch wunschgemäß mehr Säure und aromatische Frische.«

Auch im Keller hat sich bei den Gutzlers einiges getan. »Früher haben wir Trauben und Most zu großen mechanischen Belastungen ausgesetzt. Nach diversen Umbaumaßnahmen sind die Arbeitsabläufe mittlerweile so organisiert, dass mithilfe von Kippsystemen und Förderbändern alles sehr viel schonender geschieht. Dadurch fallen die Weine feiner und vielschichtiger aus.«

Die Maische des »Großen Gewächses« vergärt – ungewöhnlicherweise – in 500 Liter fassenden Barriquefässern, »weil sich teure Gärcuves für die kleine Menge einfach nicht lohnen«, gesteht Michael Gutzler.»Wegen des intensiveren Sauerstoffkontaktes bringt das dem Wein allerdings einen gewissen Reifevorsprung.« Der fertige Wein bleibt dann noch für ein paar Wochen auf der Maische stehen und wird zum Reifen anschließend für 18 Monate in überwiegend gebrauchte, 225 Liter große Barriquefässer gegeben.

Weitere Gutzler-Weine
- Weißer Burgunder trocken (6,70 Euro), Riesling trocken (6,70 Euro), Wormser Liebfrauenstift Kirchenstück Riesling »Großes Gewächs« (18,50 Euro), Dorn Dürkheimer Silvaner trocken Alte Reben (13,80 Euro), Spätburgunder trocken Barrique (8,10 Euro)

Kontakt
- Rossgasse 19, 67599 Gundheim
  Tel. (06244) 905036, www.gutzler.de

Empfehlenswerte Weinbaubetriebe in der Umgebung
- Winter (Dittelsheim-Hessloch), Sander (Mettenheim), Schembs (Worms), Milch (Monsheim), Manz (Weinolsheim), Kissinger (Uelversheim), Werner (Ingelheim), Simon-Bürkle (Zwingenberg)

Restaurants und Hotels in der Nähe
- Landgasthof Zum Schwanen, Friedrich-Ebert-Straße 40, 67574 Osthofen
  Tel. (06242) 9140, www.zum-schwanen-osthofen.de
- Restaurant Buchholz, Klosterstraße 27, 55124 Mainz
  Tel. (06131) 9712890, www.frank-buchholz.de

- Rotisserie Dubs, Kirchstraße 6, 67550 Worms-Rheindürkheim
  Tel. (06242) 2023, www.dubs.de
- Parkhotel Prinz Carl, Prinz-Carl-Anlage 10–14, 67547 Worms
  Tel. (06241) 308-0, www.parkhotel-prinzcarl.de

40 Hecklinger Schlossberg Spätburgunder »Großes Gewächs«

Weingut Huber, Baden

Bernhard Huber hat sich im Jahr 1987 von der Genossenschaft abgenabelt und zusammen mit seiner Frau Bärbel quasi aus dem Nichts begonnen, seine Weine auf eigene Faust zu vermarkten. Doch bereits Anfang der 1990er Jahre überraschte er die Fachwelt mit einem grandiosen Spätburgunder, der in einer großen Blindverkostung zum besten deutschen Rotwein gekürt wurde. Und auch in den darauffolgenden Jahren bewies er, dass es sich nicht um eine Eintagsfliege gehandelt hatte. Spätestens seit der Jahrtausendwende hat sich Bernhard Huber ganz oben festgesetzt, und nicht wenige Kenner sind der Meinung, er sei unter Deutschlands Rotweinkoryphäen der Primus inter pares.

Mittlerweile können die Hubers auf mehr als 20 Jahre zielstrebiger, sehr erfolgreicher Arbeit zurückblicken, in denen der Malterdinger Winzer nach Jahren des Experimentierens längst seinen eigenen Stil gefunden zu haben scheint. Aber er wäre nicht Bernhard Huber, wenn er sich damit begnügte. Sein Hang zum Perfektionismus treibt ihn bei der Suche nach dem perfekten Wein immer weiter voran. Er selbst ist sein größter Kritiker, der mal hier, mal da eine Option zum Optimieren entdeckt. »Ich freue mich auf jeden neuen Jahrgang. Das ist immer eine neue Herausforderung und eine weitere Chance zum Lernen.«

Dabei könnte sich der Malterdinger entspannt zurücklehnen, gelingt ihm doch schon heute – wie nur wenigen anderen deutschen Winzern – der Spagat der Extreme, die Vermählung von Dichte und Komplexität mit einem Höchstmaß an Feinheit und Eleganz. Diese von ungemein viel Feingefühl geprägte Handschrift ist seit Jahren bereits bei den Basisweinen erkennbar und in Vollendung zu bewundern in seinen Spätburgundern mit Lagenbezeichnung, die allesamt so langlebig sind wie kaum ein anderer in Deutschland. Das bezeugt nicht nur der 1990er Spätburgunder Reserve, der nach 20 Jahren noch immer zu jung zum Trinken erscheint, sondern auch die nachfolgenden Jahrgänge.

Aus einer der spektakulärsten Weinbergslagen in ganz Baden stammt der Hecklinger Schlossberg Spätburgunder »Großes Gewächs«. Es ist ein Jahr für Jahr ausgeprägt mineralischer Rotwein, dessen Nase nie vordergründig oder aufdringlich, sondern – vor allem in der Jugend – vergleichsweise subtil, fein und zurückhaltend wirkt. Man begegnet einem sehr tiefen, ungemein vielschichtigen, mineralischen Duft nach reifen roten und schwarzen Waldbeeren mit Kräuternoten sowie bestens integriertem Holz. Am Gaumen spielen Leichtigkeit und Tiefe gleichermaßen auf und entfalten den Zauber eines magischen Zusammentreffens. Für einen Moment entsteht eine elektrisierende Spannung, deren Folgen nicht vorhersehbar sind. Dieser Wein birgt viele Geheimnisse, den Blick auf seinen Grund gibt er allerdings nicht so bald frei. Nur der Geduldige wird reich beschenkt werden.

Bis dahin bleiben nur Annäherungen und Versuche, um diese Spannung in Worte zu kleiden: einerseits sehr dicht und kraftvoll, andererseits erstaunlich frisch und saftig, mit einer wunderschön reifen, balancierten Säure und hochfeinem Tannin. Alles spielt perfekt zusammen, wirkt sehr animierend und zupackend, aber in sich ruhend und tief, und endet in einem komplexen, langen und sehr mineralisch geprägten Finale.

Der Hecklinger Schlossberg ist ein Terroirwein par excellence, der jedoch der feinfühligen Handschrift des Winzers bedarf, um in seiner ganzen Größe das Licht der Welt zu erblicken. Huber erzeugt zur Zeit jährlich etwa 4500 Flaschen von diesem Spätburgunder, und durch die Neupflanzungen der vergangenen Jahre wird sich die Produktion in den nächsten Jahren etwa verdoppeln. Ob sich der Flaschenpreis von 48 Euro dann halbieren wird?

Der Schlossberg, der bereits seit 1492 weinbaulich genutzt wird, steigt direkt von der Rheinebene steil auf und ist nach Süden ausgerichtet. Der Steigungswinkel beträgt rund 70 Prozent, im Teilstück Kapellenberg sogar bis zu 96 Prozent. Hier ist reine Handarbeit gefordert. Der mineralische, sehr skelettreiche Boden besteht aus hellen gelblichen Muschelkalksteinen und ähnelt damit sehr dem Terroir von Corton-Charlemagne, einer der vorzüglichsten Lagen im Burgund. »Das ist eine geniale Heimat für Spätburgundertrauben, noch sehr viel geeigneter ist sie allerdings für Chardonnay«, stellt Huber ganz ohne Bedauern fest. Hitze und Neigungswinkel lassen die Weinbergsarbeit fast unmenschlich erscheinen, weshalb die Arbeiter den Schlossberg gerne auch den »Hecklinger Golgota« nennen.

Wenn Bernhard Huber von seinem »Weingarten« spricht, hat man schnell den Eindruck, dass dieser Mann in seinen Weinbergen zu Hause ist, dass er jeden einzelnen Rebstock zu lieben und mit Vornamen anzusprechen scheint. Im Steilhang des Schlossbergs kalkuliert er mit fast unvorstellbaren 1500 Arbeitsstunden pro Hektar. »Schon mein Opa war ein Rebnarr«, wirft er fast

Weingut Huber 203

entschuldigend ein. Er ist beseelt von dem Gedanken, an die große Malterdinger Tradition für Spätburgunder anzuknüpfen, die vor rund 700 Jahren von Zisterziensermönchen begründet wurde und so beeindruckend gewesen sein muss, dass »Malterdinger« ein vielerorts gebräuchliches Synonym für Pinot Noir beziehungsweise Spätburgunder wurde.

Huber setzt auf eine hohe Stockdichte und extrem niedrige Erträge. Im Schlossberg hat er in den älteren Anlagen 9000 Reben pro Hektar stehen und sage und schreibe 13 000 Reben in einer jungen Anlage. »Wenn die Stöcke so eng aneinander stehen, treiben sich die Wurzeln gegenseitig in die Tiefe. Das ist essenziell für die aromatische Komplexität und intensive Mineralik meiner Weine.« Im Durchschnitt erntet Huber im Schlossberg nicht mehr als 25 Hektoliter pro Hektar und damit weniger als die Winzer im Burgund in ihren prestigeträchtigen Grands-Crus-Lagen.

Jenseits aller analytischen Messwerte stellt sich der optimale Erntezeitpunkt für Huber dann ein, wenn »die Kerne braun geworden sind und beim Zerbeißen nach Mokka schmecken und die Farbe sich löst, wenn ich die Beerenschale zwischen den Fingern zerreibe. Dann ist die physiologische Reife eingetreten«. Das sei wichtiger als das Mostgewicht. Im Zweifelsfalle müsse der Most angereichert werden, um den angestrebten Alkoholgehalt zu erzielen.

Nach Jahren des Experimentierens haben sich für Bernhard Huber einige Eckpunkte für die Vinifizierung als fundamental herausgestellt: »Damit wir ohne Zeitdruck und mit möglichst großer Flexibilität die geernteten Trauben weiterverarbeiten können, habe ich so viele Gärbottiche angeschafft, wie es Weinberge gibt. Je nach Jahrgang und Reifezustand der Trauben werden 30 bis 70 Prozent der Ernte für den Schlossberg als ganze Trauben vergoren. Die Ganztraubengärung setzen wir vor allem dann in großem Stile ein, wenn wir perfekt ausgereifte Trauben zur Verfügung haben. Sie verläuft weniger stürmisch und ergibt Weine mit ungeheuer viel Frucht, Charme und Eleganz.« Kraft, Tiefe und Langlebigkeit gibt er ihnen mittels klassischer Maischegärung mit auf den Weg.

Weitere Huber-Weine
- Spätburgunder trocken (9,80 Euro), Malterdinger Spätburgunder trocken (14,50 Euro), Spätburgunder trocken Alte Reben (25 Euro), Malterdinger Bienenberg Muskateller Kabinett trocken (10,80 Euro), Chardonnay trocken (22 Euro), Hecklinger Schlossberg Chardonnay trocken (42 Euro)

Kontakt
- Heimbacher Weg 19, 79364 Malterdingen
Tel. (07644) 1200, www.weingut-huber.com

Empfehlenswerte Weinbaubetriebe in der Umgebung
- Moosmann (Waldkirch-Buchholz), Heinemann (Ehrenkirchen-Scherzingen), Holup (Herbolzheim-Tutschfelden), ShelterWinery (Kenzingen), Seeger (Leimen)

Restaurants in der Nähe
- Sonne, Hauptstraße 24, 79364 Malterdingen
Tel. (07644) 259
- Landhaus Keller, Gartenstraße 21, 79364 Malterdingen
Tel. (07644) 92770, www.landhaus-keller.com
- Scheidels Restaurant, Offenburgerstraße 18, 79341 Kenzingen
Tel. (07644) 6855, www.scheidels-kranz.de

- Rebstock-Stube, Hauptstraße 74, 79211 Denzlingen
  Tel. (07666) 900990, www.rebstock-stube.de
- Parkhotel Krone, Brandelweg 1, 79312 Emmendingen
  Tel. (07641) 9309690, www.kronemaleck.de

41 Bürgstädter Centgrafenberg Spätburgunder R »Großes Gewächs«

Weingut Rudolph Fürst, Franken

Das ist ein Bilderbuch-Pinot-Noir, ein Traum, wie er schöner nicht sein könnte. Die Überschwänglichkeit, die so manchem großen Spätburgunder eigen ist, sucht man in diesem Großen Gewächs allerdings vergeblich. Lautes Getöse und Vordergründigkeit sind seine Sache nicht. Auf den ersten Blick präsentiert er sich eher schüchtern und zurückhaltend, verbreitet seinen Duft nach roten Beeren, Kirschen, Pfeffer und süßen Gewürzen nur zaghaft; er wirkt überhaupt eher kühl und verschlossen als leidenschaftlich.

Doch bereits der erste Schluck lässt den ganzen Reichtum, die Tiefe und die Komplexität ahnen, die dem flüchtigen ersten Blick verborgen blieb. Am Gaumen paart er ungemein viel Frische, Kraft und Volumen mit einer samtig-seidigen Textur, die so verführerisch und zart daherkommt, dass man nicht mehr von ihm lassen will. Gefesselt von so viel Feinheit begegnen dem aufmerksamen Verkoster nun nacheinander lebhafte Mineralität, feine, erfrischende Säure, geschliffene Tannine, beeindruckende geschmackliche Tiefe und Nachhaltigkeit, und dennoch wirkt alles zusammen in der Summe so ungeheuer leicht, verspielt und elegant, dass wir hier tatsächlich im Olymp des Weingenusses angekommen sind.

Das ist Finesse pur! Ein Wein mit großem Entwicklungspotenzial, der seine ganze Schönheit nicht gleich in der Jugend preisgibt. Nach vier bis fünf Jahren, wenn er im Reifeprozess ein gutes Stück vorangekommen ist, wechselt das Parfüm von der Frucht hin zu vom Boden geprägten Noten, die an Waldboden, Rauch, Feuerstein und Teer erinnern. Am Gaumen bewahrt er seine wundervolle Frische und Vitalität, doch die Tannine sind noch ein bisschen zarter, die Textur ist noch ein wenig seidiger geworden, und der Wein hat in puncto Komplexität und Eleganz zugelegt. Aber auch nach 15 bis 20 Jahren stehen die besten Jahrgänge noch voll im Saft.

Zu Tisch entpuppt er sich als perfekter Begleiter zu ganz vielen Gerichten der feinen Küche. Besonders schön gelingen Kombinationen mit Steinpilzen, kurz gebratenem Wild und Ente, wenn nicht zu viele Röstaromen, sondern eher etwas Süße – zum Beispiel in Form von Sahnesaucen oder Preiselbeeren – im Spiel sind. Eine gute Figur macht dieser feine und ungemein anpassungsfähige Spätburgunder auch zur Hongkong-Küche. Ich persönlich genieße ein Glas Centgrafenberg sehr gerne in einer Mußestunde, gerne zur Musik von Franz Schubert oder Miles Davis.

Paul Fürst, der auf den ersten Blick ebenso zurückhaltend wirkt wie sein Wein, produziert je nach Jahrgang jährlich zwischen 5000 und 12 000 Flaschen vom Spätburgunder R Centgrafenberg »Großes Gewächs« und verkauft die Flasche für 43 Euro vor allem in die gehobene Gastronomie und in den Fachhandel. Die Nachfrage aus dem Ausland ist in den vergangenen Jahren deutlich gestiegen und somit ein untrügliches Zeichen, dass nunmehr auch deutsche Rotweine international salonfähig sind.

Dieser Weltklasse-Pinot wächst im Centgrafenberg, einem Weinberg in der Gemeinde Bürgstadt im deutschen Anbaugebiet Franken. Die moderat bis steil ansteigende und nach Süden exponierte Talkessellage zwischen den bewaldeten Hängen von Odenwald und Spessart begünstigt ein sehr mildes Klima und bietet den Trauben ideale Reifebedingungen. Im Gegensatz zu den meisten großen Pinots wachsen die Rebstöcke im Centgrafenberg nicht auf Kalk, sondern auf Buntsandstein, der sowohl als massiver Fels im Untergrund als auch verwitterungsbedingt als Bodenbestandteil vorkommt. Da im Laufe von Jahrmillionen sehr viel fruchtbare Erde hierher verweht wurde und der Lehm- und Tonanteil relativ hoch ist, ist der Boden hier jedoch fruchtbarer und mit besseren Wasserhaltefähigkeiten ausgestattet als normale Buntsandsteinböden. Unterstützt wird die gute Wasserversorgung noch dadurch, dass sich ein bis drei Meter unter der Bodenkrume immer etwas Wasser auf dem Sandsteinmassiv sammelt. Insgesamt sind das also beste Voraussetzungen, um neben Feinheit und Eleganz auch Kraft und Tiefe in die Weine zu bekommen.

Die Rebanlagen im Centgrafenberg befinden sich in einem sehr guten Zustand. Die Trauben für das Große Gewächs entstammen nur den besten Parzellen und werden zu einem Teil von 30-jährigen Stöcken eines deutschen Klons, zum anderen Teil von zehn Jahre alten Burgunderklonen gelesen. Bereits seit vielen Jahren setzt Paul Fürst, der mittlerweile von seinem Sohn Sebastian tatkräftig unterstützt wird, auf naturgemäße Bewirtschaftung, reduzierte Erträge um die 35 Hektoliter pro Hektar, aufwändige Laubarbeiten sowie gestaffelte und selektive Traubenlese.

Nach der Kaltmazeration beginnt die Gärung – ohne Reinzuchthefen – nach fünf bis sieben Tagen zunächst langsam und wechselt dann in eine Phase mit Temperaturen von kurzfristig um die 38 bis 40 Grad Celsius. Bei dieser sehr intensiven Hauptgärung werden die Beerenhäute mehrmals untergetaucht, ohne die Extraktion der Farb- und Geschmacksstoffe zu übertreiben. Nach dem Gärende wird die Temperatur auf 15 Grad Celsius reduziert und schonend gepresst, bevor der Wein dann umgehend zum Zwecke der Reifung für mehrere Monate in kleine französische Eichenholzfässer gegeben wird.

Nach der Fasslagerzeit wird assembliert und abgefüllt, und dann wartet ein großer Wein darauf, entdeckt zu werden. Geben Sie ihm Zeit, sich ein paar Jahre in der Flasche zu entwickeln, und nehmen Sie sich Zeit, ihm zu begegnen. Genießen Sie in einem passenden Moment den geschmacklichen Reichtum und die Feinheit dieses Weinunikats.

Weitere Fürst-Weine

- Spätburgunder »Tradition« trocken (12 Euro), Klingenberger Spätburgunder trocken (27 Euro), Bürgstadter Centgrafenberg Frühburgunder trocken (24 Euro), Weißburgunder trocken »pur mineral« (12,50 Euro), Bürgstadter Centgrafenberg Weißburgunder trocken (21 Euro)

Kontakt

- Hohenlindenweg 46, 63927 Bürgstadt
  Tel. (9371) 8642 , www.weingut-rudolf-fuerst.de

Empfehlenswerte Weinbaubetriebe in der Umgebung

- Stich (Bürgstadt), Neuberger (Bürgstadt), Helmstädter

(Bürgstadt), Walter (Bürgstadt), Giegerich (Großwallstadt), Fürst Löwenstein (Klein-Heubach), Höfler (Alzenau), Heilmann (Alzenau), Schlör (Wertheim)

Restaurants und Hotels in der Nähe
- Weinhaus Stern, Hauptstraße 23/25, 63927 Bürgstadt
  Tel. (09371) 40350, www.hotel-weinhaus-stern.de
- Schafhof, Schafhof 1, 63916 Amorbach
  Tel. (09373) 97330, www.schafhof.de
- Altes Rentamt, Hauptstraße 25a, 63911 Klingenberg
  Tel. (09372) 2650, www.altes-rentamt.de
- Gasthaus Zur Krone, Miltenberger Straße 1,
  63920 Großheubach
  Tel. (09371) 2663, www.gasthauskrone.de

42 Fellbacher Lämmler Spätburgunder »Großes Gewächs« – Simonroth R

Weingut Schnaitmann, Württemberg

Rainer Schnaitmann und sein Spätburgunder Simonroth R könnten zu einem Mythos in der deutschen Rotweinwelt werden. Nur wenigen anderen Rotweinen in Deutschland gelingt es, ein so bemerkenswertes Maß an Komplexität, Fülle und Ausdruck zu erreichen. Er hat Kraft und eine feste Struktur, wirkt aber leicht und beschwingt. Eben darin liegt seine Größe: Mengen an Alkohol, Tannin und Säure geschickt zu balancieren. Was zum Mythos noch fehlt, sind Stilsicherheit und jahrgangsübergreifende Konstanz. Ein Blick auf das vergangene Jahrzehnt zeigt, dass dieser Wein vor allem in weniger guten Jahren mit großer Nachhaltigkeit und Tiefe brilliert und – trotz aller Kraft – mit einer Frische aufwartet, die ihn in die Nähe eines feinen Chambolle-Musigny aus dem Burgund rücken. Für Schnaitmann selbst ist es ein »sehr feingliedriger und zarter Wein, er wirkt wie ein eleganter Balletttänzer, der Kraft hat, sie aber nicht zeigt. Immer hat er etwas Leichtes und Beschwingtes, genau darin liegt seine Besonderheit.«

Bereits das Aroma des jungen Weins ist hinreißend, dabei ungemein subtil und gelegentlich leicht verdeckt durch den Einfluss neuer Eiche. Im Kern ist es geprägt von reicher Fruchtigkeit mit Noten reifer, roter Kirschen, zerdrückter Erdbeeren und Himbeeren. Wäre das würzige Parfüm des Eichenholzes ein wenig dezenter ausgeprägt, würde es die einmalige Fruchtigkeit noch feiner unterstreichen. Am Gaumen zeigt sich eine superbe Konzentration reifer Frucht und – vor allem in den etwas kühleren Jahrgängen – eine wunderschöne Lebendigkeit. Sein Rückgrat ist geprägt von einer angenehm erfrischenden, mundwässernden Säure, einem kräftigen, niemals schwer wirkenden Körper und einer perfekt balancierten und seidigen, aber für deutschen Spätburgunder überdurchschnittlich festen Tanninstruktur. Schon in den ersten Jahren verfügt der Simonroth R über eine attraktive Textur – geschmeidig, mit saftiger Säure und feinkörnigem Tannin.

Sicherlich bereitet dieser Wein schon im ersten Jahr nach seiner Flaschenfüllung, wenn er den ganzen Charme und die Vitalität seiner Jugendlichkeit versprüht, ganz viel Trinkfreude. Richtig spannend präsentiert er sich jedoch erst nach ein paar Jahren Flaschenreife. Um allerdings die Merkmale der Reife auszubilden, muss er seine Jugendlichkeit abstreifen und erwachsen werden. Diese Adoleszenzphase, die sich beim Simonroth R etwa vom zweiten bis zum vierten Lebensjahr erstreckt, beschert nur eingeschränkte Trinkfreude: Die stürmische und fruchtige Art seiner Jugend ist bereits vergangen, die Harmonie und Komplexität der Reife jedoch noch nicht erreicht.

»Zum Glück geht diese schwierige Phase vorüber, und spätestens nach fünf Jahren haben sich erste Reifemerkmale ausgebildet. Das Bouquet ist nun geprägt von einer komplexen Würzigkeit mit gleichermaßen frischen und gereiften Komponenten.« Einzelne Aromen mag Schnaitmann ungern identifizieren: »Das liegt mir nicht.« Man erkennt Noten, die an Unterholz, Leder, verrottetes Laub und Champignons erinnern; es gesellen sich geröstete und rauchige Elemente hinzu, Anklänge an gebackene rote Früchte und Wildgeschmack. Am Gaumen präsentiert er sich nun verführerisch zart und seidig, immer noch saftig und animierend und offenbart im Finale ungeheuer viel Tiefe und Persistenz.

Kritisch für den erfolgreichen Reifeprozess des Simonroth R war in den vergangenen Jahren die Höhe des Alkoholgehalts. »Zu hoher Alkoholgehalt, das zeigt die Entwicklung der Jahrgänge 2003 und 2005, birgt die Gefahr, dass die Frucht nicht so schön zur Geltung kommt beziehungsweise zu früh austrocknet. In den vermeintlich schwächeren Jahrgängen 2002, 2004 und 2006 hat sich der Simonroth R besser entwickelt, er zeigt sowohl mehr Frische und Lebendigkeit als auch intensivere Frucht. Möglicherweise müssen wir in Zukunft, insbesondere in Jahren mit hoher Reife, die Trauben früher lesen. Das bringt mehr Säure und weniger Alkohol in den Wein.«

Die besondere Güte des Simonroth R hat verschiedene Ursachen, ganz entscheidend sind jedoch das mit 45 Jahren hohe Alter der Rebstöcke und die relativ kühle, luftige Lage in einer

Höhe zwischen 350 und knapp 400 Metern. »Die alten Reben haben sich auf einen Ertrag von 30 bis 35 Hektoliter pro Hektar eingependelt, ohne dass wir regulierend eingreifen müssen. Sie bringen im Vergleich zu jungen Anlagen die deutlich größere Fruchtintensität und geschmackliche Vielfalt. Aromatische Komplexität und Frische gehen auf das besondere Kleinklima zurück, insbesondere auf die Höhenlage und den damit einhergehenden Temperaturdifferenzen zwischen Tag und Nacht.«

Der Boden, auf dem die Trauben für den Simonroth R wachsen, besteht aus Schilfsandstein, einer Keuper-Formation, die vor allem an den Hängen des Stuttgarter Kessels vorkommt. Typischerweise findet sich am Hangfuß Gipskeuper, hangaufwärts dann Schilfsandstein und die Bunten Mergel. »Die unteren Keuperhänge produzieren überwiegend gehaltvolle Weine – wenn wir Winzer auf Höchsterträge verzichten. Schon die tief-rötlichen Farben des Bodens geben den kraftvollen Charakter wieder. Hier wachsen vor allem gute Lemberger. Für den Spätburgunder ist der leichtere Schilfsandstein mit relativ hohem ph-Wert besser geeignet.«

Der ehrgeizige Schnaitmann hat in den vergangenen Jahren viel experimentiert, um seinem Spätburgunderideal Schritt für Schritt näherzukommen – sicherlich auch ein Grund, weshalb die Weine von Jahrgang zu Jahrgang noch recht unterschiedlich ausfallen. Als er 1997 gleich mit dem ersten Jahrgang, den er nach der Betriebsübernahme von seinem Vater selbst zu verantworten hatte, so viel Erfolg hatte, war er sehr überrascht. Diese Erfahrung hat in ihm den Eindruck hinterlassen, dass Erfolg etwas höchst Prekäres und Ungewisses habe, dass er sich mal ganz unverhofft einstellt und mal, trotz großer Anstrengungen, ausbleibt. Seither sucht er nach den Regeln des Erfolgs und nach Stellschrauben, um seine Weine noch besser zu machen. Ganz aktuell wägt er mit sehr großer Ernsthaftigkeit die Vor- und Nachteile ab, die die Umstellung auf ökologischen Weinbau mit sich bringt. Man darf gespannt sein, was daraus wird.

Weitere Schnaitmann-Weine
- Sauvignon blanc trocken *** (13 Euro), Trollinger trocken Alte Reben ** (9,20 Euro), Schwarzriesling trocken *** (15,20 Euro), «Simonroth MC» trocken (25,50 Euro), Lemberger »Simonroth« trocken (20,60 Euro)

Kontakt
- Unterürkheimer Straße 4, 70734 Fellbach
  Tel. (0711) 574616, www.weingut-schnaitmann.de

Empfehlenswerte Weinbaubetriebe in der Umgebung
- Kuhnle (Strümpfenbach), Wöhrwag (Untertürkheim), Beurer (Stetten), Medinger (Kernen-Stetten), Heidle (Kernen-Stetten), Burg Ravensburg (Sulzfeld), Schäfer-Heinrich (Heilbronn)

Restaurants und Hotels in der Nähe
- Weinstube Mack, Hintere Straße 47, 70734 Fellbach
  Tel. (0711) 581751, www.weinstubemack.de
- Zum Hirschen, Hirschstraße 1, 70734 Fellbach
  Tel. (0711) 957937-0, www.zumhirschen-fellbach.de
- Goldberg Restaurant & Winelounge, Tainer Straße 7, 70734 Fellbach
  Tel. (0711) 575 61 666, www.goldberg-restaurant.de
- Zum Ochsen, Kirchstraße 15, 71394 Stetten
  Tel. (07151) 94360, www.ochsen-kernen.de

Kurioses in Rot

43 *Frühburgunder Alpha & Omega trocken*

Weingut Deutzerhof, Ahr

Der Frühburgunder ist, wenn man so will, ein Zufallsprodukt, eine Laune der Natur. Das Erbgut seines Vaters, des Spätburgunders, hat sich bei der Befruchtung so sehr verändert, dass daraus eine ganz neue Sorte mit neuen Eigenschaften entstanden ist. Die augenfälligste trägt der Frühburgunder im Namen: Er reift etwa zwei, gelegentlich bis zu vier Wochen früher als der Spätburgunder.

Weine aus der Rebsorte Frühburgunder sind immer noch eine große Rarität. Das ist kein Wunder, denn nur 252 von insgesamt knapp über 100 000 Hektar Rebfläche in Deutschland sind mit Frühburgunder bestockt. In Anbetracht dieser geringen quantitativen Bedeutung überrascht die große und ständig steigende Zahl erstklassiger Vertreter. Zwei Gründe sind im wesentlichen für diese Situation verantwortlich: Zum einen birgt die Sorte ein außergewöhnlich großes Qualitätspotenzial, zum anderen haben sich in den vergangenen Jahren vor allem sehr engagierte Winzer mit viel Hingabe und Begeisterung dieser Rebsorte zugewandt, sicherlich auch, weil es sich in Zeiten der Globalisierung und Standardisierung des Weinangebotes lohnt, auf das Besondere und Originelle zu setzen.

Unter Weinliebhabern genießt der Frühburgunder einen vorzüglichen Ruf, und nicht wenige sind der Überzeugung, dass diese Weine dem berühmteren Spätburgunder ebenbürtig, wenn nicht sogar überlegen sind. Zumindest in puncto Intensität und Samtigkeit haben Frühburgunder viel zu bieten, selten erzielen sie jedoch – bislang zumindest – die Feinheit und Eleganz eines gelungenen Spätburgunders im gehobenen Qualitätssegment.

Dass sich nicht noch viel mehr Erzeuger daranmachen, die Sorte zu pflanzen und ihr Weinangebot um eine hochwertige Varietät zu ergänzen, liegt wohl vor allem daran, dass sie im Anbau so große Probleme bereitet. Die alten Rebbestände waren immer sehr empfindlich für Viruserkrankungen, insbesondere die sogenannte Blattrollkrankheit. Der Ertrag war stets so gering, dass der Anbau nicht wirtschaftlich war und die Anbaufläche folglich zugunsten anderer Sorten dramatisch zurückging, in den 1960er Jahren in Deutschland gar ganz zu verschwinden drohte.

Die Geisenheimer Forschungsanstalt für Weinbau hat sich in den 1970er Jahren auf die Suche nach gesunden, virusfreien Rebstöcken begeben. Nachdem es lange so aussah, als sei den Bemühungen kein Erfolg beschieden, gelang es schließlich doch, einige neue, leistungsfähige Klone zu vermehren und interessierten Winzern zur Verfügung zu stellen. Die Verrieselungsneigung, das Absterben der Fruchtansätze kurz nach der Blüte – eines der Kernprobleme des alten Frühburgunders –, ist bei den Geisenheimer Klonen relativ gering. Und auch die Erträge sind jetzt höher und können durchaus 50 bis 70 Hektoliter pro Hektar erreichen.

Doch auch mit dem neuen Pflanzmaterial hält der Frühburgunder für die Winzer immer noch sehr viele Tücken bereit, mehr als ihnen lieb ist. Weil die Trauben im Herbst so sehr viel früher als andere Sorten reifen, müssen die Rebstöcke eingenetzt werden, um die Früchte vor hungrigen Wespen und Bienen zu schützen.

Wolfgang Hehle vom Weingut Deutzerhof in Mayschoß an der Ahr ist einer jener Weinverrückten, die Jahr für Jahr immer wieder aufs Neue die Herausforderungen mit dieser vielleicht anspruchsvollsten und schwierigsten Rebsorte überhaupt annehmen. Das Abenteuer gelingt keineswegs in jedem Jahr, doch wenn alles gutgeht, entsteht eine bemerkenswert eigenständige Weinpersönlichkeit, der er den Namen Alpha & Omega gegeben hat, weil die Weinberge am Anfang, im Altenahrer Eck, und am Ende des Ahrtales, in Lohrsdorf, stehen. Der Schieferboden des Eck bringt Mineralität in den Wein, während der etwas schwerere und fruchtbarere Boden in Lohrsdorf Kraft und Fülle spendet.

Von kleineren Jahrgangsschwankungen abgesehen, präsentiert sich der rubinfarbene Alpha & Omega verschlossen und dennoch betörend in der Nase: Heidelbeeren, Cassis und Schattenmorellen, hinzu kommen dezente Dörrobstnoten, getoastetes Eichenholz, Kandiszucker, Tabak und getrocknete Blüten. In manchen Jahren gesellen sich feine, balsamisch-florale Noten hinzu, ein andermal die rauchig-kräutrigen Einflüsse seiner zumindest partiellen Schieferherkunft. Im Mundraum offenbart sich viel Substanz, saftige und konzentrierte Frucht, präsentes, feinkörniges Tannin, fordernde Mineralität, viel Schmelz und ein überwältigender, druckvoller, süßlich-würziger Nachhall. Ein Meisterwerk zu einem Preis von 22 Euro, das mit etwas Reife noch zulegen wird.

Wolfgang Hehle hat im Verlaufe der letzten 20 Jahre – denn so alt sind seine Frühburgunder-Anlagen mittlerweile – gelernt, mit den Launen der Sorte zurechtzukommen. »Wichtig ist, dass wir nicht zu spät ernten. Sonst bekommen wir überreife, marmeladige Noten, und dem Wein fehlt es an Frische und Temperament.« Hehle mag es nicht, wenn der Frühburgunder seine weichen, femininen Seiten zu stark ausspielt. »Meine jungen Weine müssen Biss haben und eine feste Struktur. Nur dann werden sie sich auch in der Flasche zu ihrem Vorteil weiterentwickeln und an Ausdruck und Komplexität zulegen. Das muss man wissen, wenn man sich eine Flasche zulegt.«

Wolfgang Hehle hat in den vergangenen Jahren die Bewirtschaftung seiner Weinberge immer stärker an biologischen und biodynamischen Grundsätzen ausgerichtet, ohne sich allerdings ganz und gar diesen Richtungen zu verschreiben. »Ein guter Winzer weiß um die Gesetze der Natur, die lange vor ihm entstanden sind und noch lange nach ihm wirken werden.« Auch neben dem Weinbau ist er durch zahlreiche Aktivitäten der Natur sehr verbunden. Er jagt, fischt und hat sich um die Wiederkehr der Lachse an die Ahr verdient gemacht. Die Natur ist für den bodenständigen, fest im Ahrtal verwurzelten Wolfgang Hehle Ort der Ruhe und Inspiration: »Meine großen Weine sind alle im Hochsitz gewachsen.«

Weitere Deutzerhof-Weine
- Dornfelder trocken Barrique (15,50 Euro), Spätburgunder »Balthasar C.« trocken Barrique (14 Euro), Spätburgunder »Caspar C.« trocken Barrique (21 Euro), Portugieser »Alfred C.« trocken Barrique (18,50 Euro)

Kontakt
- Deutzerwiese 2, 53508 Mayschoß
  Tel. (02643) 7264, www.deutzerhof.de

Empfehlenswerte Weinbaubetriebe in der Umgebung
- Meyer-Näkel (Dernau), Stodden (Rech), Kreuzberg (Dernau), Brogsitter (Grafschaft-Gelsdorf), Nelles (Heimersheim)

Restaurants und Hotels in der Nähe
- Saffenburg, Ahr-Rotweinstraße 43, 53508 Mayschoß
Tel. (02643) 8392, www.gasthof-saffenburg.de
- Hohenzollern, Am Silberberg 50, 53474 Ahrweiler
Tel. (02641) 9730, www.hotelhohenzollern.com
- Prümer Gang, Niederhutstraße 58, 53474 Ahrweiler
Tel. (02641) 4757, www.pruemergang.de
- Lochmühle, Ahr-Rotweinstraße 62–68, 53508 Mayschoß
Tel. (02643) 808-0, www.hotel-lochmuehle.de
- Idille, Am Johannisberg 101, 53474 Ahrweiler
Tel. (02641) 28429, www.idille.de

44 *Einzelstück trocken*

Weingut Markus Schneider, Pfalz

Weinbegeisterte Mittdreißiger geraten hellauf in Verzückung, wenn sie in einer der angesagten Berliner oder Düsseldorfer Weinbars die Gelegenheit haben, ein Gläschen Kaitui, Blackprint, Tohuwabohu oder Steinsatz zu schlürfen. Längst sind diese Weine Kult, und die Flaschen mit den schlichten, aber ungemein markanten Etiketten schmücken nicht nur die Karten der schick gestylten Szenerestaurants, sie stehen auch in den klimatisierten und begehbaren Weinschränken der etablierten Sternegastronomie.

Quasi aus dem Nichts und in denkbar kürzester Zeit ist es Markus Schneider, dem anfangs belächelten Newcomer, mit viel Selbstbewusstsein und dem Glück des Tüchtigen, aber ohne bemerkenswerte Weinlagen, ohne familiäre Tradition in der Produktion und Vermarktung von Flaschenweinen und ohne ein – heute obligatorisches – Önologiestudium in Geisenheim gelungen, den elterlichen Traubenlieferbetrieb im nordpfälzischen Ellerstadt in ein Weingut mit gigantischen Ausmaßen zu verwandeln. Er selbst sieht seine Kernkompetenzen gleichermaßen in Rot und Weiß. Neben wunderbar mineralischen, trinkanimierenden Rieslingen und einem außergewöhnlichen Sauvignon blanc namens Kaitui stehen aber vor allem seine originellen Rotweine im Fokus der öffentlichen Wahrnehmung. Mit seinen roten Cuvées aus den internationalen Sorten Merlot, Cabernet Sauvignon und Syrah hat er für Aufsehen gesorgt. Sein Paradewein ist jedoch das aus einer uralten Portugieser-Anlage gekelterte »Einzelstück«.

Als ich diesem Wein zum ersten Mal begegnete, wollte ich meinen Augen nicht trauen. Das konnte kein Portugieser sein. Finster und dunkel wie Blut drohte er aus dem Glas, schleuderte mir eine Flut bittersüßer Aromen von schwarzen Kirschen und Lakritz entgegen und schien, abweisend und scheu wie ein wildes Tier, jedweden Kontakt mit der Zivilisation zu vermeiden. Das konnte kein Portugieser sein, denn den hatte ich schon so oft probiert und immer wieder notieren müssen: blasse Farbe, unauffälliges Aroma, weicher, milder Gaumenauftritt, ansonsten nicht der Rede wert. Doch schon einen Augenblick später legte er jede Scheu ab, zeigte Rasse und Temperament und machte mich fast schwindelig mit seinem betörenden Duft nach

Kirschen und Erdbeeren, süßen Gewürzen und Pfeffer, Rauchfleisch und Speck. Ein ungemein verführerisches, schwüles, ja sündiges Gefühl breitete sich aus. Am Gaumen offenbarte sich jede Menge Kraft und ungestümes Tannin, aber auch Tiefe und Charakter.

Seither bin ich dem Einzelstück immer wieder mal begegnet, und stets bestätigte sich der erste Eindruck, dass es sich um einen stilistisch höchst originellen Wein handelt. Er präsentiert sich zwar nicht so dunkel und konzentriert, wie die aktuelle Mode dies verlangt, aber noch nie ist mir ein tieffarbenerer und kraftvollerer Portugieser begegnet. Auch scheint Markus Schneider stilsicherer geworden zu sein. Jüngere Jahrgänge begeistern mit einem feinen, breitgefächerten Aroma, einem eleganten und saftigen Gaumenauftritt und einer beachtlichen Langlebigkeit. Ihnen gelingt es besser, die intensiven, aber sehr feinkörnigen Gerbstoffe harmonisch mit der Fruchtkonzentration zu vermählen. Sie haben Kraft, ohne damit zu protzen.

Es ist ein Wein mit Tiefgang und Seele, der jenseits aller modischen Trends selbstbewussten Genießern eine geschmackliche Alternative bietet. Er passt hervorragend zu Kurzgebratenem, zu Wildgeflügel und Käse mit weißem Außenschimmel. Nur in wirklich herausragenden Jahren gibt es das Einzelstück. Dann stehen für 26 Euro in der Regel nicht mehr als 2000 Flaschen zur Verfügung.

Die Portugiesertrauben wachsen in Ellerstadt auf kiesigen Sand- und skelettreichen Schotterböden, die vergleichsweise nährstoffarm und mineralienreich sind. Diese speziell für die Rotweinproduktion idealen Böden stellen insbesondere in trockenen Jahren eine große Herausforderung dar, ergeben aber gerade dann die besten Resultate. Die Anlage ist mittlerweile über 80 Jahre alt, sodass die einzelnen Rebstöcke nur noch eine sehr geringe Traubenmenge zur Reife bringen, doch das, was reift, hat es in sich: extrem kleine, dickschalige Beeren mit einer Geschmacksintensität, wie sie größer nicht sein könnte. Das bringt Aromareichtum und geschmackliche Tiefe in das Einzelstück, dessen zuckerfreier Extrakt – ein wichtiger Indikator für die Konzentration und Dichte eines Weines – selten unter 40 Gramm pro Liter und damit enorm hoch liegt.

Aufgrund des hohen Rebenalters sind die über das Jahr verteilten Pflegemaßnahmen weniger aufwendig als im Falle jüngerer, wuchskräftigerer Anlagen. Damit im Herbst jedoch wirklich gesunde und optimal gereifte Trauben geerntet werden können, müssen die Stöcke während der Blüte entlaubt und die Gescheine, also die Blütenstände, komplett freigestellt werden. Im August werden die Traubenzonen entblättert und alle Geiztriebe und Nachblütler herausgeschnitten. Vor der eigentlichen Ernte werden botrytisbefallene Trauben ausgelesen. »In meinem Ausbildungsbetrieb Bürklin-Wolf habe ich gelernt, wie wichtig es ist, im Weinberg keine Mühen zu scheuen und alle Arbeiten termingerecht durchzuführen. Hier zu sparen, rächt sich doppelt.« Alle Vorarbeiten dienen letztlich dem Ziel, die Trauben möglichst lange am Stock reifen lassen zu können. »Das reize ich bis zum Letzten aus, denn ich will hochreife Trauben ernten. Das ist mein Stil.«

Markus Schneider ist ein ungeheuer zielorientierter Mensch, schon seit der frühesten Jugend. Mit 14 Jahren hat er beschlossen, Winzer zu werden und seinen Vater von diesem Vorhaben so nachhaltig überzeugt, dass dieser ihm bereits kurz darauf ein kleines Weingut gekauft hat. Im Alter von 16 hat er die Lehre bei Bürklin-Wolf begonnen und gut zwei Jahre später mit bescheidenem Equipment seine ersten Weine abgefüllt. Bis zum heutigen Tag ist sein Betrieb auf insgesamt 50 Hektar Rebfläche und eine Jahresproduktion von über 400 000 Flaschen angewachsen. Man darf gespannt sein, wie das Ellerstädter Weinmärchen weitergeht.

Weitere Schneider-Weine
- Sauvignon blanc »Kaitui« trocken (9,90 Euro), Ellerstadter Kirchenstück Riesling trocken (14 Euro), Tohuwabohu trocken (19,90 Euro), Steinsatz trocken (26 Euro)

Kontakt
- Georg-Fitz-Straße 12, 67158 Ellerstadt
  Tel. (06237) 7288, www.black-print.net

Empfehlenswerte Weinbaubetriebe in der Umgebung
- Eymann (Gönnheim), Petri (Herxheim am Berg), Pfeffingen (Bad Dürkheim), Mosbacher (Forst), Karl Schäfer (Bad Dürkheim), Bürklin-Wolf (Wachenheim)

Restaurants und Hotels in der Nähe
- Marly, Welserstraße 25, 67063 Ludwigshafen
  Tel. (0621) 5207800, www.restaurant-marly.de
- Weinhaus Henninger, Weinstraße 93, 67169 Kallstadt
  Tel. (06322) 2277, www.weinhaus-henninger.de
- Alte Pfarrey, Untergasse 54, 67271 Neuleiningen
  Tel. (06359) 86066, www.altepfarrey.de
- Deidesheimer Hof, Am Marktplatz, 67146 Deidesheim
  Tel. (06326) 96870, www.deidesheimerhof.de
- Zur Kanne, Weinstraße 31, 67146 Deidesheim
  Tel. (06326) 96600, www.gasthauszurkanne.de

45 Dornfelder *** trocken

Weingut Knipser, Pfalz

Spätestens seit Ende der 1980er Jahre ist Laumersheim eine Pilgerstätte für Rotwein-Fans. Hier haben die Knipser-Brüder wiederholt den Beweis angetreten, dass in Deutschland seriöse und auch im internationalen Kontext wettbewerbsfähige Rotweine entstehen können. Bis heute werden auf dem 40 Hektar großen Weingut die Standards gesetzt, andere einheimische Rotweine müssen sich am Weingut Knipser messen lassen – die Latte liegt hoch, und zwar nicht nur im Pfälzer Kontext.

Vor einiger Zeit schenkte ich in einem Kreise von Weinfreunden den Dornfelder *** der Knipsers aus, ohne den Anwesenden zu verraten, um welchen Wein es sich handelte. Nach wenigen Minuten war man sich in der Runde zwar einig, dass es sich um einen sehr hochwertigen Wein handeln musste, aber es entbrannte eine lebhafte Kontroverse, ob es ein Barbera d'Alba aus dem norditalienischen Piemont oder ein spanischer Wein aus dem Gebiet Ribera del Duero sei. Die Überraschung war groß, als ich das Geheimnis lüftete. Mit einem deutschen Wein hatte niemand gerechnet, schon gar nicht mit einem Dornfelder.

In der Tat präsentiert sich dieser Dornfelder weder stilistisch noch qualitativ wie ein gewöhnlicher Vertreter dieser Rebsortenspezies. Die meisten sind von einfacher Güte, kommen im besten Falle rund und geschliffen und ohne jede Ecke und Kante daher. Seriöse und in Ansätzen komplexe Gewächse mit Fülle und Eleganz sind die absolute Ausnahme.

Der Dornfelder *** der Knipser-Brüder zeigt in der Nase einen ungeheuer präsenten, festen Duft nach reifen Kirschen und schwarzen Beeren mit betonter Holzwürze. Sein Gaumenauftritt wirkt zunächst kühl und deutlich vom Holzeinsatz geprägt, dann aber zeigen sich eine wunderschöne Brombeerfrucht, etwas Sauerkirsche und sehr präsente Räuchernoten. Der Wein hat enormen Biss, viel Substanz und Dichte und superfeines Tannin. Er ist gut strukturiert und nachhaltig am Gaumen. Vor allem im langen Abgang spürt man das außergewöhnlich gute Material. Das Alterungspotenzial dieses Dornfelder beträgt in guten Jahrgängen sicherlich 15 Jahre, sehr viel Trinkfreude bereitet er jedoch bereits ab dem vierten oder fünften Jahr nach der Ernte, also etwa ein bis zwei Jahre, nachdem er für den Verkauf freigegeben wird.

Wie so etwas möglich ist, wollte ich natürlich wissen, als ich mit Werner Knipser, dem älteren der beiden Brüder, in seiner Probierstube saß. Die Antwort fiel knapp und präzise aus: »Tolle Lage, alte Rebstöcke und niedrige Erträge.« Damit schien alles gesagt.

Doch dann fuhr er fort: »Die Trauben wachsen im Laumersheimer Kirchgarten, einer erstklassigen Rotweinlage mit warmem Mikroklima und einem Kalksteinboden, der von Löss und Lehm überlagert wird. Das bringt einerseits Kraft und Tiefe, andererseits Feinheit und Mineralität in den Wein. Das Alter dieser Dornfelder-Anlage beträgt fast 30 Jahre, und der Ertrag beläuft sich selten auf mehr als 60 Hektoliter pro Hektar, das ist weniger als die Hälfte des für die Rebsorte üblichen Ertrages. Auch das bringt Tiefgang und Fülle.«

Er bestand jedoch auf der Feststellung, dass nicht allein das Terroir verantwortlich sei für Spitzenweine. »Das ist nur ein Faktor – wichtig zwar, aber keineswegs allein entscheidend. Wenn jedoch der Mensch das natürliche Potenzial nicht erkennt und nicht durch angemessene Weinbergspflege und Ertragsbeschränkungen in Weinqualität umwandelt, ist nichts gewonnen, und das große natürliche Potenzial bleibt unausgeschöpft.«

Im Keller ist dann wie immer alles ganz einfach, denn »guter Wein entsteht von selbst«, wie Werner Knipser das ausdrückt. »Damit die Farb- und Tanninextraktion zufriedenstellend ausfällt, ist es wichtig, eine gute Durchmischung der festen und flüssigen Bestandteile der Maische zu gewährleisten. Zu diesem Zweck setzen wir einen Rotofermenter ein. Das ist ein trommelförmiger Gärbehälter, der die Maische mit Hilfe von Schaufeln durcheinandermischt und dadurch eine hohe Extraktion der Phenole aus Schalen und Kernen erzielt.«

Wie im Falle der meisten hochwertigen Rotweine erfolgt der weitere Ausbau im Barriquefass. Hier findet zunächst der biologische Säureabbau statt, dann klärt und stabilisiert sich der Wein auf natürliche Weise, mit zunehmender Ausbauzeit werden die Tannine milder, und die geschmackliche Komplexität nimmt zu. »Für unseren Dornfelder *** verwenden wir 100 Prozent neues Holz und lagern den Wein zwischen 26 und 28 Monaten in demselben Fass. Der von Natur aus eher gerbstoffarme Dornfelder erhält seine Gerbstoffstruktur also aus dem Holzfass.«

Durchschnittlich wurden in der Vergangenheit jährlich rund 4000 Flaschen erzeugt und zuletzt für 18 Euro ab Weingut verkauft. Leider wird es diesen Wein zukünftig nicht mehr geben, denn die 28 Jahre alte Anlage wurde gerodet und bereits mit Weißburgunderreben bestockt. Die Rebsorte Dornfelder hat zwar weiterhin im Weingut Knipser eine Zukunft, als Wein jedoch nur noch in Form einer Cuvée namens Gaudenz, in der auch 50 Prozent Cabernet enthalten sein wird. Ob reinsortig oder als Cuvée – zu Rinderbraten, Schweinegulasch, Ossobuco, Blutwurst und Eintöpfen sind diese Weine immer eine

Empfehlung. Wer nach einem reinsortigen Dornfelder auf hohem Niveau sucht, kann sich an den Deutzerhof an der Ahr wenden.

Weitere Knipser-Weine
- Sauvignon blanc trocken (9,80 Euro), Riesling Auslese »Halbstück« trocken (15,80 Euro), Weißer Burgunder Auslese trocken »KG« (15 Euro), Spätburgunder trocken (8,80 Euro), Laumersheimer Kirschgarten Spätburgunder »Großes Gewächs« (35 Euro), Syrah trocken »R« (35 Euro)

Kontakt
- Hauptstraße 47–49, 67229 Laumersheim
  Tel. (06238) 742, www.weingut-knipser.de

Empfehlenswerte Weinbaubetriebe in der Umgebung
- Schumacher (Herxheim am Berg), Petri (Herxheim am Berg), Kissel (Freinsheim), Zelt (Laumersheim)

Restaurants in der Nähe
- Weißes Lamm, Hauptstraße 38, 67229 Laumersheim
  Tel. (06238) 929143, www.lamm-laumersheim.de
- Roosmarin, Schlossgasse 15, 67246 Dirmstein
  Tel. (06238) 926970, www.roosmarin.de
- Weinkastell, Weinstraße 80/82, 67169 Kallstadt
  Tel. (06322) 5033, www.weinkastell-kohnke.de
- Luther, Hauptstraße 29, 67251 Freinsheim
  Tel. (06353) 93480, www.luther-freinsheim.de
- Meurer, Hauptstraße 67, 67229 Großkarlbach
  Tel. (06238) 678, www.restaurant-meurer.de

46 Schwarzriesling Auslese »S« trocken

Weingut Buscher, Rheinhessen

Eines der überraschendsten Ergebnisse der Genanalyse der Reben ist, dass der nicht allzu hoch eingeschätzte Schwarzriesling, in Frankreich als Pinot Meunier bekannt, ein Elternteil des noblen Spätburgunder (Pinot Noir) ist. Dieser hat sich anscheinend in einem klassenübergreifenden Projekt mit dem vornehmen Gewürztraminer zusammengetan und eine der wundervollsten Rebsorten überhaupt gezeugt. So bizarr dies auf den ersten Blick erscheinen mag, so nachvollziehbar erweist sich das Ergebnis dieser Liaison bei näherer Betrachtung. Schwarzriesling hat dem Spätburgunder seine strahlenden Beerenaromen und die offene, charmante Art mitgegeben, während vom Gewürztraminer das Vornehme, Seidige, Extravagante und Divenhafte kommt. Mit dem Riesling hat der Schwarzriesling nur die späte Reife gemeinsam.

Das Egozentrische des Gewürztraminer haben Sie in diesem Buch bereits kennenlernen dürfen. Nun schlägt die Stunde des beerenfruchtigen, charmanten und offenen Schwarzrieslings. Dass sie in diesem Buch überhaupt schlägt, ist dem rheinhessischen Weingut Jean Buscher zu verdanken, das sich wie nur wenige andere Betriebe hierzulande Jahr für Jahr daranmacht, der als Massenträger verschrienen Rebsorte bestmögliche Qualitäten zu entlocken.

Nur in den besten Jahrgängen füllt Jean Buscher eine Schwarzriesling Auslese trocken ab. Zum letzten Mal ist das geschehen im Jahr 2007 mit dem Künstler-Etikett »Cool im

Pool«, das von Udo Lindenberg anlässlich der Präsentation seiner Arbeiten im Weingut Jean Buscher entworfen wurde. Die Verbindung Kunst und Wein hat Tradition bei den Buschers. Seit nunmehr 26 Jahren stellt jährlich ein Künstler seine Arbeiten im Weingut aus und zieht mit einer Reihe interessanter Rahmenveranstaltungen viele interessierte Besucher nach Bechtheim.

Dem Glas entsteigt eine betörende Fruchtigkeit mit Noten schwarzer Johannisbeeren, Himbeeren und Heidelbeeren. Am Gaumen präsentiert er sich mit überwältigender Fülle, ist dicht gewebt mit allerfeinsten, geschliffenen Tanninen, abgerundeter Säure und samtigem Abgang. Alles greift geschmeidig und harmonisch ineinander, ist nicht ewig tief, aber sehr sorgfältig gemacht und ausgesprochen lang. Charmanter und einnehmender kann Rotwein kaum sein.

Jean Buscher vergleicht seine Schwarzriesling Auslese mit einer Kugelstoßerin, die in ihren katzenartigen, geschmeidigen Bewegungen explosive Kraftentfaltung und Eleganz perfekt vereint. Insgesamt 1500 Flaschen sind im Jahr 2007 entstanden und werden zu einem Preis von 19,50 Euro verkauft. Die Edition mit Künstler-Etikett ist auf 900 Flaschen limitiert, drei Euro pro Flasche gehen an die Udo Lindenberg Stiftung.

Die Trauben wachsen im Bechtheimer Rosengarten in einem Südhang auf tiefem und fruchtbarem Lössboden mit Sand und Lehm im Unterboden. Der Wasserhaushalt ist hier perfekt, da Sand für guten Abzug und Lehm für Feuchtigkeit sorgt. Die ältesten Rebstöcke sind 32 Jahre alt, müssen jedoch noch immer im Wachstum etwas abgebremst werden. Das Mittel der Wahl ist für Buscher – auch aufgrund der Fäulnisanfälligkeit des Schwarzrieslings – die Traubenhalbierung. »Die Trauben strecken sich, werden dadurch lockerbeeriger und können nach einem Regen besser abtrocknen. Außerdem sind die Beeren, die näher am Stiel wachsen, geschmacksintensiver.«

Bereits seit vielen Jahren schwört Jean Buscher auf die Dauerbegrünung zwischen den Rebzeilen. »Das bringt viele Vorteile: einen ausgeglichenen Nährstoffhaushalt und Verringerung der Botrytisanfälligkeit, Aktivierung des Bodenlebens, Förderung der Artenvielfalt und des Gleichgewichts zwischen Schädlingen und Nützlingen, Verminderung der Erosionsgefahr, bessere Befahrbarkeit der Gassen, Verbesserung der Bodenstruktur durch tiefwurzelnde Begrünungspflanzen und Humuszufuhr. Ich bin überzeugt, dass das Ökosystem Weinberg durch die Zeilenbegrünung nachhaltig stabilisiert wird.«

Pilzkrankheiten wird mit konventionellen Mitteln vorgebeugt, während gegen den wichtigsten tierischen Schädling, den Traubenwickler, mit der sogenannten Verwirrmethode vorgegangen wird. Die Grundlage dieses Bekämpfungsverfahrens basiert auf der biologischen Tatsache, dass die Traubenwickler-Weibchen zur Anlockung der Männchen einen artspezifischen Sexualduftstoff (Pheromon) aussenden. Bei der Verwirrtechnik wird dieses Pheromon in Ampullen in den Weinberg ausgebracht. Dadurch sind die Männchen derart desorientiert, dass sie die Weibchen nicht mehr finden. Damit diese Methode Erfolg hat, muss sie allerdings von allen Winzern in einem größeren zusammenhängenden Gebiet angewandt werden.

Damit es jedoch letztendlich zu einer Top-Qualität beim Schwarzriesling kommen kann, braucht es vor allem einen trockenen Herbst. Dann nämlich können die Trauben lange am Stock hängen bleiben, physiologisch voll ausreifen und über 100 Grad Öchsle erreichen, ohne dass Fäulnis droht. »2009 haben wir dieses Ziel knapp verfehlt, obwohl der Herbst weitgehend trocken gewesen ist«, bedauert Buscher.

Nach der klassischen Maischegärung wird der Wein zum weiteren Ausbau und zur Reifung für zwölf Monate in ein altes Stückfass gegeben. Buscher verzichtet ganz bewusst auf den Einsatz von Barriques, weil er im Falle seines Schwarzrieslings weder einen zusätzlichen Tannineintrag noch eine aromatische Prägung durch neues Holz anstrebt. Abgefüllt wird meist in den ersten Monaten des zweiten Jahres nach der Lese und wenn alles gutgegangen ist, ist ein wunderbarer Begleiter zu Wildgerichten mit Preiselbeeren und sahnig-sämigen Saucen entstanden.

Weitere Buscher-Weine
- Bechtheimer Riesling feinherb (6,80 Euro), Bechtheimer Geyersberg Riesling feinherb »S« (12,90 Euro), Riesling Spätlese (5,90 Euro), Spätburgunder trocken Barrique »S« (18 Euro)

Kontakt
- Wormser Straße 4, 67595 Bechtheim
  Tel. (06242) 872, www.jean-buscher.de

Empfehlenswerte Weinbaubetriebe in der Umgebung
- Sander (Mettenheim), Schembs (Worms), Milch (Monsheim), Manz (Weinolsheim), Kissinger (Uelversheim), Werner (Ingelheim), Simon-Bürkle (Zwingenberg)

Restaurants und Hotels in der Nähe
- Gasthof Dürkes, Kuhpfortenstraße 16, 67595 Bechtheim
  Tel. (06242) 915250, www.gasthof-duerkes.de
- Landgasthof Zum Schwanen, Friedrich-Ebert-Straße 40, 67574 Osthofen
  Tel. (06242) 9140, www.zum-schwanen-osthofen.de

- Restaurant Buchholz, Klosterstraße 27, 55124 Mainz
  Tel. (06131) 9712890, www.frank-buchholz.de
- Weinkastell, Auf dem Kloppberg 1,
  67596 Dittelsheim-Hessloch
  Tel. (06244) 57111, www.stoeckbauers-weinkastell.de

47 Zweigelt Rebe trocken »HADES«

Weingut Jürgen Ellwanger, Württemberg

So richtig Feuer gefangen für den Beruf des Winzers hat der heute 69-jährige Jürgen Ellwanger in den 1980er Jahren, als er erstmals eigene Vorstellungen von Weinqualität entwickelte, mit Maischegärung, biologischem Weinbau und Holzfassausbau experimentierte und sich daranmachte, kräftige trockene Weine zu keltern. »Motiviert haben mich damals nicht nur die neuen Ideen, sondern vor allem auch der Widerstand, den ich in der Familie, im Kollegenkreis, von den staatlichen Prüfungsbehörden und den Medien erfuhr. Wer aber gegen den Strom schwimmt, strengt sich mehr an.«

Heute kann Jürgen Ellwanger über seine ersten Versuche, in seiner Heimatgemeinde Winterbach im Remstal Rotweine nach französischem Vorbild zu keltern, milde lächeln. »Ich hatte ja überhaupt keine Erfahrung und musste sehr schnell feststellen, dass die einfache Übertragung ausländischer Modelle nicht funktioniert. Man kann Trollinger-Trauben, die hier in Winterbach gewachsen sind, nicht behandeln wie Cabernet-Trauben, die in Bordeaux gewachsen sind. Einheimische Vorbilder gab es zu dieser Zeit aber leider nicht, und so ergab es sich zwangsläufig, dass ich bei der Wahl der Mittel zunächst oft über das Ziel hinausschoss.«

Erst durch den Austausch in der HADES-Gruppe hat Ellwanger allmählich gelernt, die klassischen Methoden der Rotweinbereitung so anzupassen, dass sie unter den Bedingungen seiner Rebsorten und der besonderen klimatischen Situation im Remstal befriedigende Resultate ergeben. »Vor allem musste ich lernen, dass man nur auf der Basis niedriger Erträge Trauben mit reifen Gerbstoffen erzeugen kann. Und nur solche Trauben ergeben Weine, die den Ausbau in neuem Holz vertragen.«

Die Winzervereinigung HADES wurde im Jahre 1986 gegründet und besteht aus Betrieben, die mit dem Barriqueausbau experimentieren. Der gewählte Name bildet sich aus den Anfangsbuchstaben der fünf Gründer (Fürst zu Hohenlohe-Oehringen, Adelmann, Drautz-Able, Jürgen Ellwanger und der Sonnenhof) und spielt mit dem Namen des griechischen Gottes der Unterwelt (Hölle) auf das Rösten der Barriquefässer an. Später stieß noch die Staatliche Lehr- und Versuchsanstalt Weinsberg dazu, die wissenschaftliche Unterstützung leistet. Durch qualitativ hochwertige Weine hat die Gruppe dem lange verpönten Barriqueausbau zu einem besseren Image und mehr Anerkennung verholfen.

Heute zählt Jürgen Ellwangers Betrieb zu den besten des Anbaugebietes, er und seine Söhne Andreas und Jörg haben längst einen unverwechselbaren Stil gefunden. Es sind Weine, die sich niemals aufdrängen, die durch und durch von ihrer Herkunft geprägt sind, charaktervoll, gradlinig und manchmal etwas kantig. Im Weinberg finden viele Methoden des ökologischen Weinbaus Anwendung, im Keller ist pures Handwerk Trumpf.

Resultat sind ungewöhnlich feine und gehaltvolle Weine, die erfrischende Natürlichkeit ausstrahlen.

Einer der besten Weine der Ellwangers ist ihr Zweigelt, der unter der Zusatzbezeichnung HADES vermarktet wird. Seine äußere Erscheinung ist geprägt von einem dichten, dunkel glänzenden Purpurrot mit violetten Reflexen. In der Nase offenbart er ein enorm konzentriertes Bouquet mit fruchtig-süßen Aromen von reifen Kirschen, dunklen Waldbeeren und Zwetschgen, elegant umspielt von blumigen Nuancen und würzig-röstigen Noten von Toast, Edelhölzern, Mandeln, Zimt, Schokolade, Lakritz und Grafit. Auch am Gaumen gibt er sich extrem konzentriert, dabei samtweich, dicht und kraftvoll mit perfekter Balance von saftigen Beeren- und Pflaumenaromen, etwas Kakao, einer lebhaften Säure und elegantem, feinkörnigem Tannin. Es ist ein ungemein runder und voller Typ mit sattem Körper, viel reifem Extrakt und nahezu endlosem Nachhall – ein echter Power-Wein und der Prototyp eines großartigen Zweigelt.

Kein Wunder, denn Jürgen Ellwanger ist der Zweigelt-Pionier in Deutschland. Bereits Ende der 1970er Jahre hat er nach einem Österreich-Urlaub die ersten 600 Stöcke gepflanzt, weil er einen kräftigeren Rotwein machen wollte, als ihm die damals vorherrschenden Rebsorten Trollinger und Portugieser das ermöglichten. Zweigelt ist eine Neuzüchtung, die 1921 an der Weinbaufachschule Klosterneuburg von Professor Fritz Zweigelt aus den beiden alten Rebsorten St. Laurent und Lemberger gekreuzt wurde. Die Sorte wurde lange als Massenträger missbraucht, bis sich dann in den späten 80er Jahren des 20. Jahrhunderts die Erkenntnis durchsetzte, dass sie große Qualitätspotenziale birgt, wenn sie in Weinberg und Keller gut behandelt wird.

Weil man sich im Hause Ellwanger des großen Qualitätspotenzials der Zweigelt-Rebe bewusst ist, wird sie nur in geeigneten warmen Keuperlagen gepflanzt, erfährt über das Jahr alle erdenkliche Pflege und wird sorgfältig vinifiziert. Am Ende entsteht ein wunderbarer Wein, der für 24 Euro verkauft wird.

Während einfache Zweigelt-Weine zu vielen Nudelgerichten und deftiger Hausmannskost passen, können Sie diesen Top-Vertreter zu Kurzgebratenem, zu Gans und Wildente und zu allerlei Wildschmorgerichten perfekt einsetzen. Manche Jahrgänge können sich über eine Zeitspanne von mehr als 20 Jahren vorzüglich entwickeln, wobei der Wein allmählich milder, samtiger und ruhiger wird. Bemerkenswert ist die Beobachtung von Jürgen Ellwanger, dass sich oftmals gerade die schwächeren Jahrgänge besser entwickeln.

Weitere Ellwanger-Weine
- Cuvée »Nico« trocken (8,50), Hebsacker Lichtenberg Lemberger Spätlese trocken (10,50 Euro), Hebsacker Lichtenberg Spätburgunder »Großes Gewächs« (22 Euro)

Kontakt
- Bachstraße 27, 73650 Winterbach
  Tel. (07181) 44525, www.weingut-ellwanger.de

Empfehlenswerte Weinbaubetriebe in der Umgebung
- Graf Adelmann (Kleinbottwar), Dautel (Bönnigheim), Haidle (Kernen-Stetten), Schwegler (Korb), Zimmerle (Korb), Wachtstetter (Pfaffenhofen), Wöhrwag (Untertürkheim), Staatsweingut Weinsberg (Weinsberg)

Restaurants und Hotels in der Nähe
- Lamm Hebsack, Winterbacher Straße 1–3, 73630 Remshalden
  Tel. (07181) 45061, www.lamm-hebsack.de
- Krone, Kronenbergele 1, 73560 Winterbach
  Tel. (07181) 77702
- Hirsch, Kaiserstraße 8, 73650 Manolzweiler
  Tel.(07181) 41515, www.landgasthaus-hirsch.de
- Landgasthof Adler, Ellwanger Straße 15, 73494 Rosenberg
  Tel. (07967) 513, www.landgasthofadler.de

48 St. Laurent trocken Barrique

Weingut Meßmer, Pfalz

Vom Weingut Herbert Meßmer im pfälzischen Burrweiler kommt Jahr für Jahr einer der beeindruckendsten Weine aus der Rebsorte St. Laurent, einer alten französischen Varietät, die heute in Deutschland nicht mehr als ein Nischendasein fristet. Die Winzer scheinen diese mit dem Spätburgunder verwandte Sorte nicht recht zu mögen, wie sonst sollte man den verschwindend geringen Anteil von 0,63 Prozent an der gesamten deutschen Rebfläche erklären. Dabei hat St. Laurent auf der Habenseite durchaus eine ganze Menge zu bieten: Die Rebsorte ergibt tiefdunkle und samtige Rotweine mit schönem Aroma, mittlerem Tanningehalt und überdurchschnittlich gutem Alterungspotenzial.

Aber die Sorte hat auch eine andere Seite, die vor allem dann mit Vehemenz zum Vorschein kommt, wenn man sie in Weinberg und Keller nicht pfleglich genug behandelt. Dann zeigt sie sich ausgehungert, schwächlich, eckig und karg. Aber selbst im Falle liebevollster Zuwendung tragen die Weine Züge des Asketischen und Keuschen in sich. Es ist nicht einfach, ihre charmante, schmeichelnde Art hervorzuheben, ohne in opportunistische Gefälligkeit, ins kitschig Belanglose abzudriften. So bleibt St. Laurent ein Außenseiter in der Rotweinszene. Wer nach dem Einfachen und Gefälligen sucht, wendet sich von ihr genauso ab wie derjenige, der auf Größe und beeindruckende Imposanz aus ist. Nur wenige couragierte und unerschrockene Nonkonformisten lassen sich vom Mysterium dieser Sorte nicht abschrecken.

Mit Gregor Meßmer, dem heutigen Inhaber des Weingutes, hat die Sorte St. Laurent den Interpreten gefunden, den sie braucht, um ihre versteckte Größe zu entfalten. Er ist nicht der Einzige, der dieses eigenwillige Potenzial der Sorte erkannt und freigesetzt hat, aber er hat eine Interpretation gefunden, die die inhärenten Gegensätze zur Geltung bringt, ohne dass das Trinkvergnügen darunter leidet.

Sein St. Laurent zeigt sich in tiefdunklem Rot mit dichten, violettfarbenen Reflexen. In der Nase dominieren zunächst Waldbeeren und reife, komplexe Kirscharomen, dann gesellen sich blumig-würzige Noten von Flieder, Iris und Hibiskus sowie feine Anklänge an Rauch, eine Prise Szechuan-Pfeffer und zarte Röstaromen hinzu. Am Gaumen präsentiert er sich saftig mit fleischiger Frucht und üppigen Aromen von frischen und in Alkohol eingelegten Kirschen. Er besitzt eine feine Textur mit sanftem Tannin und gut eingebundener Säure. Es handelt sich um einen sehr eleganten, dichten und tiefgründigen Wein mit bester Balance – ein frankophiler St. Laurent voller Charme und Finesse und einer großartigen Lagerfähigkeit!

Wer Gregor Meßmer nicht näher kennt, stellt sich wahrscheinlich die Frage, wie ein so introvertierter, schüchterner Mensch einen so ausdrucksstarken und bewegenden Wein machen kann. Aber hinter dieser äußerlich zurückhaltenden und stillen Persönlichkeit verbirgt sich ein tiefgründiger, engagierter und äußerst reflektierter Denker, der die Dinge – nicht bloß Wein – dreht und wendet, abwägt und beurteilt. Der Marathonläufer Meßmer, der auf den ersten Blick so asketisch und reserviert daherkommt, hat auch eine warme, überaus sinnliche und musische Seite. Er liebt Wein und gutes Essen, ist ein intimer Kenner der modernen Musikgeschichte, spielt selbst mehrere Instrumente und hört – wann immer er die Zeit dazu findet – mit Begeisterung Klassik und Jazz. Asketismus und sinnlicher Überschwang spielen beide eine wichtige Rolle – in seinem Leben ebenso wie in seinem St. Laurent.

Meßmer produziert jährlich etwa 4000 Flaschen von diesem Referenz-St. Laurent und verkauft ihn für 16 Euro ab Hof überwiegend an Privatkunden. Er passt sowohl zu deftigen Fleischgerichten als auch zur feinen Haute Cuisine. »Wenn mein St. Laurent ein Sportler wäre«, so sagt mir Meßmer, »würde er im Fünfkampf antreten. Denn er vereint Kraft und Ausdauer mit Schnelligkeit und Geschick.« Meiner Bitte, er möge ein Musikstück auswählen, das die Emotionen und das Temperament seines St. Laurent am besten einfängt, gibt er ohne zu zögern statt: »Ich würde das vierte und fünfte Klavierkonzert von Beethoven auswählen, denn bei diesen Werken wechseln zarte und dynamische, weiche und harte Passagen ähnlich wie in meinem St. Laurent.«

Einen großen Schub für die Gesundheit und Harmonie seiner Rebanlagen verspricht sich Gregor Meßmer durch die kurz bevorstehende Umstellung auf biodynamischen Anbau. »Das ist mir eine Herzensangelegenheit, ich will an die Grenzen des

Machbaren gehen, will sehen, was an Qualität machbar ist. Und ich möchte mit mir im Reinen sein«, erläutert er seine Motivation, ergänzt dann aber: »Ich bin überzeugt, dass die Wurzeln durch die biologische Bewirtschaftung noch mehr Mineralität, noch mehr Individualität in die Trauben und den Wein bringen. Die Weine werden sich verändern. Es ist zu erwarten, dass ihre Stilistik noch prägnanter wird.«

Seit nunmehr 25 Jahren geht Meßmer mit der Idee der Umstellung schwanger. Beflügelt haben ihn sowohl die ermutigenden Erfahrungen seines Schwiegervaters, der seit vielen Jahren erfolgreich biodynamischen Gemüsebau betreibt, als auch seine Freundschaft mit Friedrich Sattler, dem langjährigen Betriebsleiter des 1929 gegründeten und damit drittältesten Demeterbetriebes weltweit, des Talhofs in Heidenheim an der Brenz. Zusammen mit Eckard von Wistinghausen hat Friedrich Sattler das biodynamische Standardwerk *Der landwirtschaftliche Betrieb* verfasst. Was am Ende bleibt, ist das Geheimnis von Gregor Meßmer, die Antwort auf die Frage, wieso er erst heute bereit ist, zum großen Flug der Umstellung abzuheben. Was mag ihn so lange abgehalten haben?

Weitere Meßmer-Weine
- Muskateller feinherb (7,20 Euro), Riesling Spätlese »Schiefer« trocken (13,50 Euro), Burrweiler Schäwer Riesling trocken »Großes Gewächs« (20,50 Euro), Chardonnay Spätlese trocken Barrique (14,90 Euro), Rieslaner Auslese (16 Euro)

Kontakt
- Gaisbergstraße 5, 76835 Burrweiler
  Tel. (06345) 2770, www.weingut-messmer.de

Empfehlenswerte Weinbaubetriebe in der Umgebung
- Krieger (Rhodt), Minges (Flemlingen), Bergdolt (Duttweiler), Lidy (Frankweiler), Pfaffmann (Frankweiler), Odinstal (Wachenheim), Sauer (Böchingen), Schmitt (Bad Dürkheim)

Restaurants in der Nähe
- Landgasthof Zickler, Badstraße 4/5, 76835 Gleisweiler
  Tel. (06345) 93139, www.landgasthof-zickler.de
- Marienhof, Bachstraße 16, 76835 Flemlingen
  Tel. (06323) 5009, www.weingut-marienhof.de
- Eselsburg, Kurpfalzstraße 62, 67435 Neustadt/Mußbach
  Tel. (06321) 66984, www.eselsburg.de
- Ritterhof zur Rose, Weinstraße 6, 76835 Burrweiler
  Tel. (06345) 407328, www.ritterhof-zur-rose.de
- Steverding's Isenhof, Hauptstraße 15a, 76879 Knittelsheim
  Tel. (06348) 5700, www.isenhof.de

49 Fellbacher Lämmler Lemberger »Großes Gewächs«

Weingut Aldinger, Württemberg

»Wenn ich vom Weinberg hinüber auf die Grabkapelle Rotenberg schaue, die als ewiger Liebesbeweis von König Wilhelm I. für seine jung verstorbene Gemahlin Katharina errichtet wurde, und in Gedanken die Inschrift ›Die Liebe höret nimmer auf‹ über dem Eingangsportal lese, dann denke ich an meinen Lemberger.

Habe ich ihn einmal getrunken, dann möchte ich ihn noch mal und noch mal trinken. Schon sein Geruch nimmt mich herzlich in Empfang, und sein Geschmack ist wie eine liebevolle Umarmung, so als wollte er sagen: Ich möchte immer bei Dir bleiben!«

Gert Aldinger, der mir mit diesen bewegten Worten einen seiner wertvollsten Weine vorstellt, ist der heutige Inhaber und Chef des Weingutes Gerhard Aldinger in Fellbach. Aus seinen Worten spricht eine tiefe Bindung zum Leben, zu seiner Heimat und den Früchten, die er ihr entlockt. Er hat zweifelsohne sehr viel Freude an seinen Geschöpfen, aber noch mehr freut er sich, wenn er mit seinen Weinen anderen eine Freude machen kann. Sicher hätte auch König Wilhelm I. an dem Lemberger von Gert Aldinger Freude und vielleicht sogar ein wenig Trost gefunden.

Während die interessantesten Vertreter aus Österreich, wo man den Lemberger Blaufränkisch nennt, meist ungemein kraftvolle, hochkonzentrierte Powerweine sind, kommt Aldingers »Großes Gewächs« trotz hoher Alkoholgradationen fein balanciert und elegant daher und meistert den Spagat zwischen Fülle und Finesse geradezu idealtypisch. In Deutschland spielt dieser Lemberger in einer ganz eigenen Liga und erreicht seine schönste Trinkphase meist erst nach sechs bis acht Jahren.

Optisch präsentiert sich das Große Gewächs in tiefdunklem glänzenden Kirsch- bis Purpurrot. In der Nase zeigt sich ein recht tiefer, etwas rauchiger und holzwürziger Duft nach schwarzen und roten Beeren und eingemachten Kirschen mit erdigen, mineralischen sowie pfeffrig-würzigen Nuancen. Unterlegt ist dieser aromatische Auftritt mit einer feinen Eukalyptusnote, die vom Keuperboden stammt. Zum Auftakt am Gaumen stellt der Lemberger zunächst seine sanfte und fruchtbetonte (rote Kirschen, Beeren und süße Gewürze) Seite zur Schau, dann kommen auch hier wieder Eukalyptus- und Pfefferanklänge zum Vorschein. In der Folge begeistert das elegante Zusammenspiel von milder Säure, präsenten, feinen Tanninen, spürbarem Alkohol und den salzig-mineralischen Noten im Hintergrund. Im Finale werden die kräftige Würze und die gute Nachhaltigkeit spürbar, die dem Wein eine wunderschöne Fülle und einen geschliffenen, langen und recht saftigen Abgang verleihen. Ein sehr verführerischer Vertreter des Klassikers aus Württemberg!

Gert Aldinger hat einen Teil seines Lemberger-Bestandes 1985, einen anderen Teil erst 1990 und später gepflanzt. »Jedes Jahr gehen die Wurzeln weiter runter, und das ergibt mehr Komplexität und Mineralität im Wein. Für die Zukunft ist da noch einiges zu erwarten.« Aber er ist schon heute mit seinem Wein zufrieden, nicht zuletzt, weil er, wie Aldinger das formuliert, »nicht nur Klasse hat, die sich beim aufmerksamen Degustieren zeigt, sondern weil er ungemein viel Trinkfreude versprüht. Er ist so anregend und positiv, dass das Fläschle im Nu leer ist.«

Zur Zeit erzeugt er jährlich etwa 3500 Flaschen, hofft aber die Produktion bald auf 6000 Flaschen aufstocken zu können. Die Nachfrage ist vorhanden, die 26 Euro, die Aldinger verlangt, werden akzeptiert. Kraftvolle Lemberger wie dieser passen gut zu Grillgerichten, dem schwäbischen Zwiebelrostbraten, kräftigem gebratenem Hausgeflügel, Wildgeflügel, intensiv schmeckendem Haarwild, Schmorbraten, Lamm und warmem Roastbeef.

Im Weinberg arbeitet Aldinger wie mittlerweile alle Spitzenbetriebe: »Kurzer Anschnitt im Winter, Beschränkung in den Top-Lagen auf einen Trieb, Entblätterung der Traubenzone, Halbierung der Trauben und Reduzierung des Ertrags im Falle des Großen Gewächses auf etwa 50 Hektoliter pro Hektar.«

Gespritzt wird konventionell, während Dünger mit eigenem Kompost und dem Mist der Wilhelma, dem größten zoologischen Garten Süddeutschlands, ausgebracht wird. Geerntet wird spät im Herbst, wenn die Trauben ihren optimalen Reifepunkt erreicht haben. »Die Klimaveränderung hat es mit sich gebracht, dass die Zuckerbildung immer schneller vorankommt, ohne dass die physiologische Reife, also die Reife der Aromen und Gerbstoffe, da Schritt halten kann. In manchen Jahren kommt es dann zu sehr hohen Zuckerwerten in den Trauben und entsprechend hohen Alkoholgraden im Wein. In unserem Lemberger ist die Balance meistens dennoch sehr gut, aber viele Kunden stört ein Alkoholgehalt von 14,5 Volumenprozent trotzdem.«

Nach der selektiven und sehr schonenden Lese werden die Trauben komplett abgebeert und kommen anschließend ungequetscht in die Holzgärständer. Die Gärung dauert vergleichsweise lange, weil in den unverletzten Beeren eine Art intrazelluläre Gärung entsteht, die sehr langsam vonstatten geht und dazu führt, dass mehr Fruchtaromen konserviert werden. Der durchgegorene Wein bleibt dann noch einige Tage auf der Maische, bevor er gekeltert und nach einer zweitägigen Grobsedimentierung im Edelstahltank für den 18-monatigen Ausbau in die Barriques gegeben wird.

Gert Aldinger merkt dann jedoch selbstkritisch an: »Noch bis vor wenigen Jahren haben wir den Barriqueeinsatz übertrieben und zu viel neues Holz eingesetzt. Mittlerweile haben wir den Neuholzanteil zurückgefahren und dabei die Erfahrung gemacht, dass das dem Wein guttut. Ich kann mir vorstellen, auf diesem Weg weiterzugehen und – wer weiß – vielleicht in einigen Jahren nur noch große Fässer zu verwenden.« So manchen Verbraucher würde es freuen und die Natur vielleicht auch.

Weitere Aldinger-Weine
- Untertürkheimer Gips Riesling trocken ** (10,60 Euro), Sauvignon blanc Cuvée »S« trocken *** (17,60), Cuvée Bentz trocken ** (7,85 Euro), Merlot Cuvée »M« trocken *** (25,30 Euro)

Kontakt
- Schmerstraße 25, 70734 Fellbach
  Tel. (0711) 581417, www.weingut-aldinger.de

Empfehlenswerte Weinbaubetriebe in der Umgebung
- Graf Adelmann (Kleinbottwar), Dautel (Bönnigheim), Haidle (Kernen-Stetten), Wachtstetter (Pfaffenhofen), Wöhrwag (Untertürkheim) Staatsweingut Weinsberg (Weinsberg), Kuhnle (Weinstadt-Strümpfelbach), Stutz (Heilbronn)

Restaurants und Hotels in der Nähe
- Aldinger's Germania, Schmerstraße 6, 70734 Fellbach
  Tel. (0711) 582037, www.aldingers-germania.de
- Zum Hirschen, Hirschstraße 1, 70734 Fellbach
  Tel. (0711) 957937-0, www.zumhirschen-fellbach.de
- Goldberg Restaurant &Winelounge, Tainer Straße 7, 70734 Fellbach
  Tel. (0711) 575 61 666, www.goldberg-restaurant.de
- Hotel Restaurant Hirsch, Fellbacher Straße 2–6, 70736 Schmieden
  Tel. (0711) 95130, www.hotel-hirsch-fellbach.de
- Zum Ochsen, Kirchstraße 15, 71394 Stetten
  Tel. (07151) 94360, www.ochsen-kernen.de

Sekt – mehr als glamouröse Winzerkunst

50 Cuvée Elena Brut

Sektkellerei Andres & Mugler, Pfalz

Angefangen hat alles auf einem Mandelblütenfest im Frühjahr des Jahres 1990. Damals verkauften die beiden Radsportfreunde Michael Andres und Steffen Mugler ihre ersten 1000 Flaschen Sekt in nicht weniger als zwei Tagen. Sie hatten so viel Freude daran, dass sie sich unverzüglich daranmachten, eine gemeinsame Firma zu gründen. Doch schon bald genügte es ihnen nicht mehr, ihren Sekt aus zugekauftem Wein zu machen. Zuerst haben sie dann Trauben gekauft, wenig später die Weinberge der Eltern übernommen und schließlich eigene Rebstöcke gepflanzt. Es dauerte nicht lange, bis sie auch noch die modernsten Maschinen anschafften, und heute spazieren sie nun mit unnachahmlicher Eleganz und Leichtigkeit auf den Gipfel deutscher Schaumweinkunst.

Mit ihrer Cuvée Elena Brut demonstrieren Andres & Mugler eindrucksvoll, dass sich deutscher Winzersekt durchaus mit einem Champagner, der Referenz für Schaumweine schlechthin, messen kann. Doch sie setzen dem französischen Klassiker eine ganz eigene Stilistik entgegen. Schon die Nase macht den entscheidenden Unterschied deutlich: Während Champagner vor allem von Champignon-, Hefe-, Brotkruste- und Briochenoten geprägt ist, spielt in der Cuvée Elena die Frucht die erste Geige. Je nach Jahrgang begegnet man einer nuancenreichen Aromatik mit Noten von Apfel- und Birnenmus, Quitte und Mirabelle, dazu ein paar Anklänge an weiße Blüten, während sich die feine Hefeprägung mit dezenten Hinweisen auf Brioche und Gebäck fast unscheinbar im Hintergrund hält.

Am Gaumen tanzen feinste Bläschen, eingehüllt in sahnigzarten Schmelz und eine sagenhafte Geschmacksfülle – so saftig und erfrischend, feingliedrig, komplex und nachhaltig, wie sich das für edelste Schaumweine gehört. Im ausgesprochen langen Finale bringt die Cuvée Elena ihre ureigenste Identität auf den Punkt, eine traumhafte Balance zwischen verspielter, eleganter Leichtfüßigkeit einerseits und anspruchsvoller Komplexität und Fruchtfülle andererseits. Dieser Sekt lässt sich nicht nur zum Aperitif, sondern auch wunderschön zum Essen gut genießen! Angesichts des Preises von knapp 16 Euro eine besondere Empfehlung.

Das hohe Niveau des gesamten Sortiments der Sektkellerei Andres & Mugler basiert nicht zuletzt auf der Einsicht, dass die Qualität eines Schaumweins vor allem von der Güte der geernteten Trauben abhängig ist. »Früher ging man hierzulande davon aus, dass auch zweitklassige Trauben ansprechende Sekte ergeben. Das ist jedoch eine völlig irrige Annahme und zeigt sich besonders deutlich bei trockenen Sekten in den Kategorien Brut oder Extra Brut, wenn es nicht möglich ist, Schwachstellen mit Restsüße zu maskieren.«

Eine der größten Herausforderungen der vergangenen Jahre bestand deshalb für Andres und Mugler darin, durch noch intensivere Weinbergsarbeit die Traubenqualität weiter zu verbessern und gleichzeitig den Ursprung, vor allem die besondere

Mineralität der Böden, noch stärker herauszuarbeiten. Zu diesem Zweck betreiben sie die Weinbergspflege seit dem Jahre 2006 nach ökologischen Gesichtspunkten.»Das macht mir richtig viel Spaß, es ist eine neue Herausforderung, wobei es mir vor allem darum geht, die Rebe zu befähigen, selbst die Mineralien aus dem Boden aufzuschließen und nicht am Tropf des Düngers zu hängen.« Die Umstellung hat zu einer erheblichen Intensivierung der Arbeitsleistungen im Weinberg geführt, aber, so Michael Andres: »Jede Stunde im Weinberg zahlt sich aus. Die Rebstöcke beglücken uns mit höheren Traubenqualitäten.«
»Allesentscheidend für die Bereitung hochwertiger Schaumweine ist die Ernte gesunder und perfekt gereifter Trauben.«

Dazu, was im Falle der Sektproduktion perfekt gereift bedeutet, hat Michael Andres seine ganz eigene Perspektive entwickelt: »Vor allem im Falle unserer Top-Produkte erstreben wir Komplexität, also das harmonische Zusammenspiel einer großen Vielfalt an Duft- und Geschmacksnuancen. Zu diesem Zweck verfahren wir nach dem Baukastenprinzip, das heißt, wir produzieren auf der Basis unterschiedlicher Lagen und Rebsorten, unterschiedlicher Reifegrade und Ausbauvarianten eine ganze Reihe unterschiedlicher Grundweine, die wir dann nach intensiven Verkostungen geschickt miteinander vermählen. Das ist im Grunde vergleichbar mit der komplexen Kunst der Assemblage von zum Teil mehreren hundert Grundweinen in der Champagne.«

Für die Cuvée Elena werden drei verschiedene Rebsorten aus jeweils unterschiedlichen Weinbergslagen verwendet. Die beiden weißen Sorten sind Chardonnay und Auxerrois, die rote Sorte heißt Schwarzriesling. »Der Chardonnay hat bei uns eine ähnlich hohe Säure wie der Riesling, der Auxerrois hingegen fällt meist sehr weich und erdig aus. Vermählt man beide, ergänzen sie sich sehr gut und geben dem Wein mehr Komplexität. Schwarzriesling bringt zusätzliche Aromenfülle.«

Noch mehr Komplexität ergibt sich aufgrund zeitlich versetzter Lese. Trauben, die früh gelesen werden, bringen mehr Frische, Säure und Leichtigkeit in den Wein, während später gelesene mehr Fülle, Substanz und ausgereiftere Aromen ergeben. Bei Andres & Mugler wird also ganz bewusst mit der Reife der Trauben gespielt. »Unabhängig vom Lesezeitpunkt müssen wir darauf achten, dass nur völlig gesunde Trauben geerntet werden und die Behandlung der Trauben so schonend erfolgt, dass keine Bitter- und Gerbstoffe in den Most gelangen. Das wirkt sich später ungünstig auf die Persistenz der Perlage aus.«

Jongliert wird in der Folge auch mit zahlreichen weiteren Optionen: der Maischestandzeit (bringt Fülle und ein cremiges Mundgefühl, aber nur bei absolut gesundem Lesegut empfehlenswert), der Ganztraubenpressung (bringt Schlankheit, Feinheit und Eleganz), dem biologischen Säureabbau (reduziert Säure und unreife Elemente), der Lagerung auf der Feinhefe (bringt geschmackliche Fülle und Cremigkeit) und dem Einsatz von Barriquefässern (bringt Reife und Cremigkeit).

Die Cuvée Elena lagert bis zum Degorgieren zwischen 16 und 22 Monaten auf der Hefe – und damit deutlich kürzer als vergleichbare Champagner. »Wir begrenzen die Lagerzeit auf der Hefe, weil wir Fruchtverlust und allzu viel Cremigkeit vermeiden wollen.« Aber es gelangt immer nur frisch degorgierter Sekt in den Verkauf. Haben Sie dann eine Flasche dieses herrlichen Schaumweins gekauft, können Sie ihn sofort genießen oder auch bis zu zehn Jahren lagern, bevor er allmählich seinen Glanz verliert.

Weitere Andres-und-Mugler-Weine
- Chardonnay-Auxerrois brut (15 Euro), Cuvée Fleur d'Emely brut (16 Euro), Cuvée Louis brut (16 Euro), Weißburgunder Sekt b. A. brut (13,50 Euro)

Kontakt
- Hauptstraße 33a, 67152 Ruppertsberg
  Tel. (06326) 8667, www.andresundmugler.de

Empfehlenswerte Winzersekterzeuger in Deutschland
- Ökonomierat Rebholz (Pfalz), Georg Mosbacher (Pfalz), Schlossgut Diel (Nahe), Raumland (Rheinhessen), Huber (Baden), Blankenhorn (Baden), Wilhelmshof (Pfalz), Fürst (Franken), Kirsten (Mosel), Bergdolt (Pfalz)

Restaurants und Hotels in der Nähe
- Turm Stübl, Turmstraße 3, 67146 Deidesheim
  Tel. (06326) 981081, www.turmstuebel.de
- Ketschauer Hof, Ketschauerhofstraße 1, 67146 Deidesheim
  Tel. (06326) 70000, www.ketschauer-hof.com
- Deidesheimer Hof, Am Marktplatz, 67146 Deidesheim
  Tel. (06326) 96870, www.deidesheimerhof.de
- Zur Kanne, Weinstraße 31, 67146 Deidesheim
  Tel. (06326) 96600, www.gasthauszurkanne.de

Danksagung

Viele Menschen haben dazu beigetragen, dass dieses Buch geschrieben werden konnte. Ihnen allen bin ich zu Dank verpflichtet. Ganz besonders danken möchte ich den beiden von mir über alles geliebten Menschen, mit denen ich mein Leben teile, meiner Frau Karen und meinem Sohn Frederik. Karen hat mich bei diesem Buch auf wundervolle Art begleitet und durch ihre Liebe, ihre Geduld und ihre Anteilnahme zu seinem Entstehen beigetragen. Frederik war einfach da, und das hat gut getan. Auch er hat sich in diesen Wochen in Geduld üben müssen, nicht immer hatte ich ein offenes Ohr für seine Anliegen. Er jedoch hat sich immer wieder rührend nach meinem Fortkommen erkundigt. Ich danke Euch beiden sehr.

Auch allen Winzern und Winzerinnen, die mir auf Messen, am Rande von Tagungen und Meetings, am Telefon und bei Besuchen vor Ort bereitwillig Rede und Antwort standen und mir die Möglichkeit gaben, ihre Weine zu verkosten, sage ich ein ganz herzliches Dankeschön. Ohne sie wäre keine einzige Zeile geschrieben worden.

Ein besonderes Dankeschön gebührt wieder dem Westend Verlag für die sehr gute Zusammenarbeit. Dieser Dank richtet sich vor allem an Rüdiger Grünhagen, der – nun schon zum fünften Mal – den Entstehungsprozess eines Buches höchst professionell und auf menschlich sehr einfühlsame Art begleitet hat.

Glossar

Abbeeren Trennen der Beeren vom Stiel

Adstringenz Eine Wahrnehmung im Mundraum, die oftmals als Austrocknen oder Zusammenziehen der Mundschleimhaut erlebt wird; kommt vor allem bei tanninbetonten Rotweinen vor

Aktivkohle Mit Aktivkohle schönt man Weine mit Fehlaromen

Assimilation Nährstoffaufnahme der Pflanze mittels Photosynthese

Ausbau Kontrollierte Reifung des Weins im Anschluss an die alkoholische Gärung zum Zweck der Reifung und Verfeinerung

Ausdünnung Entfernen von Trieben und Trauben zur Ertragsreduzierung

Auslese Eine Prädikatsstufe über der Spätlese im Deutschen Weingesetz

Barriqueausbau Reifezeit eines Weines im Barriquefass in der Phase nach Abschluss der Gärung bis zur Flaschenfüllung (vergleiche Ausbau)

Barriquefass Ein meist 225 Liter kleines Eichenholzfass, das für den Ausbau hochwertiger Rotweine und die Fermentation einiger weniger Weißweine eingesetzt wird. Die Herkunft des Holzes ist dabei ebenso wichtig wie sein Toastungsgrad.

Bâtonnage Das Aufrühren des Hefesatzes während der Fasslagerung, damit der Wein cremiger wird und an Komplexität zulegt

Bentonit Eine Tonerde, die als Schönungsmittel eingesetzt wird

Biodynamie Der biologisch-dynamische Weinbau unterscheidet sich von anderen Richtungen des Bio-Landbaus durch den Einsatz spezieller Präparate (Hornmist, Hornkiesel, diverse Kompostpräparate).

Biologischer Säureabbau Die strenge Apfelsäure wird in die mildere Milchsäure umgewandelt, was vor allem Rotweine samtiger macht.

Botrytis Der Schimmelpilz Botrytis cinerea verursacht in seiner willkommenen Form die Edelfäule, die Grundlage einiger der begehrtesten Süßweine, in seiner unwillkommenen Form jedoch die Graufäule, die jeder Winzer fürchtet.

Chaptalisierung Die Anreicherung des Mostes mit Zucker, um bei der Gärung einen höheren Alkoholgehalt zu erzielen

Cordon-System Eine Form der Rebenerziehung, bei welcher der Stamm in einem Haupttrieb endet, der horizontal an den unteren Drahtrahmen gebunden wird, durch den die einzelnen Triebe – in der Regel fünf bis acht – nach oben wachsen

Degorgieren Das Öffnen der Schaumweinflasche, um die Hefe nach der zweiten Gärung zu entfernen

Dekantieren Das Umfüllen des Weines von der Flasche in einen Dekanter (Karaffe) zum Zwecke der Sauerstoffzufuhr oder zum Separieren des Depots bei alten Rotweinen

Drahtrahmen Kletterhilfe aus zwischen Pfählen gespannten Drahtpaaren, zwischen denen die Triebe emporranken können

Düngung, organische Die Düngung mit organischen Materialien, zum Beispiel Kompost oder Mist

Einzellage Eine meist kleine, abgegrenzte Weinlage

Einzelpfahlerziehung Die Erziehung des Rebstocks an einem alleinstehenden Pfahl ohne Drahtrahmen

Entblätterung Das Entfernen von Blättern zur besseren Durchlüftung des Rebstocks und der Trauben

Entsäuerung Die Reduzierung der Säure im Most oder Wein

Erstes Gewächs Eine besondere, weingesetzlich aber nicht geschützte Qualitätsbezeichnung im Rheingau

Ertragsbegrenzung Ertragsbegrenzungen unternehmen Winzer, die hohe Qualitäten anstreben.

Fermenter Bezeichnung für einen Gärbehälter

Fuder Traditionelles 1000-Liter-Holzfass für Weißweine an der Mosel

Gerbstoffe Die Bezeichnung für jene Substanzen im Wein, die einen herben und adstringierenden, das heißt, den Mund »zusammenziehenden« Eindruck vermitteln. Dazu zählen im Wesentlichen die Tannine.

Gipfeln Das Stutzen der Blatt- und Triebspitzen eines Rebstocks

Grand-Cru-Lage Die Bezeichnung für außergewöhnlich gute Weinbergslagen, die in Frankreich gesetzlich geschützt sind

Großes Gewächs Die Bezeichnung für besonders hochwertige trockene Weine aus besonderen Lagen nach dem Klassifikationsmodell des VDP (Verband Deutscher Prädikatsweingüter)

Grüne Lese Entfernen von Trauben zum Zweck der Ertragsreduzierung

Gutswein Bezeichnung für den Basiswein eines Weingutes nach dem Klassifikationsmodell des VDP (Verband Deutscher Prädikatsweingüter)

Hefe, natürliche Die Bezeichnung für gärfähige Hefepopulationen, die in Weinberg und Keller vorkommen (Gegensatz: Reinzuchthefen)

Hefekontakt Ein Wein, der nach der Gärung auf der Hefe liegen bleibt, hat Hefekontakt.

Hefelagerung Manche Weine lagern nach der Gärung noch auf der Hefe, um wertvolle Inhaltsstoffe zu extrahieren und sich zu verfeinern.

Heften Das Anheften der Triebe eines Rebstocks an den Drahtrahmen

Hochgewächs Unspezifische Bezeichnung für einen besonders guten Wein

Kabinett Eine Prädikatsstufe unter der Spätlese im Deutschen Weingesetz. Meist sind es leichte, alkoholarme Weine.

Kelter Eine Presse zur Wein- beziehungsweise Saftgewinnung

Klärung des Mostes Das Entfernen von unlöslichen Trub- und Schwebeteilchen aus dem Traubenmost oder dem jungen Wein mittels Sedimentation, Filtration oder Zentrifuge

Klon Durch vegetative Vermehrung entstandene, genetisch identische Nachkommenschaft eines einzelnen Individuums, auch einer Rebe

Lagenklassifizierung Das Klassifikationsmodell des VDP (Verband Deutscher Prädikatsweingüter) basiert auf einer Ordnung der Weinbergslagen nach ihrem spezifischen Qualitätspotenzial.

Laubarbeit Die Bezeichnung für die Beschneidung der Laubwand

Maischestandzeit Die Zeit vor beziehungsweise nach der Gärung, in der der Most beziehungsweise der fertige Wein Kontakt mit der Maische, also mit den Schalen und Kernen hat

Mazeration Die Bezeichnung für die Gewinnung von Extraktstoffen durch den Kontakt der Traubenschalen mit den flüssigen Bestandteilen von Most und Wein. Das geschieht vor allem während der alkoholischen Gärung, aber auch in der Maischestandzeit.

Mehltau Pilzerkrankung der Weinrebe

Mindestmostgewicht Die Bezeichnung für das gesetzlich vorgeschriebene Mindestmaß an Süße, das die Trauben am Tag der Ernte aufweisen müssen, um in eine bestimmte Qualitätskategorie nach dem Deutschen Weingesetz eingestuft zu werden

Most Die Bezeichnung für frisch gepressten, unvergorenen Traubensaft

Mostgewicht Das Maß für den Reifegrad der Trauben auf der Basis ihres Zuckergehalts

Mostkonzentrierung Bezeichnung für verschiedene Verfahren, den Most durch Abzug von Flüssigkeit zu konzentrieren. Moderne Verfahren sind etwa die Umkehr-Osmose und die Vakuumverdampfung.

Öchsle-Grad Die Maßeinheit, um das Mostgewicht zu messen

Ortswein Die Bezeichnung für die mittlere Qualitätskategorie (über dem Gutswein und unter der Ersten Lage) eines Weingutes nach dem Klassifikationsmodell des VDP (Verband Deutscher Prädikatsweingüter)

pektolytisches Enzym Erfolgt eine Mostvorklärung durch Sedimentation, können verschiedene Gelatine-Präparate, zum Beispiel pektolytische Enzyme, das Klärungsergebnis verbessern.

Perlage Bezeichnung für den Perlenkranz, den die aufsteigenden Perlen eines Schaumweines am inneren Glasrand bilden

Phenole Die Bezeichnung für eine Gruppe chemischer Verbindungen, die vor allem in der Beerenschale und den Kernen vorkommen. Zu den Phenolen im Wein gehören die Farbpigmente sowie die Tannine.

Polymerisierung Die chemische Verkettung artgleicher Moleküle. Beim

Wein ist die Polymerisierung von Phenolen interessant, da sie einen rauen Rotwein mit zunehmender Reifung weicher macht.

Rebschnitt   Da der Rebstock eine der wildwüchsigsten Pflanzen überhaupt ist, muss sein Wachstum mithilfe des Rebschnitts begrenzt werden. Die überflüssigen Triebe werden in der Regel im Winter entfernt.

Rebstock   Die Bezeichnung für die kultivierte Wuchsform der Weinrebe

Reinzuchthefen   Reinzuchthefen, die in speziellen Labors gezüchtet werden, werden eingesetzt, um den Traubenzucker in Alkohol zu vergären. Manche Winzer vergären ihre Weine »spontan« mittels der in Weinberg und Keller vorhandenen natürlichen Hefen.

Saftabzug   Eine gelegentlich bei der Rotweinproduktion angewandte Technik, bei der zwischen fünf und 15 Prozent des Saftes abgezogen werden, um der Hauptmenge stärkere Konzentration zu verleihen

Schwefelung (späte)   In den verschiedenen Phasen der Weinbereitung kommt Schwefel in Form von Schwefeldioxid seit der Antike als Konservierungsmittel zum Einsatz.

Sedimentation, natürliche   Die Selbstklärung durch einfaches Absetzenlassen

Selection massale   Gegenstück zur Klonselektion; die Auswahl wertvoller Rebstöcke eines Weinberges zum Zwecke der Vermehrung

Spätlese   Eine Prädikatsstufe unter der Auslese und über dem Kabinett im Deutschen Weingesetz. Trockene Varianten sind in der Regel recht kraftvolle Weine mit einem Alkoholgehalt von mindestens 12 Volumenprozent. Süße Vertreter sind deutlich alkoholärmer.

Spontangärung   Die Bezeichnung für den Gärvorgang ohne Zugabe von Reinzuchthefen

Stückfass   Traditionelles 1200-Liter-Holzfass vor allem für die Weißweinproduktion am Rhein

Süßreserve   Das ist unvergorener Traubensaft, der – laut Deutschem Weingesetz – zur nachträglichen Süßung einem trockenen, durchgegorenen Wein zugegeben werden darf.

Tannin   Mehr noch als durch die Farbe unterscheiden sich Rotweine von ihren weißen Artgenossen durch die Existenz des Tannins, das gelegentlich auch als Gerbstoff bezeichnet wird. Entstammt im wesentlichen den Beerenhäuten, kommt aber auch aus dem Holz neuer Fässer.

Terroir Das ist ein viel diskutierter Begriff, der die gesamte natürliche Umgebung des Rebstocks (Boden, Unterboden, Topographie, Klima und Mikroklima) umfasst und auch den Einfluss des Menschen auf diese Umgebung nicht außer Acht lassen sollte.

Textur Unter der Textur eines Weines versteht man seine Oberflächenbeschaffenheit und die Art, wie er uns an Zunge und Gaumen berührt.

Tresterhut Die auf dem gärenden Most schwimmende Masse aus Traubenschalen und -kernen

Trockenbeerenauslese Die Bezeichnung für die höchste Prädikatsstufe im Deutschen Weingesetz. Trockenbeerenauslesen entstehen aus konzentrierten, eingeschrumpften Beeren, die aufgrund des Schimmelpilzes Botrytis cinerea einen großen Teil ihres Saftes verloren haben.

Trubstoffe Bezeichnung für kleinste Partikel im Most, die vor allem von Schale und Fruchtfleisch stammen. Sie gelangen bei der Traubenverarbeitung durch Pressen und Pumpvorgänge in den Wein. Auch die Rückstände nach der Gärung werden Trub genannt. Wein und Most werden von den Trubstoffen durch Klärung befreit.

Unterlagsrebe Bezeichnung für den reblausresistenten Wurzelstock eines gepfropften Rebstocks

Verschnitt Weingesetzliche Bezeichnung für das Vermischen von Weinen und Mosten. Nicht zu verwechseln mit Panscherei!

Vinifikation Begriff für den gesamten Prozess der Weinbereitung

Winterschnitt siehe Rebschnitt

wurzelecht Wurzelechte Rebstöcke sind nicht auf Unterlagsreben gepfropft, sondern wachsen mit ihren eigenen Wurzeln.

Zeilenbegrünung Die Begrünung des Bodens zwischen den Rebzeilen ist heute in vielen Betrieben Standard. Das hat zahlreiche Vorteile (geringere Erosion, bessere Befahrbarkeit der Weinberge nach Regenfällen, Erhöhung des Humusgehaltes, Lebensraum für Nützlinge).